新农村科普丛书

SHENBIAN DE KEXUE 300 WEN

身边的科学 300问

医疗卫生编

刘尧晔　刘慧之　罗翠新◎编著

人民出版社
中国书店

序　言

　　服务"三农"是出版者的重要任务之一。人民出版社围绕中央提出的社会主义新农村建设"生产发展，生活宽裕，乡风文明，村容整洁，管理民主"的总要求，结合中国农村现阶段的实际情况，编写了这套"新农村科普"丛书。丛书主要服务于广大农民，书中所谈的内容是与农民日常生产、生活关系相关的。编写、出版这套丛书是顺应当前社会主义新农村建设对科技工作的新要求，也是出版者希望落实科技惠农的一项有意义的行动，是出版者切实履行工作职责、用科技支持社会主义新农村建设的一个具体方式。

　　农民朋友们的收入水平和消费水平随着中国经济的发展而不断提高，对农产品质量的要求越来越高。很多老观念、老思想、老生产方式在剧烈变革，消耗高、品质差、效益低的粗放式经营正在向低消耗、高品质、高收益方向发展，很多农业新机械迅速应用，人们的保健意识、环保意识明显增强，卫生知识增多，对自己生产、生活的质量要求越来越高，因此他们亟需相关的科普图书来提高自己。

　　精神层次的发展需要物质的保证，农村的物质保证主要是科技。党的十五届三中全会上，中央指出了"实施科教兴农，农业的根本出路在科技、在教育。实行农科教结合，加强农业科学技术的研究和推广，注重人才培养，把农业和农村经济增长转到依靠科技进步和提高劳动者素质的轨道上来。"也就是说要全面落实科学技术是第一生产力的思想，坚持教育为本，把科技和教育放在农业和农村经济发展的重要位置，增强农村的科技能力，提高农民的科学文化素质，让农业和农村经济建设依靠科技的进步和农民素质的提高，增强我们农业的综合生产能力和竞争力。党的十六大报告又提出了"加快农业科技进步"、"大力发展教育和科学事业"的要求。党的十七大报告指出"要加强农业基础地位，走中国特色农业现代化道路"、"坚持把发展现代农业、繁荣农村经济作为首要任务"。由此可见，实施科教兴农战略是我国农业和农村经济发展的重大战略。我们必然要加强科技和教育，从而推进农业产业化经营。科技和教育作为潜在的生产力，通过科教兴农这一战略附着于农业产业化经营的各要素之中，转化为现实的生产力，推动农业发展。各级政府也积极响应这个方针，为建设理想的新农村而共同努力。

　　例如，在生产的环保问题上，要让农民朋友认识到环境污染，既与人盲目开发资源，不注意环境保护有关，也与科技不够发达有关。发达国家在工业化的初期，都出现了不同程度的环境污染问题。这是工业化道路必然会遇到的难题。后来，由于这些国家相应的科技进步，它们的环保技术、设备、产品都在不断地更新换代，环境又逐渐得到改善。这是一个相当痛苦的过程，我们要尽力避开这条先污染后治理的道路。这就需要从广大群众的意识上去落实这个"环保"的概念。从大家的生产、生活中去挖掘环保教育案例，提醒大家现在的环保、绿色是强大的市场竞争武器。这种意识的灌输，不是技术能够解决的。这需要长期的教育，而且不能单单停留在生产上，还要泛化到生活里的每个角落，让科普观念时时刻刻伴随着农民朋友。

农民需要大量的科普知识，也能接受科普教育。不单是环保，生活中的各个方面的科普知识他们都应该了解。让大家不仅在生产上享受到科技的甜头，而且要在生活的点滴里看到科普知识带来的好处。但是他们接触的科普宣传资料相对不够。目前有很多地方在响应国家政策的号召，举行科技下乡的活动，想让农民朋友从科技中获得宝贵的致富知识。所以有了很多的农村科技、科普读物，并在农村开展学科学、信科学、懂科学、用科学活动。但是，很多下乡的科技书中，有一些太深的道理、太复杂的技术，大家学不来，用不来，有些甚至还看不懂。农民朋友反映说，如果科普书能像傻瓜相机那样，拿来就能用就好了。这暴露出某些下乡科普书籍的弊端，也影响了科技下乡的效果。只有农民看得懂的科普，才能为他们的生活、生产带来好处。

基于这样的理念，本套丛书以学科为轴分为 10 册。它们分别是：动物、植物、天文、地理、物理、化学、体育、人体、医疗卫生、常识，内容丰富，涉及面广。每一册书都用 300 个简单明了的问题贯穿起来，一问一答的形式，开门见山。这样大家一看目录就知道有没有自己想要的知识。我们的问题设置尽量贴近农村百姓生活，语言追求大白话，让大家看着不那么揪心，比较舒坦。例如，常识一册里，里面的问题多是贴近大家生活的小问题，"为什么会出现水土不服"、"冬天怎么洗澡才健康"、"水井的水怎么保持干净"，看似简单的问题却和大家的健康息息相关，可以说是小中见大，这也是本丛书编写的理念之一。本丛书以服务农民为主要对象，从农村经济和农民需求出发，普及农村日常生活、生产的各类科普知识，想做到让农民朋友看得懂、学得会、用得上，既能够针对农村特点，也能够符合农民的阅读理解水平。我们还有一个愿望，就是在这些科普问答中，大家能够学会用科学的思维来思考发生在身边的事情，改变一些不利于大家身心健康、经济发展的生产方式和生活方式，享受到科普知识的美妙。

编　者

目　录

妇 科 篇

孕产育儿篇

五官篇

发 肤 篇

饮 食 篇

急 救 篇

常 识 篇

日常生活护理篇

医疗保健法律篇

妇科篇

1. 一年才来三四次月经，正不正常？

女性在生殖生命中，会有规律地从阴道排出脱落的子宫内膜，排出的血性分泌物就是月经，有的人也把它叫做经血。月经的周期就是从月经来潮的第一天起，到下次月经来为止，一般为 28 天左右。因此，大多数女性每个月都会经历月经。但是，每个女人的月经周期都不相同，而只要月经能够准时到来，那么周期从 20 天到 30 多天不等其实都算正常。

有些人一年才来三四次月经，这又是什么原因呢？需要从具体的情况入手进行分析。如果是家族遗传因素造成的月经周期长，就不必担心有病变发生，所以可以询问一下自己的亲戚之中是否有月经周期长的人；如果是突发性的月经周期变长，也可能是外界因素的变化造成，有时候过度劳累，心情过于低落抑郁，受到了一定的精神刺激，或者生活环境、规律被突然打破……都会影响身体性激素的分泌，对月经的周期产生影响。所以，遇到这种情况，可以到医院的内分泌科进行检查，了解体内激素的分泌状况，从而作出有效相应的治疗。

根据自身的情况，判断自己月经周期长的原因，就可以采取相应的措施进行调整。特别值得注意的是，如果月经周期出现变化，不要心慌，只有保持愉快的心情、积极的心态，才能保证月经的正常，而月经的正常也是女性身体健康的表现和重要保证。

2. 正常的月经是怎样的？

正常的月经是女性健康的标志，也是生殖生命的关键表征。那么正常的月经是怎样的呢？这可以从以下几个方面来判断：

第一是周期，一般情况下，大多数女性的月经周期为 28 天左右，但每个人的体质、遗传基础等因素不同，因此月经周期也不完全相同。可以说 20 ~ 35 天左右都算在正常范围内，但正常的月经应该有一定的规律，按时到来是月经正常的重要标志。

第二是看月经量，女性的月经量也因人而异，各不相同。但总地来说应该在 10 ~ 58 毫升，大概每天需要更换 3 ~ 5 次卫生巾，而且持续 3 到 7

天，流血最多的一般在第 2 - 3 天。如果流血过多，则要注意观察，与自己以前的情况进行比较，严重的最好到医院检查，避免出现因失血过多造成的各种疾病。

第三，月经中有的时候伴有血块，这也是正常的现象，如果经血在排出的过程中受阻，而没有及时流出，在一个地方停留囤积，就会形成血块，坐着或躺着时间较长之后，都会有血块产生。

另外，有些女性在月经期还会有腹痛、腰酸、腹泻、乳房酸胀、头晕等现象，这因个人的体质差异而不同，不必惊慌。如果月经没有按时到来，也不一定就是有病变发生，可能是由于怀孕等其他生理或非生理原因造成的，可到医院进行检查，然后采取相应的措施。

正常的月经对女性来说是非常重要的，每个女人都应注意留心自己的月经情况，可以有自己的月经情况记录，一边观察和了解自己的月经特点，在对比中发现问题，然后及时就医。当然，还要保持良好的心情，这也是正常月经的心理保证。

3. 痛经的原因是什么？

月经期间发生剧烈的下腹痛，月经过后自然消失的现象，叫做痛经。多数痛经出现在月经时，部分人发生在月经前几天，表现为下腹及腰骶部疼痛，严重者腹痛剧烈，面色苍白，手足冰冷，甚至昏厥。月经来潮后腹痛加重，月经后一切正常。一般情况下由于盆腔充血而小腹坠胀，是正常的，但疼痛难忍需要服药缓解时则为病理性的。痛经可分为原发性痛经和继发性痛经两种。原发性痛经是指从第一次月经开始就发生的腹痛，继发性痛经则是指行经数年或十几年才出现的经期腹痛，两种痛经的原因不同。原发性痛经的原因为子宫口狭小、子宫发育不良或经血中带有大片的子宫内膜，后一种情况叫做膜样痛经，多数是疾病造成的，例如子宫内膜异位、盆腔炎、盆腔充血等。子宫内膜合成前列腺素增多时，也能引起痛经。子宫的不正常收缩引起子宫肌肉的痉挛性收缩，气血循环差，经血运行不畅。生冷食物刺激，经期运动过量，受凉导致气血凝滞都易引起痛经。此外痛经与遗传因素有一定的关系，因此需要通过检查，确定痛经发生的原因之后，针对原因进行治疗。

原发性痛经一般对生育没有影响，但继发性痛经对生育会产生影响，如子宫发育不良、子宫内膜异位症、内分泌异常等，因此不可小看痛经。

4. 妇女经期保健应该注意哪些问题？

月经期间，妇女的身体流失一定的血，随之失去的还有很多营养，身体会相对虚弱，抵抗力水平也比较低，所以，这时候要特别注意自己的身体。

在饮食上，注意营养的补充，多吃补铁的食品；还要尽量做到饮食清淡，不要吃太咸的东西，以免体内储存过多的水。应避免生冷水果和饮料以及一些寒凉性的食物，这些东西会导致血液循环速度降低，影响月经的顺利排出，还会引起痛经；不要饮用浓茶和咖啡一类的饮料，它们会刺激神经，造成月经的不正常反应。

注意保持身体的清洁卫生，防止阴道和子宫感染。洗澡时要用淋浴，不要坐浴和盆浴。卫生巾一定要选择质量好的，而且要经常更换。月经期不要穿紧身裤；内裤也应舒适宽松，最好是棉质透气的，要勤加换洗。

不要进行剧烈的活动，特别是要避免增加腹部压力的运动，如举重、哑铃等，它们可能会造成月经期延长，引起不适症状。游泳可能会使阴道和子宫感染，因此最好不要参加。另外，月经期尽量不要进行各种比赛，以免因为压力而造成内分泌失调，导致月经不正常。

另外，还有一些特别的事情需要注意，比如，月经期不宜高声唱歌，此时的声带周围的肌肉容易疲劳；不宜拔牙，因为这时候拔牙流血可能会比平时多；也不要因为腰酸而随意敲打腰部；月经期不适宜有性生活；月经期不宜饮酒。

5. 妇女在绝经过渡期和绝经后期应该注意什么？

绝经过渡期是指女性的卵巢功能从开始衰退到最后一次出现月经的一段时间。一般情况下，绝经过渡期出现在女性45～55岁，有一到两年的时间，但不同人的具体情况不同，体质也有差异，所以时间并不固定，也会出现例外。绝经后期是指最后一次月经到生命结束的一段时间。当女性的月经在没有疾病以及其他非生理原因的情况下开始不规律，就预示着绝经过渡期的开始，在这段时间和整个绝经后期内，女性的身体和心理会产生一定的变化，要特别注意一些问题对自身进行调整和保养。

绝经过渡期的表现包括：月经改变，心情容易烦躁，经常出现潮热，第二性征如乳房缩小等现象，相应地可能带来生殖泌尿系统疾病、骨质疏松等问题。这个时候不要担心害怕，保持良好的心情和态度，面对各种问题，对自己的身心都有好处。

需要注意的问题主要有：（1）绝经期到来的时间可能有差异，不必因此而惊慌，只要顺其自然就可以，但也要警惕是否有病变的出现。（2）绝经过渡期时也会有月经，也有可能怀孕。（3）这一时期会经常出现潮热症状，不要吃刺激性的食品和饮酒，多吃豆类食品，穿衣也要注意适当。

（4）绝经后容易出现骨质疏松、泌尿系统疾病，如尿频尿急、晚上经常起夜、有时出现遗尿、小便有灼烧感等，要注意观察，保证营养，多吃乳制品和富含钙质的食物。（5）绝经的妇女可能会睡眠不好，要注意休息，绝经的症状不需要到医院治疗，保持良好的心情就同样可以拥有快乐的生活。

6. 妇科检查必须做哪些项目？

妇科检查的作用是对一些妇科疾病进行早期预防和早期治疗。许多妇科病是没有早期症状的，而很多妇女去医院看病时，往往都是已经感觉很不舒服了，结果常常因此失去了最佳的治疗机会。

首先医生看外阴有无肿瘤、炎症、尖锐湿疣之类。其次是阴道检查，看看有无阴道畸形、阴道炎症、白带异常。宫颈检查要看一看有没有宫颈炎症、宫颈糜烂等。为了防止肿瘤，还要做宫颈刮片检查，也就是防癌涂片检查，如果有问题，通过这种方法几乎 90% 都能查出来。有的病人怕做刮片很疼，其实并不疼，往往大夫做完了，病人也没有察觉到。

此外，妇科检查还包括触摸检查子宫的大小、形态以及子宫的位置是否正常，有些情况医生则会建议做 B 超来查一查宫腔。有的女性是子宫后位，来月经时常常会有腰骶部疼痛的感觉，发生子宫脱垂的几率也很大，像这种情况，在妇检时医生就会帮助给予纠正。此外，如像卵巢肿瘤、子宫内膜异位、子宫肌瘤、粘连等疾病通过妇科检查都能查得出来。这一系列的检查都是常规检查，没有什么痛苦，也不会对女性身体造成伤害。

女性 35 岁以后肿瘤发病率逐渐增高，因此 35 岁以上的女性应一年检查一次。但这并不是说年轻女性就可以掉以轻心，因为有不少疾病的发病年龄正在逐渐年轻化。对于未婚女性，妇科检查时一般不做阴道检查。

7. 常见妇科病都有哪些？

妇科病又称妇科疾病，是女性生殖系统常见病的统称，可分为外阴疾病、阴道疾病、子宫疾病、输卵管疾病、卵巢疾病等。妇科病是女性常见病和多发病，但由于许多人对妇科疾病缺乏应有的认识，缺乏对身体的保健，加之各种不良生活习惯等，使生理健康逐渐下降，导致疾病缠身且久治不愈，给正常的生活、工作带来极大的不便。

常见的妇科疾病有痛经、闭经、月经不调、月经量少、月经推迟或月经提前、宫颈炎、乳腺炎、葡萄胎、子宫癌、宫颈癌、乳腺癌、阴道炎、盆腔炎、子宫肌瘤、卵巢疾病、阴道痉挛、输卵管疾病、附件炎、宫颈糜烂、乳腺增生、子宫颈炎、乳腺良性肿瘤、更年期综合征、绒毛膜癌、子宫脱垂、子宫内膜炎、子宫内膜异位症、生殖器发育异常、性功能障碍等。

一些常见妇科病多留意生活细节，完全能早防早治，下面就是一些常见妇科病的症状：

霉菌性阴道炎。患者会出现白带像豆腐渣一样的情况，而且外阴奇痒，容易被抓破，出现疼痛、肿胀甚至溃疡等情况。

滴虫性阴道炎。患者会出现外阴痒，白带呈现泡沫状而且量多，有的患者因滴虫侵入尿道，还会出现尿频的情况。

宫颈炎。患者会出现白带增多而且黏稠，有接触性出血（如在性生活时有出血），该病患者一般没有外阴瘙痒的情况。

盆腔炎。可分为急性和慢性两种。慢性盆腔炎一般表现为长期的腹痛，白带增多，有异味，睡眠质量差，免疫力低下，情绪低落，有的还会导致不孕；急性盆腔炎一般表现为发烧、腹痛等。

8. 妇科病会导致不孕吗?

并不是所有的妇科病都会有不孕的危险，一般来说，妇科病导致的不孕有以下几种。

（1）宫颈疾病引起的不孕：子宫颈作为精子通过的第一道关隘，其解剖生理上的任何改变均可以影响精子的通过而致不孕。

（2）外阴、阴道性不孕：外阴、阴道器质性或功能性疾病影响了精液或精子进入。

（3）子宫性不孕：子宫畸形、发育不良、子宫内膜炎、子宫肌瘤、子宫腔内粘连、子宫位置异常及内膜功能不全，都可影响精子的运行、受精卵着床和胎儿的发育、生长，造成不孕或流产。

（4）子宫内膜异位症的不孕：原因较复杂，盆腹腔异位内膜病变造成的粘连引起输卵管功能失常、管腔堵塞；卵巢病变影响正常排卵。

（5）卵巢性不育：卵巢发育不全、功能障碍或是发生肿瘤等均影响人体发育、健康及生育等。生殖腺发育不全、卵巢炎、卵巢肿瘤均是导致卵巢性不孕的临床原因。

（6）内分泌失调性不孕：临床表现为排卵障碍、闭经、多囊卵巢综合征，等等。

（7）输卵管性不孕：造成输卵管不通或功能障碍的原因是急、慢性输卵管炎症、粘连、堵塞。

（8）免疫性不孕症：在不育患者中约占 10% ~ 30%。临床主要表现为：抗精子免疫与不孕、抗透明带免疫性不孕等。

9. 乳头凹陷怎么办?

乳头凹陷本身就是一种乳房畸形。正常乳头为圆柱状,伸出乳房平面约是 1.5~2 厘米,呈一结节状。如果乳头未高出于乳房皮肤,且牵拉也不高出者,就称为乳头凹陷。乳头凹陷大部分是先天性的,也有一部分因外伤、乳腺炎等引起乳头肌肉发育不良,使得乳腺导管挛缩出现乳头凹陷。此外,穿衣着装过于紧束,特别是女性在乳房发育期内衣过紧,影响到乳房特别是远端乳头的正常血流供应和正常的生长发育,也容易导致乳头凹陷。

乳头凹陷除了在夫妻性生活的方面有一定的影响外,主要有以下四个方面的危害:一是乳头深陷在乳晕皮肤里,局部凹窝处长期得不到洗涤,分泌物及污染物得不到清除,发出臭味,容易引起乳头乳晕发炎,甚至出血、糜烂,形成慢性炎症;二是乳头不能外露,母亲无法哺乳;三是产妇乳汁排出不畅,会导致乳管阻塞,乳汁淤积,容易发生急性乳腺炎、乳腺脓肿,母亲如从不哺乳,还可增加患乳腺肿瘤的机会;四是乳头内陷有损女性胸部健美,失去应有的曲线。因此,最好在结婚前进行矫正。

对于情况较轻的状况,可以经常自行对乳头进行牵拉。少女时期是乳房发育的重要时期,也是纠正乳头凹陷的重要时期。经常牵拉乳头,可以使双乳突出、周围皮肤支撑力增大,起到"定型"作用。自行牵拉效果不明显时,应及时去医院咨询,可以通过负压吸引的方法或手术进行矫正。此手术是一项精细的手术,患者应选择正规医院的整形专科进行手术。

10. 如何预防乳腺疾病?

乳腺疾病一直是人们关注的问题。现代生活中,越来越多的女性遭受乳腺疾病的困扰,甚至有些男性也因为工作压力等原因而患乳腺疾病。怎么预防呢?有以下几个方面需要注意。

(1)饮食上要多加注意。少吃油炸制品,动物脂肪、甜食和进补的食品也要控制。水果蔬菜和粗粮则是比较好的食品,要多吃黑芝麻以及黑木耳等菌类,黄豆和核桃也十分有益于健康。

(2)生活要有规律,劳逸结合,还要保持自身新陈代谢的稳定,特别是要保持大便的通畅,这对减轻乳腺胀痛有帮助。

(3)要多参加运动,一方面防止肥胖,另一方面也可以提高身体的免疫力。

(4)保持轻松愉快的心情,用乐观的态度面对生活。不良的情绪和心理因素是导致乳腺疾病的重要原因。

(5)不要乱用避孕药和使用各种雌激素的药品、化妆品等,食品要保证绿色健康，避免食用被激素污染的肉类等。

（6）产后的妇女最好自己喂奶，这也是在维持体内代谢和激素等的平衡，使身体保持稳定和谐的状态。

（7）避免进行人工流产。

（8）要定期进行健康检查，这样可以早发现乳腺问题，及早进行治疗。

乳腺疾病比较常见，它影响着人们的健康，但也并不可怕，只要积极预防，对症治疗，就可以预防或把病痛减小到最低程度。因此，不论是否出现相关症状都不要心慌抑郁，要保持良好的心情，这样才能快乐健康地生活。

11. 如何进行乳腺疾病的自我检测?

乳腺疾病困扰着女性，自我检测是一种及早发现以采取措施的好办法，所以，女性都应掌握一些乳腺疾病的自我检测方法。自我检测在时间、方法和观察内容方面都有一定的讲究。

检查的时间一般在两次月经之间，停经的妇女也要固定自我检测的时间，从而方便记录以进行对比观察。

检测的内容主要是观察乳房的外观，包括两侧乳房是否对称、皮肤的颜色如何、乳头是否有凹陷等变化、有无异常的分泌物出现，等等，还要检查是否有乳房肿块。具体做法是：（1）观察——脱去内衣，对镜站立，观察乳房的外观有无异常变化，然后双手上下运动，观察乳房是否自然摆动，有没有褶皱等。（2）触摸——可在做好身体清洁之后进行，洗澡时进行更加方便。检查左侧乳房时，将左手置于头后，右手的食指、中指、无名指、小指并拢，从乳房上方开始，用指腹按顺时针方向轻轻触摸乳房，感觉是否有肿块，进行一周后再逐渐向乳房中心移动，直到乳头，检测右侧乳房时，就用左手。（3）完成上面的检测后，再用食指、中指、无名指轻轻按腋窝处，看有没有肿块。然后用拇指和食指轻轻挤压乳头，看有没有异常液体渗出，特别观察是否有红色或者粉红色的液体，还要用拇指和食指轻轻夹起乳头，检查乳头下面是否有肿块。

自我检测有几点需要注意：要用指腹，不要用指尖；动作要轻，不要太用力，要先轻轻触压，然后稍稍深压；检查的范围包括锁骨上方、胸骨中线、肋骨下缘和腋窝处；检查要仔细，要定期，最好有记录，有对比，发现问题及时到医院做进一步检查治疗。

12. 乳腺增生应该怎样治疗？

乳腺增生病是乳房的一种非炎症性疾病，又称乳腺小叶增生、慢性囊性乳腺病。

乳腺增生是女性最常见的乳房疾病，其发病率占乳腺疾病的首位。近些年来该病发病率呈逐年上升的趋势，年龄也越来越低龄化。据调查约有70%~80%的女性都有不同程度的乳腺增生，多见于25~45岁的女性。

乳腺增生疾病的症状主要以乳房周期性疼痛为特征。起初为游漫性胀痛，触痛为乳房外上侧及中上部为明显，每月月经前疼痛加剧，行经后疼痛减退或消失。严重者经前经后均呈持续性疼痛。有时疼痛向腋部、肩背部、上肢等处放射。本病病程较长，发展缓慢，可伴有乳头溢液。约2%~3%的病人可能发生恶变。

由于乳腺增生主要是内分泌失衡造成的，所以治疗则应从调理内分泌着手。中医中药有其独到之处，尤其是冲任失调、便秘、合并乳腺增生者效果尤为突出。

为了能及时发现乳腺疾病，提倡25岁以上女性一定要每月自查乳房，具体方法是：洗浴后站在镜前检查，双手叉腰，身体做左右旋状，从镜中观察双侧乳房的形状是否对称、皮肤有无异常，乳头有无内陷，然后用手指的指腹贴在乳房上按顺时针或逆时针方向慢慢移动，感觉是否有肿块，切勿用手挤捏，以免将正常乳腺组织误认为肿块。

13. 怎样判断是不是患了乳癌？

乳癌主要发生在女性身上，占女性癌症死亡率的第2名，仅次于肺癌。一般而言，乳癌多发生于40岁以后的妇女，但近年来，患乳癌的年龄层有明显年轻化的倾向。以下略述各种乳房肿瘤的特征和症状：

（1）纤维囊肿。这是最常见的良性乳房肿块，多见于30岁左右的女性，肿块常位于乳房两侧，会有闷痛或肿痛感，月经来前症状更为厉害，且肿块会变大，轮廓清楚，会移动，触压时有痛感。

（2）纤维腺瘤。多见于20岁左右年轻女性，胸部的肿瘤多为纤维腺瘤，会移动，无痛感。

（3）管内乳头瘤。多见于40岁左右女性，胸部的硬块多为管内乳头瘤，且多为单侧性，乳头有黄色或淡红色水样液体流出，无疼痛感，也摸不到肿块。

（4）乳管膨胀。多发于40岁左右女性，乳头会排出颜色较浓稠的液体，硬块多在乳房两侧发生，病人会有灼热感，感到瘙痒或乳晕隐隐作痛。

（5）40 岁以上女性，如果发现单侧乳房有不会移动、没有痛感、轮廓不规则的肿块，必须立即找专业医师检查。如果诊断为早期乳癌，也不必过于担心，因为癌细胞尚未扩散，通常不需要切除整个乳房，医生一般会用局部手术和放射线、化学治疗、激素疗法来治疗，成功率几乎达 100%。

此外，无论什么年龄的女性，如果出现疼痛或痛性乳房肿块、乳头凹陷、乳头异样性分泌物，尤其是带血的分泌物，乳房外形改观、局部凹陷或凸出，乳房皮肤有橘皮样的变化、红肿或溃烂，腋下有淋巴肿大等症状时都要立即就医。

14. 怎样预防卵巢囊肿？

卵巢囊肿是指卵巢内形成囊性的肿物，它又分为肿瘤性卵巢囊肿和非肿瘤性卵巢囊肿。肿瘤性卵巢囊肿其实属于卵巢肿瘤，病死率较高，良性的也有转化为恶性的可能，应及早切除。非肿瘤性卵巢囊肿大部分是良性的功能性囊肿，有的可自己消退，有的则比较大，需切除否则容易发生危险。

日常生活中注意身体保健，则可以在一定程度上实现卵巢囊肿的预防。

（1）饮食上在保证营养的同时，要尽量食用清淡、容易消化的食物，少吃胆固醇过高或生冷、刺激性的食品，避免烟酒。

（2）要养成良好的卫生习惯，保持外阴部的清洁。同时要注意保暖，避免淋雨、受凉等。

（3）要积极锻炼身体，提高免疫力，也要劳逸结合。

（4）了解自己的身体，留意各种可能的疾病信号。如果出现痛经、月经失调、尿频、白带异常等症状，要及时去医院进行检查。一方面，要学会经常进行卵巢囊肿的自我检查，可以在清早排便之后仰卧床上，屈髋屈膝，腹部放松，用手指尖下压下腹各部，检查是否有包块，如果是较瘦的女性，更容易感觉出有没有肿块的存在；另一方面，要定期到医院进行妇科检查，发现问题及早治疗。

（5）保持健康的心态和乐观的心情，积极面对生活，适度进行自我调节，避免压力和抑郁的精神状态。

（6）不要滥用激素类药品和各种补品。

（7）保持良好的睡眠。

15. 药物流产有哪些危险？

很多女性因为恐惧人工流产而草率地选择了药物流产（简称药流）。

其实药流也存在许多问题，患者不能太过大意，以下就是可能出现的危险。

（1）药物过敏。药流时常使用米非司酮和米索前列醇，这两种药都有令服用者过敏的情况发生，尤其是后者过敏的人群更多。有些患者在服用后还出现了体温升高、全身发抖的情况。因此，药流一定要在医院里、医生的监护下、有抢救措施的条件下进行。

（2）出血过多。通常来说，人流手术十几分钟就结束了，而药流持续的时间比较长，所以药流出血会比人流多。严重者会因此出现贫血，甚至有因大出血而休克的患者被送去诊。更多的女性则会在下次来月经时出血较多。当出血明显多于月经量时，患者要及时到医院就诊，可以对症使用催产素等促进子宫收缩的药物。

（3）药流失败。药流还存在一定比例的不全流产和流产失败的可能，此时需要补服药物，或者改用手术流产，患者对此要有心理准备。临床统计显示，药流患者完全流产的比例为 92%，不全流产占 5% 左右，流产失败占 3%。影响流产结局的因素比较多，其中，如果胚囊直径大于 25 毫米、已经长出胎芽、停经天数大于 50 天者，药物流产失败的可能性较大。而怀孕次数、流产次数、有无分娩史等因素，对药流的效果则没有影响，可以不予考虑。剖宫产术后合并有子宫肌瘤的早孕女性，人工流产的危险性较大，此时则适宜采用药流。

16. 子宫肌瘤能预防吗？

子宫肌瘤又称子宫平滑肌瘤，是女性生殖器最常见的一种良性肿瘤，多无症状，少数表现为阴道出血腹部触及肿物以及压迫症状等，如发生蒂扭转或其他情况时可引起疼痛。研究发现，年龄在 30~50 岁之间的妇女，约 20% 患有子宫肌瘤，近年来还有增多趋势。虽然子宫肌瘤为良性肿瘤，大多数症状不明显，但如发现不及时，会危及身体多个器官，亦可造成不孕，因此早防早治是十分必要的。

子宫肌瘤不论是良性还是恶性，目前对其发病原因还不很了解，因此尚无可靠的预防方法。但如能做到定期普查，平时注意观察某些症状，还是有可能减少发病或早期发现病变，以取得好的治疗效果。

（1）已婚妇女应当每 1~2 年定期做妇女病普查，绝经后妇女至少每年要普查 1 次，以便及时发现病变和治疗。并应普及防癌知识，使妇女学会识别癌前病变或异常症状。

（2）有不正常的现象，如白带异常、月经异常、腹痛、腹部包块以及大小便方面的改变等，应及时到医院检查。绝经前后的妇女更应注意。

（3）随着医学的发展和生活水平的提高，绝经期妇女使用性激素者越来越多。使用这些药物时应在医生指导下应用，决不可滥用。如已经出现子宫内膜增生，应及时应用孕激素，并严密观察，必要时进行子宫切除。

（4）已有子宫肌瘤的病人，如果出现月经变化、腹痛、大小便异常或肿瘤增大，都应及时到医院检查。

（5）家族中有肿瘤史的妇女或过度肥胖、高血压及糖尿病者，更应注意定期做妇科检查。

17. 通过药物能彻底治疗宫颈糜烂吗？

宫颈糜烂是一种很常见的慢性宫颈炎症，从糜烂面积大小分为轻、中、重三度。从宫颈糜烂的表现又可分为单纯性糜烂、为颗粒型糜烂、乳头型糜烂三种类型，这三种类型可单独存在，也可交错共存。轻度宫颈糜烂患者一般无明显自觉症状或仅有白带略增多，容易被忽略。中度、重度宫颈糜烂患者最明显的症状就是白带增多，色黄质黏稠，或白带中夹有血丝，少数患者会发生性交后出血。此外还可能会引起外阴瘙痒症和盆腔结缔组织炎，出现腰骶酸痛、小腹坠胀等症状。一般来讲，轻度宫颈糜烂不会导致不孕；但患中度或重度宫颈糜烂会导致不孕，所以应进行积极治疗。

宫颈糜烂主要治疗方法包药物治疗、物理治疗和手术治疗。其中，药物治疗适用于糜烂面积较小和炎症浸润较浅的患者，可选用抗生素局部上药，如灭滴灵、磺胺类药、呋喃西林等。以中药治疗宫颈糜烂在临床上应用比较广泛，疗效也不错，多选用一些验方、配方，加工成药粉或栓剂，置于棉球上，敷贴于糜烂面上。物理治疗是目前应用很广泛的一种治疗方法，具有疗程短、疗效好的优点，适用于糜烂面积较大和炎症浸润较深的患者，常用的方法有电熨法、激光疗法、冷冻疗法。手术疗法目前已经很少采用。

总体来说，只要在治疗过程中遵守禁房事、禁游泳、禁盆浴及阴道冲洗等医生嘱咐，绝大部分患者的宫颈糜烂是可以治愈的。当然，由于糜烂程度的不同，疗程可能有长有短。

18. 什么是葡萄胎？

葡萄胎是指妊娠后胎盘绒毛滋养细胞增生，终末绒毛转变成水泡，水泡相连成串，形如葡萄，故称为葡萄胎。在多数葡萄胎中，胎盘绒毛组织基本上已全部变成葡萄胎，但也有少数葡萄胎只有部分胎盘绒毛组织变为葡萄胎。前者称为完全性葡萄胎，后者称为部分性葡萄胎。

葡萄胎的发病原因目前尚不明确，研究发现葡萄胎的发生与营养状况、社会经济及年龄都有关系。一般来说，葡萄胎的症状有闭经及妊娠反应、阴道流血、子宫增大、咯血、贫血和感染、腹痛等，部分病人除妊娠呕吐外，还可能出现高血压、水肿、蛋白尿，甚至可出现心衰。葡萄胎自行排出时可发生大出血。

葡萄胎的治疗措施包括清宫、子宫切除、输血、纠正电解质紊乱、控制感染、化疗等，具体采取措施则要在正规医院诊断后，由医生根据病人自身情况决定。

一些葡萄胎患者经刮宫治疗后，便以为可以高枕无忧了，但由于大约10%～20%的患者术后有可能发生恶性病变，所有葡萄胎患者皆应定期随诊，最好长期与医院取得联系，以便早期发现恶变或残存的水泡状胎块。患者最好在两年内采取有效避孕措施，且最初半年应每月复查一次。如发生不规则阴道流血、咯血、头痛或其他不适时，应立即到医院检查。

由于葡萄胎是一种因妊娠引起的疾病，只要做好计划生育，落实避孕措施，减少妊娠次数就可免患葡萄胎，尤其是40岁以上妇女尽可能不再妊娠，因为高龄妊娠不仅葡萄胎的发生率高，而且容易发生恶性病。

19. 阴道出血是怎么回事？

阴道出血是女性生殖器官疾病常见的症状，阴道出血量大会危及生命，出血量少也可能是恶性肿瘤的最早症状，一旦忽视很容易延误治疗。一般非经期阴道出血有以下情况：

（1）闭经后无原因的阴道流血，可能是子宫颈癌、子宫内膜癌的前兆。

（2）功能性子宫出血。此病非常多见，主要是由调节生殖的神经内分泌功能失常所致，它的表现通常是月经周期不规律，经量过多，经期延长或不规则出血。

（3）月经延期出血，应该注意观察出血的量、色、持续时间等是否与平常的月经一样，要留心宫外孕、先兆流产、子宫肌瘤或子宫内膜异位症。

（4）性交后阴道有出血的现象称接触性出血，多与阴道炎、宫颈糜烂、宫颈息肉、早期宫颈癌、黏膜下肌瘤等妇科疾病有关。

（5）女性在无保护措施服用紧急避孕药后也会因月经周期的改变出现阴道出血。

（6）流产阴道出血时间延长，在排除术中损伤、宫颈炎症之类的情况后，很可能是宫内有残留，届时由医生检查后决定是用药还是清宫，否则一段时间后，残留的胎膜组织有可能变成绒毛膜上皮癌细胞。

（7）曾患葡萄胎的女性经正规治疗两年内又再次出现淋漓不尽的阴道

出血，可能是恶性葡萄胎的早期症状，应立即就诊。

非月经期出血大多是一种病理性的，而由于很多人无法分辨出血是生理性还是病理性的，所以安全起见，最好还是到医院请教医生，以免贻误早期诊治的良机。

孕产育儿篇

20. 什么情况下不宜怀孕？

存在以下情况的妇女，应选择适当的受孕时间，才能避免对胎儿造成不良影响。

（1）不同的口服避孕药有不同的要求，中、长、短效避孕药停药时间各不相同，必须在医生指导下选择受孕。

（2）上节育环的妇女取环后要有 2～3 次正常月经后再怀孕。

（3）人流、早产的妇女至少要等 3 个月后再怀孕。因为人流或早产后，子宫的恢复时间为 3 个月左右。

（4）剖腹产后的妇女至少要在两年以后再怀孕。

（5）以往因早孕与葡萄胎后恶变较容易混淆，故建议患过葡萄胎后的妇女两年后再怀孕。由于目前诊断水平已大为提高，这种限制也可相应缩短或取消。

（6）大量饮酒后的妇女要过 20 天后再怀孕。

（7）X 线照射后的妇女过 4 周后怀孕较为安全。

（8）长期服药的妇女，由于各种药物的作用、排泄时间，以及对卵细胞的影响等各有不同，因此最好在医生指导下确定受孕时间。

21. 孕妇服药有哪些注意事项？

到底有哪些药物可能会导致胎儿畸形呢？我们在此列出一些对胎儿有害的药物，准妈妈们必须特别注意：

（1）抗生素、抗真菌类药物：青霉素类药物毒性较小，是首选药物；先锋霉素类药物包括头孢氨苄、头孢唑啉、头孢克罗等，是次选的药物；氨基甙类药物可经胎盘进入胎儿循环，引起胎儿第八对脑神经受损和肾脏损害；四环素类药物毒性大，可抑制骨骼发育，使小儿乳齿染色；氯霉素可通过胎盘进入胎儿循环，导致新生儿灰婴综合征、骨髓抑制而白细胞减少或再生障碍性贫血；磺胺类药物可导致新生儿高胆红素血症、核黄疸等；长效磺胺可使幼鼠发生先天性异常，不用为宜；喹诺酮类药物对软骨发育有影响；利福平可导致无脑儿、脑积水和四肢畸形；外用抗真菌药对胚胎毒性较小。

（2）镇静催眠类药物：安定、利眠宁等药物短期应用较安全。

（3）酚噻嗪类精神药物：抗精神病的药物应在医生指导下应用。

（4）解热镇痛药物：有报道说，妊娠早期如果长期服用阿司匹林，可致腭裂、唇裂、肾脏畸形、心血管畸形、神经系统畸形；消炎痛则可致动脉导管过早关闭。

（5）泻药：妊娠期禁用，以免发生反射性子宫收缩，从而引起流产。

（6）抗凝血药物：如双香豆素等，可能导致胎儿小头畸形，应在医生指导下应用。

（7）激素类药物：性激素，如己烯酚、炔孕酮、炔雌二醇、甲羟孕酮、甲基睾丸素、同化激素等对胎儿亦有致畸作用。

（8）维生素类药物：孕期服用维生素药物要适量，不可过量且依据自身需求选择服用哪种维生素。

（9）甲状腺素和抗甲状腺药物：如他巴唑、脲类等，均有致畸作用，应在医生指导下应用。

（10）抗肿瘤药物：可导致多发性先天性缺陷。

（11）中成药：凡说明书上注有"孕妇忌用"的中成药皆不宜服用，而"孕妇慎用"药在医生指导下服用。中草药制剂成分复杂，作用机制多种多样，所以孕妇要慎服中成药。

22. 怀孕的早期症状有哪些？

在怀孕的早期，尽管从女性身体的外观上来看，腹部还没有什么明显的凸起变化，但还是会有一些典型的症状表明新生命的即将到来。

第一，最明显的怀孕症状就是停经，也就是有规律的经血不再按时流出。不过，并不是所有的停经现象都是怀孕造成的，要根据具体的情况进行分析。

第二，乳房开始膨胀，偶尔感到酸痛。乳房会变得敏感，有时还会觉得形状有些异常。这是因为哺乳的时候，乳房要分泌乳汁，所以当妇女怀孕的时候，身体就开始产奶，而乳房就会变化，有些妇女还会出现乳头颜色变深的情况。

第三，恶心呕吐——女性在怀孕的第一个星期就可能出现恶心呕吐的症状，很多人吃了早饭就会吐，也有的人是在下午或者晚上，甚至整天都有呕吐的感觉。

第四，特别想吃某种食物或者特别讨厌某种食物。这种喜爱和讨厌可能跟自己以前的情况完全不同，怀孕也许会带来胃口上的变化。

第五，身体开始发胖。怀孕的妇女对营养的要求增加，身体会慢慢开始发胖，不断地丰满起来。

除此之外，妇女在怀孕的早期还会有其他的症状，比如觉得劳累、头晕、对气味敏感、经常想去厕所等，有人也会觉得腰部疼痛僵硬，胃痛和便秘的情况偶尔也会伴随而来，情绪也比较容易激动。总之，怀孕早期，女性就会开始感觉到自身出现一些跟平常不一样的情况。

23. 孕妇要注意哪些饮食问题？

女性怀孕的时候，胎儿在妈妈的身体里不断地生长发育，母亲的身体状况直接影响胎儿。这时候，妈妈的饮食不仅是在为自身提供能量，同时也为胎儿的生长发育提供各种所需物质。胎儿发育的过程中需要各种不同的营养，而能否促进胎儿的正常发育是妈妈饮食健康的衡量标准。

为了使宝宝健康发育，妈妈要特别注意饮食健康。总地来说，营养的补充既要全面又要合理。如果营养不良，胎儿则会发育不良，宝宝出生后，妈妈也会更加虚弱；而如果营养过剩，胎儿就会生长过大，这样不利于生产，也会带来各种疾病。

具体进行分析，在怀孕的不同时期，胎儿的发育重点不同，所需的营养也有些区别，孕妇的饮食也应注意对应的营养补充：

怀孕的第一到第三个月，是怀孕早期，这是胎儿的脑细胞和身体器官迅速发育的阶段，妈妈们应多吃含蛋白质、维生素丰富的食物，比如鱼类、肉类、蛋类、牛奶、豆制品、新鲜水果蔬菜等。如果孕妇呕吐吃不下，就不要太勉强，可以少吃多餐。

怀孕中期是第四到第六个月的时候，此时胎儿的发育增快，孕妇的食欲也会变好，可多吃蛋白质、钙、铁和卵磷质丰富的食品。

在怀孕的后期，胎儿的体重增加，孕妇的饮食量相应增大，但要注意饮食保持清淡，吃过多盐分的东西会造成水肿，导致妊娠高血压。也不要吃太多的甜点。可多吃猪肝、鱼、肉、蛋黄、海带、紫菜、干虾皮、黑木耳、豆腐干、花生米等食品，补充营养的同时为妊娠和哺乳做好准备。

除此之外，还要注意孕妇在饮食上的禁忌：不要吃太多高热量、高盐分的食品；尽量避免方便食品，因为其中的营养不易吸收，而且添加剂对胎儿的发育有一定的危害。

24. 孕妇为什么要服用叶酸？

叶酸是一种水溶性的 B 族维生素，因最初是从菠菜叶中提取到的，故称为叶酸。食物中的叶酸进入人体后转变为四氢叶酸，在体内发挥生理作用。

当体内叶酸缺乏时，其直接的后果就是细胞的分裂和增殖受到影响。这在血液系统则表现为血红蛋白合成减少，红细胞不能成熟，从而导致巨幼细胞性贫血。如在妊娠早期缺乏叶酸，则会影响胎儿大脑和神经系统的正常发育，严重时将造成无脑儿和脊柱裂等先天畸形，也可因胎盘发育不良而造成流产、早产等。

目前已经证实，孕妇孕早期叶酸缺乏是胎儿神经管畸形发生的主要原因。因此，在怀孕前后补充叶酸，可以预防胎儿发生神经管畸形。

为了提高人口素质，普遍提倡在计划怀孕前三个月就开始服用叶酸，直至怀孕第三个月。

25. 高龄孕妇应该注意哪些问题？

专家认为，女性最适合生育的年龄是 25～30 岁左右，一般来说，35 岁以上的妇女怀孕的危险相对较高，被称为高龄孕妇。因为，35 岁以上的妇女相应地生殖器官功能退化，生产时间较长，可能造成难产，而且还会引起胎儿受伤和窒息。另外，这个年龄段的女性卵细胞发生畸形的几率也相应增高，宝宝得先天性疾病可能性比较大。高龄孕妇容易出现流产、早产、死胎、痴呆儿等现象，而高龄孕妇自身患产后疾病的危险也较大，这对女性自己的身心健康都有一定的影响。所以，高龄孕妇要特别注意身体的健康和保养。

第一，高龄孕妇最好进行孕前检查，这样可以让医生尽早发现问题，解决问题。在决定怀孕之前的一个月应该开始适当地补充营养，特别是叶酸，这样可以有效防止畸形婴儿的出现，产前的咨询和检查也是非常有必要的，这样可以及时发现畸形婴儿，及早作出处理。

第二，高龄孕妇在饮食上要注意平衡，在保证营养的同时，还要避免吃各种添加剂多的食品，甜食和果汁等也要控制；要避免烟酒，这会对婴儿的发育产生不良影响。

第三，高龄孕妇要适当运动，运动时要特别注意姿势和动作幅度，骑车时更要保证坐垫的柔软，避免颠簸和震动带来的阴部损伤。

第四，高龄孕妇要注意休息。一般来说，在怀孕 32 周之后就应申请产假，保证每天的休息时间和质量，还应特别观察和注意，在生产前尽量提前入院。

第五，高龄孕妇平时要注意观察自己的血压等身体状况，发现问题及时采取措施。

第六，做好各种突发情况的准备，如果高龄孕妇不能自然生产，可采取剖腹产等手段。

第七，做好心理准备和调整，保持良好的心情，乐观地对待怀孕的问题和事物。

26. 孕妇吃得越胖越好吗？

临床观察证实，如果孕妇在孕期体重增加过多，就容易造成难产，对胎儿健康也不利。

一般来讲，孕期体重增加 15 千克以上就可称做是孕期肥胖。但这一标准也不是绝对的，应视孕妇自身情况而有所不同。如高个孕妇体重增加多些也属正常，而矮个孕妇体重增加不到 15 千克也可能属于孕期肥胖。

造成孕期肥胖的原因很多。有的孕妇认为胎儿的生长发育需要大量增加营养，于是就多吃多餐，导致能量摄入过多，形成肥胖。有的孕妇认为多吃水果可使婴儿皮肤白嫩，于是进食大量水果，甚至拿水果当主食吃，而多数水果含糖分较高，过多的糖类进入体内会转化成过多的脂肪，最终导致肥胖。也有的妇女怀孕后就不再上班工作，孕期的体力活动和锻炼大大减少，而使孕妇形成肥胖。

27. 什么是胎教？

以前，人们认为胎儿在出生前一直安静地躺在母体子宫里睡大觉，直到分娩时才醒来，这是错误的。现代医学研究认为，胎儿有奇异的潜在能力。胎儿从第 5 周开始就有较复杂的生理反射机能：10 周时已形成感觉、触觉功能；胎儿在 20 周左右，开始对音响有反应；30 周时有听觉、味觉、嗅觉和视觉功能，能听到妈妈的心跳和外界的声音。因此，有针对地调节孕期母体的内外环境，可以使胎儿各感觉器官在众多的良性信号刺激下，功能发育得更加完善，同时还能起到发掘胎儿心理潜能的积极作用，为出生后的早期教育奠定下良好基础。这就是所谓的胎教。

以下介绍几种常见的胎教方法：

（1）音乐胎教法。主要是以音波刺激胎儿听觉器官的神经功能，从孕 16 周起，便可有计划地实施。每日 1～2 次，每次 15～20 分钟，选择在胎儿觉醒有胎动时进行。注意音乐的选择和音量的控制。

（2）抚摸胎教法。婴幼儿的天性是需要爱抚。胎儿受到母亲双手轻轻地抚摸之后，也会引起一定的条件反射，从而激发胎儿活动的积极性，形成良好的触觉刺激，通过反射性躯体蠕动，以促进大脑功能的协调发育。

（3）触压、拍打胎教法。孕 24 周以后，可以在孕妇腹部明显地触摸到胎儿的头、背和肢体。自此时开始，每晚可让孕妇平卧床上，放松腹部，使胎儿在"子宫内散步"、做"宫内体操"。这样反复的锻炼，可以使胎儿建立起有效的条件反射，并增强肢体肌肉的力量。

（4）语言胎教法。孕妇或家人用文明、礼貌、富有感情的语言，有目的地对子宫中的胎儿讲话，给胎儿期的大脑新皮质输入最初的语言印记，为后天的学习打下基础，称为语言胎教。

28. 为什么会早产？

早产是指妊娠在 28～37 周之内结束。此时娩出的新生儿发育尚未成熟，体重多在 2500 克以下。早产占所有分娩的 5% 左右。早产儿由于各器官系统尚未发育成熟，抵抗力较差，容易感染疾病，如肺部疾病、颅内出血、感染、硬肿症等。部分早产儿需要用暖箱保育，给予特殊护理。

引起早产的原因有以下几种：

（1）孕妇年龄过小，如小于 18 岁；或过大，如大于 40 岁；体重过轻，轻于 45 千克；有吸烟、酗酒习惯者。

（2）孕妇曾有过流产、早产史。

（3）孕妇生殖器官异常，如子宫肌瘤、双子宫、子宫颈内口松弛等。

（4）孕妇患急性传染病或慢性疾病，如严重贫血、心脏病、肾病、阑尾炎、原发性高血压、甲状腺机能亢进等。

（5）胎儿及胎盘的原因有双胎、羊水过多、前置胎盘、胎盘早期剥离、胎位不正、胎膜早破等。

（6）孕妇营养不良或过于劳累，或遭受严重的精神刺激或创伤。

（7）医源性因素，如孕妇有内科、外科合并症或产科合并症，必须提前终止妊娠。

29. 自然分娩有什么好处？

自然分娩是一个正常的生理过程，是人体的一种自然功能，自然状态下对母亲和胎儿是有利的，损伤最小。

自然分娩较剖腹产更有利于孩子和母亲的健康。在分娩过程中子宫有规律的收缩使胎儿的肺脏得到锻炼，促进肺成熟，减少孩子发生肺透明膜病的几率。同时有规律的子宫收缩及经过产道时的挤压作用，可将胎儿呼吸道内的羊水和黏液挤出来，从而大大地降低新生儿的并发症的发生几率。孩子出生后发生呼吸系统疾病也会相对较少。

同时自然分娩时，胎头因受子宫收缩和产道挤压，头部充血可提高脑部呼吸中枢的兴奋性，有利于新生儿出生后迅速建立正常呼吸。

自然分娩固然很痛，但是阵痛能使子宫口扩张，生完孩子后子宫收缩力更强，有利于恶露的排除，也有利于子宫的恢复。另外分娩时产妇的垂体还会分泌一种叫催产素的激素，这种激素不但能促进产程的进展，还能促进母亲产后乳汁的分泌，甚至在促进母儿感情中也起到一定的作用。

另外在自然分娩过程中母体可传给胎儿免疫球蛋白，自然分娩的新生儿具有更强的抵抗力，从而出生后孩子身体更健康。

最后胎儿在产道内受到触、味、痛觉及本位感的锻炼，促进大脑及前庭功能发育，对今后运动及性格均有好处。

30. 剖腹产的孩子需要注意什么？

剖腹产的孩子往往有敏感胆小、协调能力差、运动起来笨手笨脚、不容易集中注意力等问题，这是因为他们在出生的时候没有经过产道的挤压，缺乏生命中第一次触觉和本体感的体验和学习。不过不用过于担心，这些问题是可以通过后天的训练来解决的。

（1）大脑平衡功能训练。选择剖腹产多是因为存在胎儿胎位不正等不适合顺产的因素，而这些因素通常会造成胎儿大脑前庭功能发育不足、在母体内的活动不充分，甚至还会出现胎儿窒息的情况，使孩子在注意力方面受到一定影响。因此，孩子出生后的前三个月，家长要经常并且适度地抱着孩子轻轻摇晃，让脑平衡能力得到最初的锻炼；七八个月大的时候，要训练孩子的爬行能力，锻炼孩子的手脚协调能力；再大一些的时候，要让孩子多走平衡木，或者多做荡秋千、旋转木马等游戏。

（2）本体感训练。由于缺乏产道挤压这一最自然的本体感训练，孩子容易对自己的身体感觉反应比较迟钝，身体的协调能力相对较差，家长需要让孩子多进行各种体育活动。

（3）触觉训练。由于缺少人生中第一次触觉的机会，剖腹产的孩子在两三岁以后可能还喜欢吮手，咬指甲、笔头或者玩自己的生殖器，脾气大、胆小，易紧张，还有爱哭、偏食等毛病。家长应该从小让孩子玩水、玩沙、玩泥土；让孩子光着脚走路；洗完澡以后用比较粗糙的毛巾给孩子擦身体，并用电吹风吹干身体等。

31. 老一辈"坐月子"的习惯是正确的吗？

"坐月子"做好了对母亲的身体有很大的好处，但老一辈流传下来的坐月子习惯不见得都是对的。有些不好的习惯，反而会严重影响母亲的身体恢复。下面介绍几种普遍存在的误区。

一是"产后不可见风"。一些人认为这个风就是自然界的风，于是把在产妇房间里的门窗都关严，还挂上帘子，结果屋内空气污浊，闷热，产妇和孩子都感觉不舒服。事实上，室内清洁的环境和清新的空气对产妇还是新生宝宝都至关重要。只要不直接对流吹风或吹风受凉，通风时注意保暖是不会"受风"的。

二是"产后不能洗澡"。有人认为产后身体虚，洗澡容易受凉而落下"月子病"，于是一段时间内都不洗澡。这是不科学的。因为产后产妇出的汗更多，有时奶水还会流出来弄脏身体和衣服，如果不清洗干净很容易产生病菌并很快地繁殖，导致产褥感染。因此，产妇比任何人更需要清洁身体，勤换内衣。产后头几天可以用热水洗脸擦澡，一周后就可以洗头洗澡，只是不要洗盆浴。每次洗澡时注意保暖，避免着凉。

三是"产后不可早下床"。有人认为产后早下床以后都会腰酸背痛，其实不是。早下地活动能加快子宫收缩和肢体肌肉收缩力的恢复，减少血栓形成。产后6小时，产妇就可以下地上厕所；24小时后就可以坐起来喂奶和下地进行洗漱等活动。只要注意活动量要逐渐增加，站的时间不要长，下蹲和大便时肚子不要用力就可以了。产后一周左右就可以做一做保健操促进全面恢复了。当然都需要依据产妇身体情况来判断。

四是"产后不需要早喂奶"。产后头一天，奶水很少，有的产妇就认为等奶水足了再喂。其实富含抗体的初乳，量虽少，对宝宝增强抵抗力却极为重要，最好孩子一出生就让他吸吮乳头。早吸吮不但可以让宝宝吃到宝贵的初乳，还可以刺激乳头，促使乳腺尽早分泌足量的乳汁。早喂奶还可以刺激子宫收缩，有利于产后子宫的恢复。

32. "坐月子"期间要注意什么？

产妇坐月子中保养的内容很多，大体上包括以下5个方面。

（1）身体保养：产妇要注意休息，以恢复妊娠和分娩对体力的消耗，以保养和恢复元气。

（2）饮食保养：产妇因产后脾胃虚弱，必须注意饮食调理，要多进食富含高蛋白质的营养食物和多食用新鲜蔬菜、水果；身体虚弱者，还应适当搭配一些药膳，并要忌食过咸、过硬、生冷及辛辣刺激性食物。

（3）精神调养：产妇为了早日康复，应保持精神愉快，避免各种不良情绪刺激，不要生气，不要发怒，不要郁闷，不要受到惊吓。

（4）环境调适：要注意保持室内寒温适度，预防寒湿热的侵袭，并保持通风照阳，空气新鲜。

（5）讲究个人卫生：产妇必须注意个人卫生，保证身体清洁卫生，勤换洗衣服，防止感染疾病。

33. 母乳喂养有什么好处？

母乳是宝宝最好的营养品。母乳中含有宝宝生长发育所需的一切营养物质，包括糖、蛋白质、脂肪、维生素及矿物质等。母乳的营养成分最适合婴幼儿，易于消化吸收，尤其对 6 个月以内的婴儿更为适合。母乳较牛奶更多的是婴儿容易消化的乳白蛋白。母乳的温度与人体相同，适宜宝宝吸吮。母乳喂养能提高婴儿的抗病抗过敏能力，因为母乳中含有很多抗体，如乳铁蛋白、免疫球蛋白等。新生儿能从母乳中获得免疫体，婴儿在 6 个月内很少得麻疹、小儿麻痹、腮腺炎等传染病。母乳喂养的孩子，过敏性疾病的发生率较牛奶喂养的少得多。有研究证明母乳喂养可有效减少儿童患肥胖症、糖尿病、婴儿猝死综合征和部分癌症的几率。通过母乳喂养，能够增进母婴感情。母乳喂养通过对乳头的吸吮，反射性刺激下丘脑、垂体分泌催产素，能促进子宫恢复，减少恶露量，能够抑制排卵，延迟月经来潮，有利于母亲康复和避孕。母乳喂养的闭经（月经不来潮）可以对子宫内膜异位症有治疗作用，还可以减少患乳腺癌和子宫内膜癌的几率。

34. 孩子出生后需要睡枕头吗？

一岁之前是孩子头部发育最快最重要的时期，适宜的枕头，有利于头部血液循环，促进孩子睡眠和脑部生长发育。如果枕头不合适，不仅影响头颈部生理功能，还可导致某些部位的不正常发育。

新生的婴儿，背板直，肌肉松弛，怎么睡都舒服。如果睡的枕头太高会使他的脖颈弯曲，还可能引起呼吸困难，以致影响孩子的正常生长发育。如果怕孩子吐奶，可以把上半身都适当垫高一点，防止孩子吐奶。

当孩子长到 4~5 个月时，脊柱颈段出现向前的生理弯曲，这时可用全棉毛巾对折或者折垫于婴儿头下当枕头。

当孩子长到 6 个月后，开始能坐，脊柱胸段出现向后的重量弯曲，给孩子选择 3~4 厘米高的枕头就可以了。枕头过高、过低都不利于孩子睡眠和身体的正常发育：过低不利于呼吸，过高容易形成驼背。随着孩子的生长发育，枕头的高度可以适当地进行调整。

此外，给孩子的枕头要柔软、轻盈、透气、吸湿性好，要套上全棉布枕套。如果用小米、高粱米做填充物当枕头用，容易落枕；长期使用，还会造成孩子头颅变形，或脑袋扁平，或一侧脸大、一侧脸小，影响外形美观，甚至会影响脑部发育。

35. 处在哺乳期的妈妈应该注意哪些乳房保健知识？

大家都知道，母乳喂养不仅对婴儿有百利而无一害，对母亲自身也有许多好处。年轻的妈妈在哺乳期应该注意以下一些乳房保健知识：

（1）在让婴儿吮吸乳房前，先揉一揉乳房或用热毛巾敷一下乳房，这样有利于乳汁的迅速排出。

（2）为了防止婴儿对母亲乳房的牵扯，一定要将乳头及乳晕的大部分放入婴儿口腔中，这样既安全也能让婴儿很容易很快地吃饱。

（3）取出乳头的时候，首先应用食指轻轻地压孩子的下颌，孩子在母亲的"指挥"下会"听话"地吐出乳头，这时母亲千万不要毛手毛脚地硬拽乳头，以免损伤乳房。

除了上述哺乳过程中每一个步骤以外，还有些日常护理母亲要特别注意：

（1）如果乳房某侧有乳腺小结，母亲不要因此不让孩子吮吸，而应该让多吸此侧的乳房，并做适度的按摩，使其好转。

（2）哺乳期间，佩戴一款合适的棉质胸罩是至关重要的。这不仅可以避免产后乳房下垂，还可以改善乳房的血液循环，利于哺乳。

（3）平时还应加强锻炼和注意个人卫生。最好每天用温水清洗、按摩乳房 1~2 次；坚持做一些胸前肌肉的运动，如俯卧撑、扩胸等。

36. 刚出生的婴儿怎么洗澡？

婴儿出生 24 小时后就可以洗澡了。但是洗澡的时候要注意安全，避免着凉，并保护好未脱落的脐带。以下简单介绍给婴儿洗澡的步骤。

（1）把洗澡用品（毛巾，浴巾等）准备好，接一盆温水（水温在38~40℃为宜）放在安全且没有过堂风的地方。

（2）把宝宝衣服脱光，用浴巾包裹好身体。如一人操作：把宝宝横放，夹在腋下，用手托着宝宝头部，并捂上宝宝的耳朵（以免洗头的时候进水），用毛巾湿水给宝宝洗头。如两人操作：一人横抱宝宝，保护宝宝安全，并用手托起宝宝头部，捂上宝宝耳朵；另一人用毛巾湿水给宝宝洗头。

（3）洗完头，擦干头部，把宝宝身体放进盆里，轻轻给宝宝洗身体。注意宝宝安全。

（4）洗完后，把宝宝抱出水盆，迅速用干燥的浴巾（或毛巾）包裹并擦干，以免宝宝着凉。在无过堂风的地方，给宝宝做适当抚触，然后依据个人情况，使用爽身粉，给宝宝穿衣服。

但要注意，宝宝发热、呕吐、频繁腹泻时，不能洗澡，因为洗澡后全身毛细血管扩张，易导致急性脑缺血、缺氧而发生虚脱和休克。宝宝发生烧伤、烫伤、外伤，或有脓疱疮、荨麻疹、水痘、麻疹等时，也不宜洗澡，这是因为身体的局部已经有不同程度的破损、炎症和水肿，马上洗澡会进一步损伤引起感染。

37. 婴儿按摩有什么好处？

新生儿按摩可以促进母子交流，增加新生儿体重，有利于新生儿身体健康和发育，同时可以减少新生儿吵闹，增加睡眠。

新生儿的注意力不能长时间集中，因此，每个按摩动作不要重复太多，按摩时间应选择在新生儿不太饥饿或者不烦躁的时候，最好在婴儿沐浴后，或在给婴儿穿衣服的过程中。按摩前短时间的准备也很重要，可以放一些柔和的音乐以帮助放松，使婴儿感到更加舒适。按摩前要先温暖双手，倒一些婴儿润肤油或爽身粉于手掌心，然后轻轻地在婴儿肌肤上滑动，开始时轻轻地按摩，逐渐增加压力，孩子慢慢地就适应了。

按摩没有固定的模式，可以不断地调整，以适应婴儿需要，对于新生儿，每次按摩 10 分钟即可；对于大一点的婴儿，可以延长时间至 20 分钟左右。

38. 婴儿腹泻怎么办？

婴儿腹泻有多种原因，应视具体情况进行预防和治疗。常见的有以下几种情况：

（1）食物导致腹泻。如牛奶的冲调比例不当或者饮用过量的果汁，都可能会令宝宝产生腹泻等不适反应。在日常生活中，要尽量少给宝宝食用果汁，特别是 6 个月以下的宝宝最好不吃。

（2）胃肠炎引起的腹泻。比较明显的症状是，宝宝在腹泻的同时还会有痉挛、呕吐、低烧等症状，这时候要去医院治疗，而且要注意补充水分。

（3）细菌感染带来的腹泻。这种腹泻比较严重，还会产生腹痛、血便、发烧，有些还非常危险，应立即带宝宝去医院检查治疗。

（4）寄生虫通过各种渠道进入婴儿体内，也有可能引起宝宝腹泻。因此，要注意养成良好的卫生习惯，保证婴儿的饮用水和食品的清洁。

除此之外，婴儿还有可能因为药物、牛奶等过敏而腹泻，因此在平时一定要注意适当使用各种药品和食品，还要注意观察宝宝的反应，一旦出现什么问题要及时应对。不论何种腹泻，只要适当采取预防措施，都会在一定程度上得以避免。

另外，在不清楚腹泻原因的情况下，最好到医院诊治。腹泻时千万不要禁食，焦米汤、胡萝卜汤、苹果泥等有一定的止泻作用。而腹泻后的护理也需要特别用心，注意补充水分和营养，喂食容易消化的东西，让宝宝慢慢恢复到正常的饮食状态。

39. 小儿夜间磨牙是怎么回事？

有的儿童晚上入睡后，下颌骨仍然像吃东西时一样不停运动，上下颌牙齿相互摩擦而产生刺耳的声音，这就是常说的夜间磨牙。磨牙多见于4~6岁儿童。据研究，产生磨牙与脑神经功能不太稳定有关。患儿除夜间磨牙外，往往还伴有其他睡眠障碍。引起这一疾病的常见诱因有以下几点：

（1）消化道功能障碍。如晚饭吃得过饱或睡前进食过多导致消化不良，均可引起夜间磨牙；此外肠道寄生虫，尤其是蛔虫感染，也可引起磨牙，但要注意不能仅凭磨牙就诊断患有肠道寄生虫病。

（2）神经过度兴奋。有些儿童由于白天玩得过度导致过于兴奋或过于疲劳，或是幼儿园和家长给孩子的学习压力过重，或是父母态度粗暴，或是睡前过度兴奋或看了紧张的影视片，都会使儿童入睡后大脑仍处于较为兴奋的状态，从而导致磨牙。

（3）口腔疾患。如龋齿、牙周炎、乳牙咬合不当、换牙时咬合关系不协调等，都可能引起儿童磨牙。

此外，佝偻病患儿血钙偏低，也可出现磨牙，这类患儿用维生素 D 及钙剂治疗往往有一定疗效。

夜间磨牙的害处颇多，除牙齿相互摩擦产生刺耳声音，影响家人入睡外，更重要的是长期的磨牙，牙齿相互摩擦，可使牙尖磨损变平，牙齿变短，影响美观和咀嚼功能。因此对于磨牙患儿，应尽可能找到病因，然后对症治疗才能取得最大疗效。

40. 小儿得了湿疹怎么办？

小儿湿疹是一种常见的小儿皮肤炎性皮肤病，又称奶癣，以皮疹损害处具有渗出潮湿倾向而得名。很多婴幼儿身上会出湿疹，一出汗就会痒得宝宝乱抓乱挠，哭个不停。家长首先要制止孩子乱抓，以免抓破皮肤，造成感染。

对患湿疹的婴儿一般采用以下护理方法：

（1）给孩子洗脸洗澡时，尽量别用热水、开水烫洗患处，也不要用肥皂刺激。如果身体、四肢湿疹较重，暂时不要盆浴，用温水洗后要立即涂药。

（2）给孩子换上清洁柔软舒适的衣服，枕头要常换洗消毒，衣服被褥均要用浅色的纯棉布制作，不要用化纤制品。

（3）不要使孩子着冷受热，要躲避冷风，夏季不要暴晒。

（4）乳母应忌食辛辣刺激性食物，如辣椒、葱、蒜、酒等。

（5）喂孩子的牛奶应多煮些时间，用以破坏牛奶中的致敏物质。

要注意的是，如果湿疹面积较大，患处皮肤发红、化脓，就要到医院接受治疗，但要尽量避免较长时间或短期大剂量外用使用皮质激素类药物，以免导致药物依赖性皮炎。

41. 小儿咳嗽如何治疗？

小儿咳嗽是一种保护性反射动作，通过咳嗽把呼吸道中的"垃圾"清理出来，也就是痰。但当呼吸道中没有"垃圾"，只是充血、水肿，或因长期咳嗽刺激而使神经持久处于高度兴奋状态，或咳嗽剧烈到影响睡眠和进食时，就该进行治疗了。

止咳治疗包括祛痰、化痰，减轻呼吸道黏膜水肿，恢复气管内膜纤毛作用等多种。一般来说，小儿咳嗽适合选用兼有祛痰、化痰作用的止咳药。在选择用药时，糖浆优于片剂，糖浆服用后附着在咽部黏膜上，减弱了对黏膜的刺激作用，本身就可达镇咳目的，服用时不要用水稀释，也不要用水送服。常用的药物有蛇胆川贝液、复方枇杷膏、鲜竹沥、消咳喘、百日咳糖浆、桂龙咳喘丸、伤风止咳糖浆等，小儿要掌握好剂量，对症下药。

要注意的是，如果出现以下情况，需要赶紧就医：

（1）孩子突然咳得很严重且呼吸困难，这可能是误吞异物堵住了气管，这类情形非常危险，应及时去医院。

（2）孩子发高烧、咳嗽、喘鸣并伴有呼吸困难，需立即送医院紧急处理。

（3）孩子脸色发紫，呼吸增快、吸气时胸壁下部凹陷，说明可能是患了毛细支气管炎，也应及时送医院救治。

42. 孩子发烧应该怎么做？

正常小儿的基础体温为 36.9～37.5℃，一般当体温超过基础体温1℃以上时，可认为发热。其中，低热是指体温波动于38℃左右，高热时体温在39℃以上，连续发热两个星期以上称为长期发热。上述基础体温是指的直肠温度，即从肛门所测得，一般口腔温度较其低 0.3～0.5℃，腋下温度又较口腔温度低 0.3～0.5℃。

孩子发烧时，不要着急吃退烧药、打退烧针或输液，这些办法未必有效，还可能使孩子早早产生抗药性。因此治疗发烧，发热体温不高且无并发症的情况下要首先采取物理降温方法，如用小毛巾包上冰袋在额头冷敷，用稀释的酒精擦拭背部。对温度不是很高的孩子，也可以洗个温热水澡。不要给发烧的孩子穿太多衣服，这不利于身体散热。应该时不时地开窗通通风，使房间内空气清新，这更有利于孩子的恢复。

发烧的时候，体内大量水分会损失，消化系统受障碍，胃肠道的蠕动困而减慢，因此在饮食上要多加注意。应该多给发烧的孩子喝白开水以补充随发热流失的水分，并食用牛奶、米汤、小米粥等清淡、易消化的流质食物，富含维生素的蔬菜汁、果汁也是不错的选择。

此外要注意，幼儿突然发烧，并有呕吐、腹泻、呼吸困难、意识不清等病症，或连续发烧无法物理降温时，必须立刻送院治疗。

43. 成人吃的药，小儿能服用吗？

成人吃的药小儿不一定能吃，即使是常用药也是如此。如成人用的止咳药咳必清、止咳糖浆，内含麻黄素、鸦片等成分，不能随便给婴幼儿服用。凡是说明书上注明小儿不宜使用的，就一定不要给小儿用。有些成人用的药，虽然小儿也能用，如维生素、助消化药等，但用药前要了解每片药的含量及小儿用药量，精确推算后，才能给孩子服用。抗生素应在医生指导下方可服用。

44. 怎样才能让孩子长得更高？

生长是遗传和后天的环境因素相互作用的一个复杂的生物学的结局。遗传决定了我们的生长潜力，但是这个潜力能不能充分发挥出来，就取决于后天的一些环境因素。最重要的就是营养，这是生长的物质基础，孩子每天需要足够的热量和各种营养素，包括蛋白质、脂肪、碳水化合物、膳食纤维、维生素、矿物质等，要做到粗细搭配，荤素搭配，不挑食、不偏食。

在保证营养充足的前提下，运动可以促进身体充分的发育，并且会增强体质。运动虽然不能增加遗传所确定的身高，但可以促进遗传潜力得到最大限度的发挥。经常运动的人，要比不运动的人最少平均身高会高 2 到 3 厘米，多的达到 10 厘米以上。总之，运动可以促进生长激素分泌，促进新陈代谢，增强食欲，使孩子吃得好、睡得香，同时促进骨骼肌肉的发育。

保证睡眠也很关键，生长激素在睡眠状态下的分泌量是清醒状态下的3倍左右，所以保证睡眠是有利于长高的。而且这种生长激素分泌大部分在前半夜，所以孩子不能太晚睡觉。儿童期睡眠的时间跟年龄有关，不同年龄差异比较大。1～3岁需要的睡眠时间是10～12小时，4～6岁需要10～11小时，7～10岁需要10个小时，10岁以上的孩子不小于9个小时。

45. 孩子缺钙怎么办？

钙是人体内含量最多的矿物质，占人体体重的1.5%～2%。99%的钙存在于骨骼、牙齿中，1%存在于体液、软组织细胞中。

正常的宝宝在婴幼儿时期体格生长发育速度很快，他们的骨骼需要很多的钙和磷，才能使骨骼变硬。儿童缺钙易导致很多问题，如厌食、偏食、不易入睡且易惊醒、易感冒、头发稀疏、智力发育迟缓、学步晚、出牙晚或出牙不整齐、阵发性腹痛腹泻、X或O型腿、鸡胸等。因此，给宝宝补钙非常重要。补钙还是以食补为佳。含钙量较为丰富又适合宝宝食用的食品包括：奶酪等乳类和乳制品，豆腐、豆浆等豆制品，虾皮、海带、紫菜、海鱼、鱼骨粉等水产品，以及蛋黄、排骨汤、藕粉、根茎类的植物、芝麻、山楂等。在食补之外，可以按照医生的安排适当补充鱼肝油和钙片。

对于缺钙的小儿，在补充钙剂的同时，还要补充维生素D。因为维生素D的主要功用是促进钙、磷的吸收和储备，使人体组织液中保持钙、磷的一定浓度，钙、磷得以正常地存储在骨骼上。平时还多注意晒晒太阳。

46. 孩子胖就是养得好吗？

很多人都认为孩子胖胖的就是养育得法，事实却可能恰恰相反。据统计，冠心病、胆石症、高血压这三种成人中最常见的慢性病，其病根大多起自童年或少年。因此，小儿肥胖不代表健康，也不是营养好的表现。

肥胖儿常有脂类代谢异常，使脂肪合成加快、脂肪分解变慢，从而引起高脂血症，引发动脉粥样硬化、冠心病、高血压、糖尿病等心脑血管及代谢疾病。肥胖儿童全身免疫力也较正常儿为低，容易发生呼吸道感染以及各种感染性疾病。极度肥胖的小儿因皮下脂肪过度增厚，限制了自身胸廓和横膈运动，使肺通气不足，影响心肺功能，甚至发生心力衰竭，导致死亡。此外，大部分肥胖儿童有性发育提前的倾向，所以骨骼愈合也提前，使他们较之晚发育的同龄人要低矮许多。

当孩子的体重超过同性别、同身高儿童体重平均值的20%就属肥胖了。引起小儿肥胖的原因是多方面的，但主要是由于摄入食物过多，尤其是喜食产热量多的脂肪。纠正孩子的肥胖首先是要增加运动量，使孩子体内的脂肪减少；此外还要配合饮食治疗，使一天摄入的能量应低于实际消耗量，逐渐消耗体内的脂肪。由于小儿处于生长发育阶段，在饮食方面既要保证鱼虾鸡禽等蛋白质丰富的食物，又要限制高碳水化合物的甜食和动物性脂肪含量高的食物，所以应将蔬菜和水果作为膳食的主要成分，它们不但可以提供各种维生素、矿物质和纤维素，还可以满足食欲，免除饥饿的痛苦。

47. 哪些疾病会影响幼儿大脑发育？

并非所有的疾病都会影响宝宝的智力发育，但家长也不能掉以轻心，以下就简单介绍一些常见的影响大脑发育的疾病：

（1）百日咳：这种疾病如不及时治疗，可能会引起百日咳脑病，从而出现癫痫、智力减退、脑水肿等症状。家长应注意孩子的防寒保暖，减少与有百日咳嫌疑的孩子接触，或去医院注射免疫针。

（2）中毒细菌型痢疾：3～5岁的孩子较易患此病，伴有发高烧、昏迷、抽搐等症状。由于细菌产生的毒素会直接损害神经系统，刺激脑组织，导致孩子大脑缺氧，从而影响智力。应注意给孩子补充足够的维生素，增强免疫力。一旦患病，应注意降温，补充氧气，以减轻缺氧对大脑的影响。

（3）破伤风：由于破伤风杆菌不仅会引起肌肉紧张，影响运动神经的发展，还可能使组织坏死，心肌损伤，从而导致智力发育受到影响。一旦发生创伤，要彻底清洗创口，并遵照医嘱注射破伤风抗毒素。

（4）糖尿病：营养过剩使越来越多的孩子患上了成人病，糖尿病就是其中之一，这是一种由于胰岛素分泌不足所引起的糖代谢紊乱。容易影响脑细胞发育。许多患病儿童有夜间尿多或尿床的症状，因此要注意孩子的合理饮食，对糖果和甜食要严格控制。

（5）结膜炎：这是由于受到细菌、病毒的感染，或眼睛中不慎落入灰尘和异物等原因造成的。这病看似并不严重，但如果不及时医治的话，细菌或病毒还会进一步侵袭大脑，从而造成对智力的影响。一旦患病就应马上隔离治疗，同时注意不要让孩子揉搓患病的眼睛。

48. 孩子老是肚胀怎么办？

发现孩子腹胀，首先应该检查腹胀是否伴有呕吐，若伴有经常性呕吐食物，甚至胆汁或粪样物，3～5天才解1次大便且量很少，婴儿日渐消瘦，可能是先天性巨结肠，要尽快到医院进一步检查治疗。

如果腹胀时胀时消，食乳后腹胀明显，无呕吐或偶伴呕吐，放屁后腹胀减轻，腹部没有摸到粪样物，乳食正常，但日渐消瘦，可能是由于孩子吮乳时吸入空气较多引起气压腹胀，可用莱菔子 8 克，枳实 6 克，甘草、厚朴、陈皮各 3 克，加水 150 毫升，煎服 60 毫升，分 3 次服，每日 1 剂，连服 3 天。此外还要改进哺乳方法，哺乳后轻轻拍打婴儿背部。母亲在哺乳期间要少食产气较多的食物。

如果婴儿几天不大便后出现腹胀、哭闹，伴有恶心呕吐者，可能是由于胎粪内积引起，排出胎粪后腹胀便可消失。因腹胀哭闹不止者，可用手轻轻按摩婴儿腹部，或用驱风油少许涂擦婴儿肚脐周围。

49. 如何防止宝宝因跌落而离世？

跌落是 0～14 岁儿童发生意外伤害的首要原因。其中，约有超过 80% 0～4 岁幼儿的跌落是在家中发生的。幼儿从楼梯、床、窗、家具以及家中其他的物体上跌落，这是与儿童的好奇心及自身运动技巧的发展相关联的。因为幼儿的囟门未闭，并且人的重心点较高，所以比成人更容易跌落而导致头部受伤。头部受伤会对幼儿产生严重的伤害，如引起智力和其他功能的障碍等，甚至发生死亡。婴儿从成人的膝盖上跌落，也可能会引起脑震荡，头骨破裂，或颅内出血等。

预防儿童跌落的重点是加强对孩子的看护，在给婴儿换尿布或衣服时，大人不要离开婴儿，保持有一只手保护着婴儿。当婴儿单独躺在摇篮或床上时，旁边应竖起护栏或有其他防护物，以免宝宝滚落。在没有大人的陪护下，不要让 1 岁以下的宝宝独自坐在高凳上，最好用有安全带的儿童坐椅或童车来保障宝宝的安全。

此外，非逃生用途的窗户要上锁，或装上窗栏，在窗台边不要放置孩子可攀爬的桌子、凳子和沙发等家具，同时要注意阻止孩子攀爬这些家具，尽量让他们明白这种举动的危害性。

宝宝跌落后，如高度较低且地面平坦没有尖锐物，注意观察局部有无红肿或破损，另外观察孩子的精神状况，有无烦躁或嗜睡，如果三天内有异常应随时就诊。若宝宝跌落到尖锐物或哭闹较重，应及时就诊。

50. 孩子口水泛滥是病吗？

小儿流口水，书面语称为流涎，大多属正常生理现象。婴儿在 4 个月左右时，从吃母乳渐渐过渡到吃一些辅食，由于食物对神经、唾液腺的刺激会使口水分泌增多。6～7 个月时，婴儿乳牙萌出，刺激三叉神经也会增加口水分泌。加上小儿口腔容量小，不会吞咽、调节口腔内的口水，于是积储后会自然流出。随着月龄的增大及牙齿的逐渐萌出，流涎会自行终止，一般不需要治疗。

唾液中含有口腔中的一些杂菌及淀粉酶等物质，对皮肤有一定的刺激作用，如果不精心护理，口周皮肤就会发红甚至起小红丘疹。因此宝宝口水流得较多时，妈妈要注意护理好宝宝口腔周围的皮肤，每天至少用清水清洗两遍。用柔软的手帕或餐巾纸蘸去嘴巴外面的口水，让宝宝的脸部、颈部保持干爽，避免患上湿疹。为防止口水将衣服弄湿，也可以给宝宝挂个纯棉的小围嘴，柔软、略厚、吸水性较强的布料是围嘴的首选。宝宝在乳牙萌出期齿龈发痒、胀痛，口水增多，可给宝宝使用软硬适度的口咬胶，6 个月以上的宝宝啃点磨牙饼干，都能减少萌芽时牙龈的不适，还能刺激乳牙尽快萌出，减少流口水。

如果皮肤已经出疹子或糜烂，最好去医院诊治。在皮肤发炎期间，更应该保持皮肤的清爽，并依症状治疗。如果局部需要涂抹抗生素或止痒的药膏，最好在宝宝睡前或趁宝宝睡觉时擦药，以免不慎吃入口中。

如果到了 2～3 岁牙齿长齐后，宝宝口水仍流个不停，就有罹患口腔、咽喉黏膜炎症等疾病的可能，需要去医院检查治疗了。

51. 怎样防止孩子耳聋？

常见小儿致聋"元凶"主要有三种：

（1）药物致聋。常见的致聋药物有链霉素、庆大霉素、奎宁、阿司匹林等。药物致聋是可以预防的。母亲在孕期（特别是 3 个月内）要禁用一些损害胎儿内耳的药物，如链霉素等。对有药物致耳聋家族史的人群，用药时尤应谨慎，非用不可时应从最小剂量开始。禁止对儿童使用新霉素等对听神经损害严重的药物，必须使用耳毒性药物时，应密切观察，特别是注意有无耳鸣、头晕等现象，做到早期发现，早期采取措施。

（2）鼓膜穿孔、破裂。如儿童患急性化脓性中耳炎后，中耳腔内脓液增多的压力就会引起鼓膜穿孔、破裂，如果不及时就医或治疗不彻底，会造成慢性化脓性中耳炎，对听力的影响将日趋严重。感冒是引起中耳炎的主要原因之一，预防感冒就能减少中耳炎发病的机会。外伤也会造成鼓膜破裂、穿孔，直接造成听力减退，如掏耳、打耳光都有伤害鼓膜的危险。父母应在平时多注意孩子的行动，避免意外。

（3）噪声。相对于成人，孩子们更容易受到噪声的伤害，而且往往是在没有任何知觉的情况下使他们的听力逐渐减退。应当避免孩子长时间处于嘈杂的环境中，避开生活中常见的噪声污染源，比如电视和高音量的立体音响。当孩子周围有长时间噪声的时候，最好给孩子带上保护听力的耳塞或者远离污染源。要确保家里所有的加热设备和制冷电器在噪声方面都合格，同时关注孩子在学校和其他生活环境中是否存在噪声污染源。

52. 孩子走路内/外八字该怎么纠正？

通常人们走路和跑步脚尖都是朝前的，但有些人走步和跑步却表现出内、外八字脚。内、外八字脚，是指在走和跑时脚尖是向内或向外的。它可分为轻度、中度和重度的内、外八字脚。引起内、外八字脚的原因有：先天遗传因素、腿部和踝关节的力量不足、没有掌握跑或走的正确姿势、生活环境的影响以及舞蹈基本功训练的影响等。

正确的走路姿势应该是双目平视前方，头微昂，颈正直，胸部自然上挺，腰部挺直，收小腹，臀部略向后凸，步行着力点侧重在跖趾关节内侧。走路抬头挺胸有利于周身与大脑的气血回流，也就是说，抬头挺胸走路时，是让大脑得到休息。

因此，一旦发现孩子走路是内或外八字脚，应注意及时进行纠正，有意识地进行各种锻炼。只要长期坚持正确走跑姿势，就一定可以纠正这些问题。

53. 孩子突然出现手足或全身抽搐症状怎么办？

孩子一旦发生抽筋的症状，总会让家长十分担心，但抽搐代表的病可能不止一种，下面介绍一下各种常见抽筋症状的疾病。

（1）婴儿性手足搐搦症，多见于6个月内的婴儿。主要是由于体内维生素D缺乏，致使血清钙低落，神经肌肉兴奋性增强，出现惊厥、喉痉挛和手足搐搦等症状。人体的维生素D主要是阳光照射皮肤后合成的，平时要注意为宝宝补充维生素D和钙剂，使血钙达到正常水平，并经常把宝宝抱到室外晒太阳。

（2）热性惊厥，这是小儿时期最常见的伴有发热的惊厥性疾患。热性惊厥多发生在热性疾病初期，体温骤然升高（大多至39℃），表现为突然发作，全身或局部肌肉强直或阵发性抽搐，可伴有意识丧失、双眼上翻、凝视或斜视、牙关紧闭、呼吸不整。一般经数秒钟至数分钟即缓解。发作后患儿除原发疾病表现外，一切恢复如常。在一次性疾病过程中，大多只发作一次，个别有两次发作，少部分热性惊厥以后可转为癫痫。

热性惊厥发生时，家长千万不要惊慌，不要把孩子搂在怀里又拍又叫，更不要摇晃孩子，应该让孩子躺下（不要用枕头），把孩子的脸歪向一侧（以防口腔分泌物流入呼吸道而引起窒息）。孩子惊厥时往往牙关紧闭，呼吸暂停，这时切勿用任何物品（筷子、小勺或压舌板等）塞入其上、下牙之间，此外还要迅速采取措施降低孩子体温。

小儿手足全身抽搐症状属于危险症，应及时就医查明病因。

54. 如何判断孩子大脑是否发育正常？

新生儿从出生就具备了一些本能的神经反射，这些反射只在一定的时间内存在，如果出生后这些反射不出现，或者到了该消失的时候不消失，都表明孩子的大脑发育可能存在问题。这些反射包括：

（1）觅食反射：用手指触及新生儿的一侧面颊，孩子的头会立即反射性地转向该侧。若轻触其上唇，孩子会有吸吮动作，表现出想吃东西的样子。正常情况下，此反射在孩子出生 3~4 个月时消失。

（2）抓握反射：可用手指或玩具等接触孩子的手心，这时，他会本能地作出抓东西的动作。此反射在出生后 3~4 个月时消失。

（3）吸吮反射：用奶头或其他物品触及孩子的唇部，或将奶头放入孩子的口中，即可引起孩子出现口、唇、舌协调运动的吸吮动作，甚至孩子还会不由自主地去抓握奶头。此反射在出生后 4 个月左右时消失。

（4）脚趾反射：用钝尖的物体由孩子的脚跟部向前划足掌外侧，可引起孩子的脚拇趾背屈，其余 4 趾弯屈，并呈扇形展开，也有的表现为仅有拇趾背屈或其他反射形式，但不论何种反射表现，都是好兆头。此反射在出生 6~12 个月时消失。

（5）拥抱反射：让新生儿仰卧在床上，托稳他的头颈，然后突然放低孩子的头位，使头向颈后屈曲 10~15 度角，这时，孩子会出现两臂外展，接着屈曲内收到胸前，呈拥抱状；或者在新生儿头部附近，用手拍击其床垫，孩子也可出现这样的反射。此反射在出生 3~4 个月时消失。

（6）踏步反射：扶新生儿腋下，使其站立，身体略向前倾，孩子就会出现踏步动作。此反射在出生 6 个月后消失。

55. 孩子患了癫痫怎么办？

癫痫俗称羊癫风，是一种大脑异常放电导致的疾病，具有突然发作、自行缓解、反复发作三大特点。它在我国的发病率为 0.5%，其中小儿的癫痫发病率较高，其主要发作表现为小儿全身肌肉抽动、双眼上翻、眼球固定、咀嚼肌紧张、口半张、易咬伤舌头、喉部肌肉痉挛可致呼吸暂停、面部发青、小便失控等。发作持续时间约 5 分钟左右，发作后感到疲乏、头痛，有时呕吐和全身肌肉酸痛等。每日发作数次或数年发作一次不等。

癫痫发病原因较为复杂，约半数小儿找不到明显的病因。可能的致病原因有：高热惊厥、头颅外伤、脑发育不全、新生儿窒息及产伤、脑炎及脑膜炎后遗症、中毒性脑病后遗症、先天性代谢异常、一氧化碳中毒后遗症、核黄疸后遗症等。

家长和护理人员要注意防止小儿脑部外伤，避免脑部感染，发热时注意处理而防止高热惊厥，冬天防止煤气中毒。小儿新生儿期如有黄疸不退或加重，应积极治疗，防止核黄疸发生而导致癫痫大发作。如小儿出现全身抽搐、神志不清等应立即到医院抢救，检查脑电图以确诊，如为癫痫应及时、有效治疗，减少发作次数及持续时间，减轻对小儿智力发育的影响。

癫痫的诊断首先要根据患者病史及发作时的症状，结合脑电图、CT 及磁共振的检查结果，在根据患者的情况确定合理的治疗方案。癫痫病虽然治疗困难，但只要治疗及时，方法得当，80% 左右的病人能够得到完全控制和治愈。

56. 孩子常挂鼻涕是什么原因?

鼻腔分泌的稀薄液体样物质称为鼻涕，其作用是帮助清除灰尘、细菌以保持肺部健康。通常情况下，鼻涕后吸至咽喉并最终进入胃内，因其分泌量很少，一般不会引起人们的注意。但鼻内出现炎症时，鼻腔会分泌大量鼻涕，并因感染而变成黄色，流经咽喉时会引起咳嗽，量多时还会经前鼻孔流出。

常流鼻涕的孩子，大都患有不同程度的慢性鼻炎、鼻窦炎和过敏性鼻炎。鼻炎是指鼻腔黏膜出现炎症，表现为充血或者水肿，患者经常会出现鼻塞、流清水涕、鼻痒、喉部不适、咳嗽等症状。过敏性鼻炎是鼻炎的一种。鼻炎还包括慢性鼻炎和急性鼻炎，后者通常指感冒；慢性鼻炎包括症状轻微的单纯性鼻炎和鼻塞很明显的肥大性鼻炎。

呼吸道感染、过敏、学习压力大、睡眠少、抵抗力下降等都有可能导致儿童慢性鼻部疾病的发生。患儿起初往往是长期流鼻涕，此外可能还有不同程度的鼻塞、头疼的症状。由于这些症状跟感冒很相似，因此很多家长都没太重视，从而耽误了最佳的治疗时间。许多孩子由开始较轻的鼻炎就会转为慢性鼻炎了，这样一来不但会影响孩子的正常生活和学习，还会影响面部发育以及记忆力。其实只要治疗及时，在疾病的早中期就坚持使用药物治疗，稳定病情，症状一定能得到控制。

如果孩子虽然常流鼻涕，但每次只有一点点且对学习和生活没有影响，家长也无须过于担心，因为最迟到了 20 岁左右，这种现象会自愈。如果流的量较多，时间较长，一定要及时去正规医院的耳鼻喉科就诊。

57. 孩子烫伤应进行何种及时的处理？

烫伤是小孩特别是 5 岁以下小孩最常见的意外不幸事件。小孩发生烧烫伤以后，病情轻重主要取决于烧烫伤的面积和深度，同时与烧伤、烫伤的部位和年龄也有关系。一般来说年龄越小，烧烫伤面积越大，危险性越大。临床上常把烧烫伤分为三度：局部皮肤仅仅发红变肿的为一度；红肿起水泡的为二度；皮肤焦黑碳化或苍白僵硬的为深二度或三度。

一旦烫伤，首先不要惊慌，烫伤处表面发红但没起泡，一般可在家中先做处理。不要急于脱掉贴身单薄衣服，应立即把烫伤的部位浸入到洁净的冷水中。越早用冷水越好，水温越低效果越好，但不能低于 -6℃。冷水浸泡应持续半个小时以上，这样及时散热可减轻疼痛及烫伤的程度。面部等不能冲洗或浸浴的部位可用冷敷。冷水处理后把创面拭干，发生在四肢和躯干的创面，可涂紫草油或烫伤药膏，再适当包扎 1~2 天，以防止起水泡；但面部只能暴露，不必包扎。如有水泡形成可用消毒针筒抽吸或剪个小孔放出水液即可；如水泡已破则用消毒棉球拭干，以保持干燥，不能使水液积聚成块。烫伤后切忌用紫药水或红汞涂搽，以免影响观察伤后创面的变化。

大面积或严重的烫伤经家庭一般紧急护理后应立即送医院。民间所说烫伤后浸泡在酱油里是错的，因酱油本身含有大量细菌，也不利于散热，容易引起伤口感染。

58. 儿童打预防针之前要做什么准备工作？

儿童免疫预防接种前需要做好下面的 6 件事情：

（1）准备好孩子的《预防接种证》。孩子打预防针时必须带上《预防接种证》，医生凭证接种，并在证上登记接种的疫苗名称和日期，以防止错种、重种和漏种。

（2）掌握孩子的健康情况，注意近几天有无发热、拉肚子、咳嗽等，有没有接触过正患传染病的人，以便告诉医生作为参考。

（3）了解这次要接种的是什么疫苗，以及这种疫苗的作用性质。如果孩子在前一次接种后出现了发高热、抽搐、尖叫等反应，或有荨麻疹、哮喘等过敏反应，都要告诉医生。

（4）要给孩子洗净手臂。冬天接种前最好先洗澡，换上柔软宽大的内衣，既便于挽袖子打针，也不会摩擦针眼处皮肤。

（5）在接种疫苗前应保证孩子的健康饮食、休息，以免在饥饿和过度疲劳时接种。

（6）接种前要把孩子的慢性病史、惊厥史等告诉医生，让医生决定是否适宜接种。

59. 如何防治小儿盗汗？

盗汗是指睡熟后出汗，醒后汗止。盗汗分为两种，一种是属生理性的，一种属病理性的。

生理性盗汗是由于小儿新陈代谢旺盛，神经系统发育还不健全，调节功能也欠完整，所以当孩子睡熟后时有出汗现象，但不伴有其他症状，孩子的精神、饮食、面色、大小便都正常。如果是这样的情况就没必要治疗了，过段时间就会自然好的。在这期间，可以采取相应的措施去除生活中的导致高热的因素。例如，孩子睡前活动量过大，或吃了太多高热量的食物导致夜间出汗，就应该对小儿睡前的活动量和进食量给予控制。有的小孩夜间大汗，是由于室温过高，或是盖的被子过厚所致。一般来说，如果家长注意到上述几种容易引起产热增多的诱因，并给予克服，出现盗汗的机会会自然减少。即使小儿偶尔有一两次大盗汗，也不必过分担心，盗汗所丢失的主要是水分和盐分，通过每日的合理饮食是完全可以补充的。

病理性盗汗，多见于结核病和佝偻病。如果病儿在出盗汗的同时还会伴有低热、咳嗽等症状时，可能是患了肺结核；伴有睡觉不踏实、烦躁易怒、腹胀、出汗有酸味、尿味刺鼻等症状，很有可能是佝偻病的早期。对此，应及时找医生诊治。

无论是生理性还是病理性盗汗，护理工作都是十分重要的。小儿盗汗以后，要及时用干毛巾擦干皮肤，及时换衣服，要动作轻快，避免小儿受凉感冒。注意及时补充水分和盐分。被褥也要经常晾晒，日光的作用不仅在于加热干燥，还有消毒杀菌的作用。此外，对易于盗汗的小儿，应进行有计划的体质锻炼，如日光浴、冷水浴等，以增强体质，提高适应能力。

60. 如何有效防治手足口病？

手足口病是由多种肠道病毒引起的一种常见的传染病，临床表现以发热和手、足、口腔等部位的皮疹或疱疹为主要特征，少数患者可并发无菌性脑膜炎、脑炎、急性迟缓性麻痹、呼吸道感染和心肌炎等，个别重症患儿病情进展快，可导致死亡。手足口病一年四季都可发生，常见于春末夏初，发病高峰主要为5~7月。人对肠道病毒普遍易感，学龄前儿童是手足口病主要感染对象，其中多半病例发生在2~6岁的儿童中，多发的原因与这类人群个人卫生习惯差、机体免疫力低等因素有关。

手足口病主要通过以下方式传播。（1）人群密切接触，儿童通过接触被病毒污染的手、毛巾、手绢、水杯、玩具、食具、奶具以及床上用品、内衣等引起感染。（2）患者咽喉分泌物及唾液中的病毒可通过空气（飞沫）传播，因此与生病的患儿近距离接触可造成感染。（3）饮用或食入被病毒污染的水、食物，也可发生感染。

手足口病是可防的疾病，只要做到"勤洗手、吃熟食、喝开水、勤通风、晒太阳"，是完全可以预防手足口病的发生。

由于手足口病大多数患者症状轻微，少年儿童和成人感染后多不发病，但能够传播病毒。且手足口病传播途径多，婴幼儿和儿童普遍易感，所以做好儿童个人卫生是降低本病传染危险的关键。得病后，应及时去医院就诊。

61. 怎样为婴幼儿清理"耳屎"？

耳屎，医学上称为耵聍，它是外耳道皮肤上耵聍腺的分泌物，非常黏稠，随着灰尘的进入，干燥后便成了小块固体状，起到保护外耳道皮肤及黏附外来异物（灰尘、昆虫等）的作用，一般在咀嚼、说话、张口时，就会不断脱落排出耳道外，所以不必担心堵塞。

由于婴幼儿的耵聍腺分泌比较旺盛，外耳道相对狭长，肌肉较松弛，咀嚼东西时关节的力量也不够，平时耳屎不容易排出来。若耳屎不多，一般不需处理，或用干净的棉签在外耳道入口处轻轻清理一下即可，注意要固定好小儿头部，且不能用发夹、牙签、火柴棒、掏耳勺等，否则容易损伤外耳道皮肤，引起外耳道发炎或疖肿，并刺激耵聍分泌增多。若耳屎越积越多，时间越久越硬，就会成为棕褐色的硬块，紧紧堵塞在耳道内，这就是"耵聍栓塞"，这时可先滴几天特制的耵聍水（一般点3天，每天4~5次，每次3~4滴），等到耳屎泡软，粉碎后，再用生理盐水冲洗即可。或去医院请耳鼻喉科医生处理，切勿在家用强行给小儿挖耳屎，以免把外耳道皮肤挖破，引起外耳道炎、耳疮，更严重的是挖破鼓膜，导致中耳炎，及小儿的听力下降。

如经常有较多的耳屎，可定期到医院取出，平时每周可以用涂有金霉素眼药膏的小棉签，在外耳道卷一下，一则可以帮助杀菌，二则能湿润外耳道的皮肤，从而使耳屎自然脱落，不会形成大块。

62. 小孩夜间爱哭闹怎么办？是有什么毛病吗？

小孩子爱哭有多种原因。

一是生理性原因。比如，尿布湿了或者尿布裹得太紧、饥饿、口渴、室内温度不合适、被褥太厚等，都会使小儿感觉不舒服而哭闹，父母应该及时发现这些情况。有的孩子每到夜间要睡觉时就会哭闹不止，这时父母若能耐心哄其睡觉，孩子很快就会安然入睡。此外，白天要培养宝宝一次吃饱的习惯，不能吃吃停停，应尽量延长每顿间隔时间。但晚上临睡前不宜给孩子喂得太饱，否则容易因腹胀睡不安稳。

二是精神因素。有的婴幼儿在入睡一段时间后突然坐起，神情恐惧，有时还哭闹不停，一般持续十几分钟后继续入睡，这种现象在医学上称为"夜惊症"。发生夜惊的原因主要是受了惊吓，如听了吓人的故事，或初离父母来到陌生的环境，或受到父母的训斥、打骂等。因此，平时家长应加强对孩子的正面教育，不打骂孩子，对年龄较小的宝宝要避免惊吓。对惊吓频发的宝宝则要悉心照料并辅以镇静安神药物的治疗。同时缺钙也会引起夜惊，可去医院检查一下，根据情况，适当补钙。

三是作息习惯。有些孩子白天睡觉，晚上玩耍。对于这类孩子，要将其休息睡眠时间调整过来，必要时需请儿童保健医生做些指导，养成良好的睡眠习惯，预防睡眠障碍。白天增加活动量，孩子累了，晚上就能安静入睡。父母还应该根据实际情况规定睡觉时间，不能因为晚上有好看的电视节目就打破常规，或让孩子在睡觉前过分嬉戏而兴奋不已。此外，应该让宝宝自己睡，这样有利于宝宝的睡眠和骨骼发育。

四是疾病因素。患佝偻病的婴儿夜间常常烦躁不安，家长哄也无用。此外，患蛲虫病的孩子，夜晚蛲虫会爬到肛门口产卵，引起皮肤奇痒，孩子也会烦躁不安，啼哭不停，此类情况应及时去医院检查。

63. 如何有效预防小儿麻痹？

小儿麻痹症是脊髓灰质炎病毒引起的急性传染病，通过病毒，污染的食物和水，以及空气中的飞沫传染给健康人。严重的可危及生命，必须引起高度重视。

在医生的指导下，服用小儿麻痹糖丸是预防小儿麻痹症最好的方法，安全、方便、免疫力强而且维持时间长，极少有不良反应。另外，应注意平时的饮食卫生，培养孩子饭前便后洗手、不吃不洁食物的良好习惯，注意小儿的衣物、床单、玩具、用品及餐具的消毒（煮沸15分钟或日光暴晒两小时）。合理安排小儿的休息和营养，避免过度劳累和受凉，可以增强小儿对疾病的抵抗力，这也是预防其他疾病的有效方法。如果有密切接触史的易感儿，可去医院注射丙种球蛋白加以预防，注射后一周内可以使发病者的症状有所减轻，如果被感染 2~5 周后仍未发病者，说明被动免疫是成功的，小儿已经得到了有效的保护。

小儿麻痹症流行期间，应尽量避免给小儿做扁桃体摘除手术，避免拔除龋齿，同时不要带孩子去影剧院等公共场所，以减少交叉感染的机会。此外，千万不能吃苍蝇叮咬或污染的食物。

64. 如何处理儿童刀伤与擦伤？

儿童的避险意识还不是很强，在生活中常常会不小心撞伤手肘、擦破膝盖、割伤手指……孩子不小心割伤擦伤后，家长要迅速处理。严重的伤口要是没有得到及时处理，很容易引起感染。那么，家长如何应对孩子的刀伤与擦伤呢？

首先要让孩子平静下来，不要让他们动来动去，然后采取正确科学的方法止血。

如果仅是表皮割伤或擦伤，可以先用清水洗伤口，再用红药水或含抗菌素的药膏涂在伤口上，最后用创可贴包好伤口，每天更换一次。较小的创口通常用一张创可贴就足矣。

如果伤口较深，流血较多，可参照如下方法处理：用无菌绷带紧紧地压住伤口；压住伤口 3~4 分钟后，可检查一下血是否止住；如果还没有，继续按紧伤口，如果还有血从绷带处渗出，在渗血处再加按一块绷带；如果压住伤口 5 分钟之后，血还没止住，就要及时就医。

特别要提出的是，在以下所列的几种紧急情况下，家长一定要请医生来处理，这样才能既止血，而且还能使孩子的伤口长得很整齐。（1）压住伤口时间超过 5 分钟了，血仍未止住；（2）孩子是被动物或人咬伤出血的；（3）伤口很深或者划开了口子；（4）有玻璃或金属嵌入、扎入；（5）孩子不感到伤口疼，有可能已伤了该处的神经；（6）伤口在孩子的脸部、颈部或头部，及时治疗可最大限度地防止留下永久性的疤痕；（7）伤口出现感染的迹象，比如伤口出脓、红肿，孩子出现发烧等症状。

65. 孩子常肚子疼是什么病？

孩子晚上磨牙，不想吃饭，有时肚子疼，首先应考虑是否有蛔虫，因为肚子里有蛔虫就会出现这样的症状。蛔虫病是最常见的寄生虫病，儿童感染率较高。这是因为孩子不注意卫生情况，在地上玩，喝生冷水，饭前便后不洗手，虫卵粘在身上、指甲内就容易带进口中。

肚子里有蛔虫对孩子的生长发育有很大的影响。蛔虫寄生在身体里，吸收了身体的营养，即使孩子吃得再多也会造成营养不良、贫血，因为营养全被蛔虫吸收了，进而影响身体生长和智力发育，更严重的是可并发蛔虫性肠梗阻和胆道蛔虫症。

虫卵在肚子里从卵到成虫约要经过 75 天，在小肠内能生存 1～2 年，因此刚开始身体不会有什么症状，等到成虫在身体里消耗大量的营养时人就会光吃不胖，反而消瘦，还经常肚子疼，严重影响身体的消化吸收功能。因此我们要预防蛔虫病，不让营养白白浪费了。

注意个人卫生，坚持饭前便后洗手；生吃瓜果要浸泡洗净，能去皮就去皮吃，黄瓜一定要用刷子刷干净再生吃；屋内要消灭苍蝇、蟑螂，不能吃被它们叮爬过的食物；在地上玩了以后要洗手。如果肚子里有蛔虫了可以在医生指导下用驱蛔灵药或肠虫清和安乐士杀除。

66. 孩子不好好吃饭与锌有关系吗？

有些孩子一段时间总是不好好吃饭，吃饭不香甚至不愿吃饭，这时家长可以看孩子是不是因为贪玩、偏食或挑食影响吃饭。如果不是，就要考虑孩子是否存在缺锌的问题，必要时带孩子去医院做血清锌检查。

锌是一种机体必需的微量元素，参与人体 50 多种酶的代谢过程，对人的代谢以及内分泌激素代谢有重要作用。身体对锌的需要量较低，孕妇和儿童需要量相对较大，正常饮食就能满足对锌的需要。当孩子体内锌缺乏时，就会出现身体体格发育缓慢、智力发育缓慢甚至发育不全等情况。最为突出的影响就是引起消化系统功能差，引起口腔黏膜增生、角化不全及不易脱落而掩盖住了味蕾小孔，导致孩子吃饭不香、没有味道，不想吃饭或者不愿吃饭等症状。少数孩子还可能出现异食癖、反复发作的口腔溃疡等异常现象。

通过口服含锌口服液及时补锌可以很好地改善消化道功能。如果补锌一个月以上还没有明显地好转，就可能不是由于缺锌而导致的，需要去医院检查。

67. 什么是儿童多动症？

儿童多动综合征（简称多动症）是一种常见的儿童行为异常问题，又称脑功能轻微失调或轻微脑功能障碍综合征或注意缺陷障碍。

具有多动症的孩子智商基本正常，但学习、行为及情绪方面有缺陷，表现为注意力不易集中或注意短暂，好动，情绪易冲动。

发生多动症的原因还不明确，主要有以下一些因素：脑神经发育不全；中枢神经系统的控制降低，脑组织受到器质性损害包括怀孕期疾病、分娩过程异常；中枢神经感染或受伤；遗传；外部环境因素。

那么如何判断孩子是否有多动症呢？主要是根据儿童多动症的两个主要症状来判断：注意障碍和活动过多。

注意障碍一直被公认为本症最主要的表现之一。表现为易受外界的细微干扰而分心，做事不能坚持始终，不能按照规则、要求去完成，等等。活动过多是另一常见的主要症状。可表现为明显地活动增多，或小动作严重增多。但评定孩子的这两个症状要结合环境来看。如果发现孩子有比较明显的、不同于同龄孩子的这两个症状就可以判断孩子有多动症的可能，必要时可以去医院确诊。

68. 小孩为什么会尿床？

一般来说，孩子在 1 岁半时尿床现象就已大大减少。但有些孩子到了 2 岁甚至 2 岁半后，晚上仍常常尿床，这依然是一种正常现象，大多数孩子 3 岁后夜间才不再遗尿。

引起尿床的原因很多，有疾病因素、精神因素、环境因素、生活习惯因素、遗传因素等。引起尿床的疾病有：尿路感染、尿道口局部炎症、癫痫、大脑发育不全、膀胱容积过小等等，但因病引起的遗尿只占很小的比例。绝大多数孩子的尿床与精神因素、卫生习惯、环境因素等有关。孩子入睡前玩得太累，兴奋过度，或曾受了惊吓甚至是害怕尿床受到责骂等精神因素，都能导致孩子夜间尿床。卫生习惯和环境因素也是孩子尿床的重要原因，如：孩子长期使用一次性尿布，对排尿的行为没有敏感的反应，突然换新环境等。此外，孩子睡眠过沉，入睡前饮水过多或是吃了西瓜等含水量多又有利尿作用的水果，父母在孩子夜间有便意时没有及时把尿等，都会造成孩子尿床。

对于大多数尿床的孩子而言，尿床是一种机能性的问题，只要父母注意看护并去除生活中可能造成孩子尿床的因素，孩子尿床是可以纠正的。孩子尿床了，父母不能过于忧虑或过多指责，更不能训斥惩罚孩子，要尊重孩子的人格。培养孩子的良好性格是纠正尿床的重要方法。

69. 小孩的头顶能摸吗？

婴儿出生时头顶有两块没有骨质的"天窗"，医学上称为"囟门"。后囟门一般在出生后 3 个月闭合，前囟门要到 1 岁半才闭合。人们常说的

"天窗"或"囟门"主要是指前囟门。

囟门的表面是头皮，其下面是脑膜，再下是大脑和脑积液。正常婴儿坐位时，囟门略微凹陷。如果婴儿出现囟门明显凹陷，就说明身体已中等程度地脱水，要及时补充水分，否则可能发生循环衰竭，有生命危险。由于喂养不当造成重度营养不良的极度消瘦，婴儿也会出现囟门凹陷，此时需加强营养，合理喂养。

极少数婴儿因为胚胎时母体感染或因其他疾病大脑发育不良，头颅较小，出生后 5~6 个月囟门即提前闭合，造成小头畸形；头小而尖，前额狭窄，鼻梁塌陷，下颌小而后缩，同时伴有智力落后。甲状腺机能低下所致的呆小症患儿，囟门也会迟迟不闭；同时有眉毛少而淡，鼻梁塌陷，两眼距离宽，智力迟钝等，可用甲状腺素治疗。

婴儿时期生长特别迅速，骨骼发育需要维生维 D 和钙。如不及时补充，容易患佝偻病。囟门在出生后 18 个月仍迟迟不闭合，出现"方颅"畸形，颅骨摸起来像乒乓球壳（颅骨软化症）。

囟门要像其他部位的头皮一样清洗，不过洗的时候动作要轻柔些。

五 官 篇

70. 眼皮跳意味着什么？

俗话说"左眼跳财、右眼跳灾"，然而这一说法并没有科学依据，"眼皮跳"实际上是反映人体健康状况的一个报警器。

在生活中，不少人都有过眼皮跳的经历。跳动多出现在上眼皮，有时也会在下眼皮，不为人的思维和意识所控制。眼皮跳分为生理性和病理性两种，前者一般很快就会过去，有时候也会持续几天；而后者比较严重，呈进行性发展。生理性眼皮跳一般比较轻微，如果是劳累过度，休息后就会好，即使是有炎症等病因也都是可以通过治疗缓解的。而面肌痉挛后的眼皮跳的病因在脑内，是很难自愈的，发展趋势是进行性加重。

绝大多数单纯眼皮跳的人是用眼过度或劳累、精神过度紧张导致眼皮乏力而不自主地跳起来，这种情况跳个几秒到几分钟属正常情况，只要通过放松压力、适当休息就能得到恢复，用热毛巾敷一下眼睛也可以缩短眼皮跳动的时间。眼皮只要过一段时间后，便会自动恢复，也可闭上眼睛休息一下。此外，眼睛屈光不正、近视、远视或散光，眼内异物、倒睫毛、结膜炎、角膜炎等也可导致眼皮跳。因屈光不正出现眼皮跳动，通常进行视力矫正就可以得到缓解。如果有眼部疾病，通过眼科医生治疗也能治好。如果眼皮跳动加重，导致眼睑痉挛或面肌痉挛，则需要经神经外科医生进行治疗。

71. 眼前常有小黑点晃动，是什么病？

很多人会觉得眼前常有小黑点在晃动，还会随着眼球的转动而飞来飞去，又总抓不到、打不着，就好像飞蚊一般。在看蓝色天空、白色墙壁等较为亮丽的背景时，更容易发现它的存在，这种症状俗称飞蚊症。正常情况下，眼球中的大部分是被一种叫做玻璃体的胶状透明物质所填充。光线通过角膜和水晶体，再通过这个玻璃体到达视网膜。一旦此玻璃体中因老化或其他原因而产生"混浊"时，在看明亮的背景时，这种"混浊"的影子就会映在视网膜上，并随着眼球的运动而移动，使你看到眼前有虫子或线头之类的"浮游物"飞舞，从而产生了飞蚊症的感觉。因此它在医学上正式的名称是"玻璃体混沌"或称"玻璃体浮物"。

飞蚊症是眼病中很特别也是相当普遍的一种，40 岁以上的中老年人有此类症状者居多。高度近视眼患者、动过白内障手术者以及其他如眼内发炎或视网膜血管病变患者，也会形成此病。大多数的飞蚊症是良性的，或称"生理性飞蚊症"。以下情况多为良性飞蚊症，患者两眼都有飞蚊现象，无法确定是哪一只眼睛有飞蚊，经过一段时间，这些现象并没有加重或产生变化；飞蚊位置也固定。相反，飞蚊现象若突然发生，而且限于一眼，蚊子飞舞的方向又不定，黑影遮住视野，视力变差、视野缺损，这都是必须注意，因为可能意味着视网膜剥离或并发续发性青光眼等危险重疾。此时，应该先去医院进行专门检查，并根据结果进行针对治疗。

72. 老人常见的眼病有哪些？

老人视力变模糊、眼部不舒服等并不仅仅是人老了、眼花了这么简单，眼睛也事关老年人幸福生活的质量，所以患了眼疾应及早诊治。常见的老年人相关眼病有以下几种：

（1）老年性白内障。这是最常见的老年性眼病，目前认为可能与紫外线辐射，晶状体过氧化物增加有关。当晶状体混浊范围渐渐扩大后，视力下降便会越来越严重。现在白内障复明手术技术已经非常先进，只要白内障患者感到视力下降影响了生活和工作，就可以通过手术重新恢复清晰的视力。

（2）干眼症。这是老人常见的眼表疾病之一，主要是由泪液的质或量以及泪液动力学的异常引起的。干眼症的原因非常多，老年人常见的是睑板腺功能障碍、长时间近距离工作以及患有糖尿病、类风湿等全身病等。

（3）青光眼。这是一组以视神经损害和视野缺损为共同特征的眼科疾病，确切的病因还不十分明确。老年人自身的眼球发育存在异常以及情绪差是诱发因素；过度用眼如长时间看报，也会诱发青光眼。青光眼虽然不能治愈，但是可以控制的。

（4）老花眼。这是因人老后水晶体（晶状体）硬化或部分硬化，对光感调节不足，致使光线的焦点不能准确聚集在视网膜上，而落在视网膜后面，使看近距离的物品和文字会出现模糊不清的现象。一般人在40岁左右都会开始出现不同程度的老花眼。

73. 什么是沙眼？

沙眼是由沙眼衣原体引起的一种慢性传染性眼病。这种病菌进入眼睛后，越变越多，使眼睛发炎膨胀，长出很多沙粒样的小疙瘩，使眼睛发硬、粗糙。当产生这种小疙瘩时，眼部会出现发痒、怕光、充血等症状，眼睛迎风还会流泪，双眼常有烧的感觉或眼睛里有东西感觉难受。病情严重还会引起眼皮内翻，角膜受损，看不清东西，最严重的还可能导致失明。

沙眼病菌非常小，我们无法用肉眼看到沙眼衣原体，但是它的传染性却很强，只要和有沙眼的人共用脸盆、毛巾，或者和他握手后用手揉眼睛都能够染上这种病菌。如果不注意预防，一家人有一个得了沙眼，会很快传遍全家人。

沙眼的治疗要及时有效。发生沙眼后应在眼科医生的指导下用药，可用0.1%利福平、10%~30%磺胺醋酰钠、0.5%硼砂金霉素或0.25%氯霉素眼药水滴眼，每天多次滴药水，晚上也可以用药膏涂于眼内，一般连续用药3~6个月就能治好。沙眼是慢性病，治疗要有耐心，虽然能够用药消灭沙眼病毒，但也不会在几天内见效。

从小养成良好的个人卫生习惯是预防沙眼的最有效措施。不要用手揉眼睛，勤洗手，手帕、毛巾、洗脸盆专人专用，不要与人混用，即使是家人也不要混用，防止沙眼的感染和传播。

74. 白内障如何自我检测？

白内障是致盲性眼科疾病，尽早地预防和治疗有非常重要的意义。当你觉得自己的视力下降，看东西很模糊、怕光，或眼前有固定不动的影子，或年老的人原先戴老花镜现在却不用戴了，或在阳光下视力差、在室内暗的地方视力好，如果有两项或两项以上情况则有可能发生了白内障，就有必要去医院进行眼睛检查。另外可以通过以下方法先自我检测一下是否患有白内障。在晴朗的白天，背对光源，蒙上一只眼睛后检测另一只眼。向前看，然后向上尽力看眼睑或睫毛，左右转动眼球并留意眼睛里一个像"水母"的东西，仔细观察看它有没有变混浊、是什么样的形状、飘移是否轻柔灵活、是不是影响视力等。如果它混浊、形状不规则、移动慢、自己的视力下降则很有可能有白内障了。测完一只眼后换另一只眼。

白内障可以导致眼睛失明，一旦发现眼睛视力下降，有不舒服感，就应该尽早地到医院进行全面的检查。目前治疗白内障最有效的方法是手术，还没有有效的药物、物理治疗或光学设备能预防和治疗白内障。在平时我们要避免过度的日光照射，强光下戴上太阳镜保护眼睛。当视力下降影响到生活和工作时就应该考虑手术治疗了。

75. 青光眼如何自我检测？

什么是青光眼？青光眼是由于眼球内的压力升高到一定程度使视神经受到损害的一种眼睛疾病。

青光眼会对视力会造成严重的影响，容易造成永久性失明。因此要尽可能早地发现和治疗。如果你觉得自己眼睛有一点胀，看东西觉得累、头痛，看东西范围变小，那么你可以通过下面的自我诊断来初步判断自己是否得了青光眼。

当晚上看见灯光尤其是圆形的灯泡，会看见灯泡的四周出现五颜六色的光环，这种现象是"红视症"，是青光眼发病时的一个特殊的症状；有时眼睛胀，有暂时性的视力模糊，过一会后或者睡上一觉后视力又恢复了；有的人还会出现偏头痛。如果有这些症状出现就有得青光眼的可能，应及时到医院检查确诊。

目前治疗青光眼的措施有激光治疗和手术治疗，但是手术治疗也不能根本解决问题，手术后有可能再复发甚至再失明。手术只能暂时降低眼压，缓解病情，不能去除病根，手术后一般要配合中药治疗；而有的青光眼类型连手术都不能做，做手术反而会加重病情。平时我们要注意用眼卫生，生活饮食要有规律，不要过度用眼，有家族病史要定期检查积极治疗。

76. 红眼病如何预防与治疗？

红眼病是传染性结膜炎的俗称，又称"火眼"，是由细菌感染引起的一种常见的急性流行性眼病。主要病症表现为患眼刺痒，感觉眼睛里面有异物；有时忽然看不清事物，用水冲洗后又能看见；眼睑肿胀，充血红肿；由于炎症眼睑会有大量黏液脓性分泌物，有些患者早上起来会感到上下眼睑被分泌物黏住了；少数患者严重的伴有头痛、发热、疲劳甚至有上呼吸道感染等。本病常双眼同时或相隔 1~2 天发病。

感染红眼病后去医院做图片或刮片检查确定致病菌，遵照医生的指导选择有效药物治疗，日常冷敷可以减轻眼睛的不适感。根据分泌物的多少，可用 3% 硼酸溶液或生理盐水冲洗结膜囊或用消毒棉签蘸这些溶液清洁眼部；还要根据不同的病原菌选用抗生素眼药水滴眼，如 10% 磺胺酰酰钠、0.25% 氯霉素、0.5%~1.0% 红霉素液或新霉素等，晚上睡觉涂抹如 0.5% 四环素红霉素或金霉素眼膏防止早上醒来眼睑黏着。患眼不能遮盖，否则使细菌或病毒繁殖更快，会加重病情。治疗要及时、彻底，因为红眼病还可复发。

预防红眼病要严格搞好个人卫生，养成勤洗手、洗脸的习惯，不用手或衣袖擦眼睛；不要接触红眼病患者用过的没有经过消毒的物品；如果一只眼患病要防止另一只眼感染；同时饮食上配合多吃具有清热、利湿、解毒功效的食物，如枸杞叶、冬瓜、苦瓜、绿豆、香蕉等。万一不小心患上红眼病要隔离，避免传染，防止流行。

77. 视力不好的孩子会有哪些表现？

对于许多孩子来说，视力不好往往不容易被发现并得到治疗。比如说，对于那些视力一直都不好的孩子，或者对于那些视力缓慢下降的孩子来说，他们常感受不到自己的视力问题，而家长们也会把因视力而影响的学习问题归于其他原因。什么情况应引起家长注意呢？孩子很困难或者无法抄写黑板上的字，阅读时眼睛离书很近，看电视时坐得很近，总揉擦眼睛，或看书时总是歪着着，做近距离作业时过分地眨眼睛，看远时眯眼睛或者皱眉，有些孩子在做完作业时往往会头晕目眩，有些孩子会说他们看不清，视力模糊或有双影出现，这些情况应引起家长注意。

78. 异物入眼应如何处理？

异物进入眼睛会引起不同程度的不适感，疼痛或反射性流泪，严重的会损伤眼球，影响视功能，甚至会丧失视力，所以异物进入眼睛后要正确处理。

那么怎么处理眼中的异物才不会伤害到眼睛呢？

当异物进入眼睛，不要着急用手揉擦，先闭上眼睛等眼泪流出来，或者请别人撑开眼皮对着眼睛轻轻地吹两口气流泪，当眼泪留得比较多时慢慢睁开眼连续地眨几下，让大量的泪水将异物冲出来。如果眼泪不能将异物冲出来，可以准备一盆清洁干净的水，将脸浸入水中，然后在水中眨几下眼睛，这样也可以将异物冲出。如果能够撑开眼皮看到眼中的异物，也可以请人将眼皮撑开，用消毒棉签或干净的手帕蘸凉开水或生理盐水轻轻地将异物擦掉，动作一定要轻，不能强迫用力地去擦。如果各种方法都试了以后还不能将异物冲出来，那么可能是异物陷入到眼组织了，就要立刻到医院请眼科医生取出，千万不能自己用尖锐的物品或不干净的物品擦拭或挑出，以免损伤眼球导致化脓。取出异物后如感觉眼睛不舒服，可滴入一些眼药水或药膏，防止感染。如果不适感较严重，或一时半会儿都没有消失，就要尽快再去医院看眼科，有可能是取异物不当伤害到其他组织。

当异物进入到小孩的眼中时，大人一定要将小孩的双手控制住，不让他去揉擦眼睛，避免眼球受到损伤。

79. 近视眼到底是不是病？

什么是近视眼？近视是屈光不正的一种，因为眼轴过长或角膜弧度、水晶体屈度过大，造成视物焦点落在视网膜之前，而产生看近的东西清晰，但看不清楚远方景物的一种视力不良现象。

导致近视的原因不十分明确，一般认为是遗传因素和环境因素共同作用。高度近视眼（近视度数超过600度被认为是高度近视）具有一定的遗传性，一般的近视眼遗传性不明显；环境因素如光线、阅读姿势、用眼时间等对近视的影响很大。

戴眼镜或隐形眼镜是矫正近视最好的方法。其他的矫正方法还有以下几种：（1）内科疗法。主要是以眼药水来麻痹睫状肌，需在医生的指示下进行，且只适合某些病例。（2）外科疗法。即通过近视屈光手术达到治疗效果，存在一定争议性。（3）针灸疗法。治疗成效不一，在治疗假性近视方面有比较明显的效果，其他方面尚未获得肯定。

80. 耳朵与身体疾病有哪些关系？

耳朵也是与身体相通的一部分，耳朵的变化也能反映身体的信息。观察耳朵主要从颜色、光泽、形态上来比较。

一般身体健康的人耳朵红润而有光泽，这说明气血通畅，肾精充足；如果耳朵干没有光泽，就说明肾精不足。如果感冒或怕冷，手脚凉，则耳朵颜色是淡白色的。耳朵红肿是因为上火气躁。如果有传染病或糖尿病耳廓是带黑色的，在耳朵的局部有点状或片状的红块可能是胃肠道有病。

因为耳朵的形态不会有很大的变化，一旦有比较明显的变化就说明身体的病比较严重了。耳朵薄小则肾气亏虚；耳朵上有隆起或凹陷且没有光泽，提示可能有慢性的器质性病，如肝硬化、肿瘤等；心肺功能有问题的人的耳朵血管扩张很大，可看到有圆圈状、条段样的形状。

有种"定位学说"将耳朵上的分布与身体各部位对应起来。耳垂相当于人面部；正对耳孔开口的凹陷叫耳甲腔，相当于胸腔内脏器官；耳甲腔的上面凹陷叫耳甲艇，相当于腹腔；耳轮相当于躯干四肢。因此可以针对身体各部位的疼痛进行耳朵的按摩缓解。如果上火、牙疼肿痛，或者长小疙瘩就可以用手揉捏耳垂，经常揉捏耳垂还能美容养颜；经常刺激耳甲腔可促进血液循环；按摩耳甲艇有助于消化，强健肾脾；腰酸背痛可按压耳轮。

通过观察耳朵的变化来看身体的疾病知识初略的诊断，要配合先进的生物电测定法等确定身体的健康状况，并结合其他的身体表现进行正确的诊断。

81. 自己掏耳朵有害吗？

每个人的耳朵里都会有耳屎。耳屎是耳朵里的一种分泌物，开始是黏性物体，干燥后就变成了我们所说的耳屎。

耳屎在耳朵里过多刺激皮肤会有痒的感觉或堵塞的感觉，影响听力，所以人们经常习惯性地用手指或发卡、掏耳勺去掏，其实这样是不好的。

少量的耳屎在耳朵里起到一定的保护作用，保护外耳道皮肤和不让灰尘、小飞虫等进入耳朵，而且平时人的头部活动，张口等动作可以使耳屎自行排出，所以没有必要经常掏耳朵。如果自己掏耳朵有疼痛感，就可能是损伤了耳朵皮肤或耳膜。如果掏耳朵时刺破了外耳道的皮肤，会引起发炎、肿胀及发热疼痛；在掏时用力不当或不小心动了一下甚至会就把鼓膜穿破。另外用来掏耳朵的东西容易把霉菌带进耳道里引起感染，会引起听力减退及耳鸣。频繁掏耳朵会引起不易察觉的感染，最终可能使外耳道及鼓膜上产生乳头状瘤。

因此尽量不要自己掏耳朵，尤其大人不要随便给小孩掏耳朵，因为小孩的皮肤非常的娇嫩，用力不当很容易损伤耳朵，引起感染，甚至造成疼痛难忍，影响张口和咀嚼。如果耳朵里痒，必须要掏的话，要注意以下几点：掏耳朵的东西要清洁，最好用蘸湿了酒精的棉棒在外耳道转动，然后耳朵朝下让耳屎出来；次数不可频繁。如果耳屎过多最好去医院。

82. 经常耳鸣是怎么回事？

什么是耳鸣？耳鸣是在没有外界声音、电刺激的情况下，自觉得耳朵里有一种特殊的声音如嗡嗡、嘶嘶或尖锐的声音等，但是却不知道这种声音来自哪里，好像是耳朵自己产生的一样。其实耳鸣是人的听觉系统的一种错觉，它是一种症状而不是疾病。但是耳鸣使人心烦意乱、坐卧不安甚至影响正常的生活和工作。

引起耳鸣的因素有多种，可分为疾病引起的耳鸣和非疾病引起的耳鸣。

几乎任何引起耳朵疾病的原因都可导致耳鸣症状的出现，有的是一侧耳鸣，有的是两侧耳鸣，有的间歇出现，有的持续不断，有的安静时才能感觉到耳鸣，有的在很吵闹的环境下都感到耳鸣。血管性疾病也会发生耳鸣，如血管畸形，耳内小血管扩张等，还有一些全身性疾病如中风前期、脑供血不足、高血压、贫血、糖尿病、营养不良等都可引起耳鸣，而且一般年老的人由于听觉系统退化发生耳鸣的几率比较高。

非疾病引起的耳鸣因素有噪声、过度疲劳、睡眠不足、情绪紧张、服用对耳朵有毒性作用的药物都能引起耳鸣。有耳鸣的人应到医院做详细的检查，找出病因进行治疗。

83. 口腔为什么会溃疡？

口腔溃疡俗称上火，是口腔黏膜最容易患的疾病，发病率在口腔疾病中仅次于龋齿和牙周病，列第三位。引发口腔溃疡主要有以下因素。

（1）非特异因素：此种因素较为普遍，分为三类。①由于用阿司匹林药物涂饰黏膜，又如牙医师使用表面麻醉剂而使病患产生过敏；或是物理刺激造成，如香烟、热食物像火锅或其他局部因素使然，如使用活动假牙的患者，长期慢性的刺激导致。②身体状况虑弱者如尿毒症、糖尿病。③生物性刺激形成亦即受到感染，有的经第一次感染，有的经第二次感染如黏膜受伤后再经细菌感染。

（2）特异因素：是特殊的疾病造成的，例如，再发性鹅口疮性溃疡，单纯疱疹，疱疹咽峡炎，传染性口角炎，再发坏死性黏膜腺周围炎，多形红斑，脱屑性齿龈炎等，此外，有的口腔癌也会有溃疡发生，这一项在此不特别说明。

平常有用广效性抗生素、消炎性的药肤，或药水加以治疗口腔溃疡，但是有的口腔溃疡并不容易用上述药物，所以，经医生的指示使用，才可药到病除。

84. 为什么会有口臭？

产生口臭有许多可能的原因，如：不注意口腔卫生，牙缝里的食物发酵腐败发出恶臭；戴假牙的人不注意清洁假牙而产生气味；吃了大蒜、大葱、羊肉、豆腐乳等味道冲的食物也会有不好闻的气味；吸烟的人口腔中都有一种特殊的臭味。

口臭也可能是某些疾病的信号。口腔内炎症，脓肿出血会产生腐败的恶臭味；胃肠道疾病，如消化不良、便秘会有臭鸡蛋味；糖尿病患者口腔会有烂苹果味；肝功能下降或慢性肝炎患者、肾功能下降或尿毒症患者口腔都会有臭味。因此当口臭不能经过刷牙漱口后消除或减轻就提示身体可能出现了某种疾病。

口臭是可以治疗消除的。有了口臭要及时去医院检查原因，针对引起口臭原因对症治疗。由疾病引起的口臭还要先治疗这些疾病，并配合口腔药物。在日常生活中要注意调节人体的脾胃功能和内分泌系统，多吃清热泻火、养阴滋肾、消热通便的食物，戒烟，经常吃水果，喝甘草茶或小叶麦冬茶，加强口腔卫生保健，均衡口腔环境，从根本上杜绝口臭。

在中医理论上来讲口臭是脾胃肠道火气重等，需要吃点祛火败热的药。但应在医生的建议下正确用药，不可自己随便吃自认为是祛火败热的药，因为"清胃火"的中药苦寒，很容易伤害脾胃，导致口臭没治好，倒又伤了脾胃。

85. 自我口腔保健有哪些方法？

预防口腔疾病，自我保健牙齿的方法多种多样，现介绍几种简便易行，效果较好的保健方法。

（1）叩齿方法：先静心聚神，轻微闭口，然后上下牙齿相互轻轻叩击数十次，所有的牙都要接触，用力不可过大，防止咬舌。经常叩齿可增强牙齿的坚固，不易松动和脱落，使咀嚼力加强，促进消化机能。

（2）鼓漱方法：咬牙，用两腮和舌做动作，反复几十次，漱口时口内多生唾液，等唾液满口时，再分几次慢慢下咽，初时可能唾液不多，时间长久自然增加。鼓漱主要是为了使口腔内多生唾液，以助消化并可清洁口腔，锻炼四周肌肉，两腮饱满。

（3）运舌方法：用舌头在口腔里，牙齿外，左右、上下来回转动，等到唾液增多时鼓漱10余下，再一口或分几口咽下。运舌对防治老年性口腔黏膜病，舌体萎缩有效，能刺激唾液分泌增加，滋润胃肠，有助于脾胃功能，并能防止口苦口臭。

（4）牙龈按摩法：需先进行牙周洁治术。一种是在刷牙时进行，将刷毛以外45°压于牙龈上，牙龈受压暂时缺血，当刷毛放松时局部血管扩张充血，反复数次，使血液循环改善，增强抵抗力。另一种是用食指做牙龈按摩，漱口后将干净的右手食指置于牙龈黏膜上，由牙根向牙冠做上下和沿牙龈水平做前后方向的揉按，依次按摩上下、左右的内外侧牙龈数分钟。通过按摩牙龈，增加牙龈组织血液循环。有助于组织的代谢，提高牙周组织对外界损伤的抵抗力，减少牙周疾病的发生。

86. 什么是智齿？

古代有位少年继位的君王，将近成年时忽然牙痛不止，在口里最后的部位又长了两颗磨牙（智齿）。君王问群臣主何凶吉，惯于逢迎拍马的近臣奏道："此乃智人之象。"

其实，长了智齿的人，并不会变得特别聪明、相反，它还会给你带来麻烦。智齿是指上下颌牙最后的第三磨牙。该牙之所以称为智齿，是因为该牙萌出一般在 18～25 岁左右，正值人的智力发育比较成熟的时候，具体到每个人其萌出时间的范围可能更大，也许有所提前，也许更加滞后，有的人可能四个智齿全部萌出，有的人可能只萌出一个智齿，或者就根本没有智齿，但都属于正常情况。在人类的进行过程中，智齿的形态、大小和位置有很大的变异。

这四颗智齿由于周围软组织、骨组织及邻牙的阻碍，常常只能部分萌出或完全不能萌出，就叫做阻生牙。阻生的原因主要由于食物日趋精细，使颌骨发育不足，缺乏足够的间隙容纳部全牙所致。阻生牙因不能完全萌出，而引起周围牙龈组织发炎，称为智齿冠周炎，以下颌第三磨牙最为常见。

智齿冠周炎发病比较急，患者自觉疼痛剧烈、局部肿胀，可放射至咽侧及颌下，有时会出现头痛症状。严重时伴有张口困难、不能进食、全身发热等，查血象白细胞升高，中性粒细胞多于 70%。

患者以发热及烟痛就诊，这时应注意口腔内磨牙区牙龈是否红肿，有无脓液形成等。

87. 虫牙的危害及怎么预防？

龋齿（"虫牙"）是牙齿硬组织逐渐被破坏的一种细菌性疾病。发病开始在牙冠，病变发展成龋洞，终至牙冠完全破坏消失。龋洞不会自行愈合，直至牙齿脱落或丧失。它可以继发牙髓炎和根尖周炎，甚至能引起牙槽骨和颌骨炎症。龋齿的继发感染可以形成病灶，引发关节炎、心骨膜炎、慢性肾炎和多种眼病等全身其他疾病。

龋齿除了牙齿本身被破坏，引起咀嚼和消化不良之外，对人体还有许多不良的影响。龋病早期无症状，破坏到一定程度便会产生牙痛，若破坏过多，则会将牙冠烂掉，在牙根尖组织和牙槽骨内引起炎症、肿胀，甚至蜂窝组织炎，使脸部肿痛不堪。若发生在儿童时期，则可影响牙颌系统生长发育，造成后天畸形。

减少或消除菌斑，创造清洁的口腔条件是防龋的重要环节，最简便最实际有效的办法是刷牙和漱口。养成口腔卫生习惯，学会合理刷牙方法，清除口腔中的大部细菌，减少菌斑形成。要做到饭后漱口，睡前刷牙。还要养成良好的饮食习惯：多吃粗糙、硬质和含纤维质的食物，对牙面有摩擦洁净的作用，减少食物残屑堆积；少吃甜食，尤其不能长时间吃含糖食物；硬质食物需要充分咀嚼，既增强牙周组织，又能摩擦牙齿咬面，可能使窝沟变浅，有利减少窝沟龋。

88. 牙疼是病吗？

俗话说，"牙疼不是病，疼起来要命"，说明了牙疼的难受程度。那么为什么牙疼会如此剧烈呢？牙疼是病吗？

牙疼当然是病了，它大多是由牙龈炎或牙周炎、龋齿（虫牙）或折裂牙导致了牙神经感染引起的。

牙齿的感觉神经比较敏感，较小的压力刺激也能产生明显的牙痛感；当牙齿发炎渗出血来时，牙齿内部压力增大压迫了牙神经而产生剧烈疼痛。一般晚上感觉牙疼更厉害，是因为晚上睡觉时是平躺着的，这样身体血液流到头部，进入到牙齿内部的血液增加，也增加了牙齿内部的压力；而且睡觉时没有外界环境的各种刺激分散注意力，牙疼时注意力全集中在牙齿疼痛上，所以晚上会感觉疼痛更厉害。

由于不注意口腔卫生、食物残渣嵌塞、不正确的刷牙方式、细菌感染发炎、龋齿、维生素 D 缺乏等原因都可引起牙疼，同时还会伴有牙龈红肿松软、出血、口臭等症状。一般疼痛时可服用止痛片或牛黄解毒丸、煎服马鞭草、在痛处咬片生姜等方法止疼。有些牙疼可以是身体其它疾病的并发症，比如心脏病。所以牙疼时也要注意排查是否有其他的基础病。

平时要注意口腔卫生，养成"早晚刷牙，饭后漱口"的习惯；少吃糖、饼干类食物；不要吃过硬、过酸、过冷、过热的食物，多吃清胃火、清肝火食物如番瓜、萝卜、芹菜；保持大便通畅；要是有了蛀牙还要及时治疗，避免发生牙疼。

89. 如何从舌苔判断身体状况？

有关专家指出，唾液腺分泌受交感神经和副交感神经控制，由于交感神经和副交感神经同属内脏神经，而内脏病变会影响唾液分泌，改变舌苔苔质。因此，观察舌苔也可以判断健康情形。

舌头颜色太淡叫做淡白舌，与血红蛋白减少、蛋白质代谢障碍、基础代谢率降低、舌组织水肿等有关，临床上多出现于各种贫血、严重的营养不良、长期慢性失血或急性大出血的病人。

红绛舌则与能量代谢增高、毛细血管扩张、血流增加、血液浓缩有关，也可能是因维生素 B 群乏、失水引起舌炎。在临床上，红绛舌多出现在败血症、高热、重症肺炎、化脓性感染、急性传染病后期及慢性消耗性疾病患者。

舌头颜色如果红中带青或蓝，称为青紫舌，是因组织缺氧还原血红蛋白增加及静脉系统淤血、血流缓慢所致，红血球增多、饮酒或色素沉着等也会引起。青紫舌常发生在急慢性呼吸功能减退者，如肺气肿、哮喘性支气管炎、休克性肺炎、心源性呼吸困难等病人。

白苔是病情较轻，愈后较好的一种舌象，常见于上呼吸道感染和一些有症状而无器质性病变的患者，或水、盐、代谢紊乱和缺乏维生素 B_1 的人。

黄苔与发热炎症和感染有关，罹患慢性胃炎、胃下垂、原发性小肠吸收不良的病人，舌面常呈现一层淡黄色的薄黄苔。

90. 打鼾对身体健康有什么影响？

根据最新的研究证实，打鼾主要是由于口腔的形态随着年龄的增长发生了生理性结构变化，口腔软腭逐渐下降，大舌逐渐抬升到一定程度，引起呼吸道某种程度的狭窄或阻塞，形成像吹哨子一样的效果。

打鼾轻、均匀，或偶尔出现（饮酒或感冒后），对人体没有明显影响。但大约20%左右的"恶性打鼾"者会出现呼吸暂停、鼾声中断现象，会严重影响身体健康，临床上称之为阻塞性睡眠呼吸暂停低通气综合征。

打鼾属于源头疾病，能诱发心脑血管疾病、猝死、痴呆、性功能减退等疾病，容易并发高血压、冠心病、脑血管疾病、糖尿病，肥胖症等。其死亡率明显高于正常人群。打鼾使人长期处于缺氧状态。最严重的情况是夜间由于呼吸暂停导致窒息死亡。

所有能引起鼻腔、咽部狭窄的因素都可能引发阻塞性睡眠呼吸暂停低通气综合征。如鼻窦炎、扁桃体肥大、软腭肥厚松弛、舌体肥大、舌根部淋巴组织增生等。不良的生活习惯也可能诱发或使病情加重，如饮食不节制导致的肥胖；吸烟引起的上呼吸道炎症、饮酒刺激上呼吸道，甚至抑制呼吸中枢。

缓解鼾症的病理是保持呼吸道通畅。呼吸道通畅可以消除或减小鼾声，避免睡眠呼吸暂停，纠正缺氧状态，改善各种症状。

91. 大嘴巴究竟是什么病?

流行性腮腺炎又叫痄腮,民间叫"大嘴巴",是由腮腺炎病毒所引起的急性呼吸道传染病,具有高度传染性。其特征为腮腺非化脓性肿胀及疼痛,并有波及全身各种组织器官及神经系统的倾向,大多有发热及不舒服感。能引起不同程度的脑膜脑炎并发症,也可并发睾丸炎、心肌炎、胰腺炎等。

如果感觉自己不舒服,有发热、头痛、食欲不佳、恶心、呕吐、全身疼痛等病症,几个小时后,面颊两侧耳垂前下方肿胀、发硬与压痛,并没有化脓,脸肿,就有可能是流行性腮腺炎。但也有很少数人没有症状。

得了流行性腮腺炎可能是自身被该病毒感染,也有可能是被别人传染,因为腮腺炎具有通过唾液飞沫就可以传播的高度传染性。孕妇感染还可能传染胎儿,导致胎儿畸形或死亡,流产的发生率也增加。

流行性腮腺炎起病急,发热达39℃以上,症状明显。家庭护理主要是隔离消毒、退热消炎。为避免传染,孩子得病后一定要隔离到完全消退为止,对使用过的东西进行高温消毒,并保持空气新鲜流通。如果高烧,可采用头部冷敷、酒精擦浴的方法退热,或在医生指导下使用退热药和清热解毒的中药。尽量躺着休息,吃富含营养的流食软食减轻疼痛,多喝水并注意口腔卫生。

最有效的预防措施是在适当的年龄接种疫苗,注意个人清洁卫生。

92. 如何从口味辨别疾病?

俗话说:"鼻闻香臭,舌尝五味。"中医认为,口舌的味觉可作为诊病的重要参考依据。有的人在进食时,口中会有异味感,甚至不进食口腔内也觉得有异常味道,这常常提示可能得了某种疾病,所以应该引起注意。

(1)口苦。指口中有苦味。多见于急性炎症,以肝、胆炎症为主,为胆热上蒸所致。口苦还可见于癌症,这与病人舌部血液循环障碍和唾液内成分改变有关。

(2)口甜。指口中有甜味,又称"口甘"。口甜多是因为肠胃功能失常引起的。消化功能紊乱会导致各种消化酶的分泌异常,从而引起口甜的感觉。此外,糖尿病患者也会有口甜的症状,这是因为血糖增高,唾液内糖分也会跟着增高,所以会觉得口中发甜。

(3)口淡。指口中味觉减迟、自觉口内发淡而无法尝出饮食滋味。肠炎以及其他消化系统疾病易见口淡症状。外科大手术后,病人食欲不振,也会觉得口舌淡而无味。另外,口淡无味、味觉减弱甚至消失,也是癌症病人的特征之一。

（4）口酸。指口中有酸味。多见于胃炎和胃及十二指肠溃疡。中医认为，口酸多是因为肝胃不和，或肝有郁火。

（5）口咸。指口中有咸味。中医认为"咸为肾味"，所以口咸以脾虚湿盛，肾虚火旺为多。

（6）口辣。指口中有辛辣味。辣味是咸味、热觉及痛觉的综合感觉。肾阴不足、肝火偏旺的人多见口辣，常见的病症还有高血压、神经官能症、更年期综合征及长期低热者。

（7）口涩。指口中有涩味。肝胆郁热伤阴，常有口舌干涩的感觉。神经官能症或通宵不眠之后，唾液腺分泌减少，也容易出现口涩的感觉。有些恶性肿瘤，尤其到晚期，多有味觉苦涩。

发 肤 篇

93. "少白头"是怎么回事？

"少白头"，西医称之为早老性白发病，是一种儿童及青年时期白发性疾病。其病因十分复杂，共有两大类型：一种属先天性少白头，另一种属后天性少白头。在后天性少白头中，有些是因为得了某些病而附带发生的，有些则是由于精神过度紧张和营养不良所致。

许多疾病都可能是随着早老性白发的出现而出现的，如，恶性贫血、甲状腺机能亢进、心血管疾病（心肌梗死、房室束传导阻滞、高血压等）、白癜风等。另外，人体精神状态的改变，如，长期不高兴、忧虑或者思念过度、情绪过度紧张、惊恐都会引起毛发迅速变白。上述疾病及营养和精神的因素会使元气、宗气、营气三者失去平衡，从而使毛发受损，这就是我们口头上常说的"伤了元气"。这种早老性白发无须特殊治疗，只需找到病因并根除之，即可根治。

至于先天性早老性白发病大都是由于遗传造成的，如遗传性早老病、布科氏综合征、沃登伯格氏综合征，往往有家庭内数代遗传的历史，遗传性缺陷、白化病也属于先天性遗传病。儿童及青年中若发现少白头应及早到医院进行检查。

94. "少白头"的原因是什么？

"少白头"的形成可能与下列因素有关。

（1）精神因素：如果一个人长期抑郁寡欢，心境不佳或精神高度紧张，操劳过度，都可能使头发由黑变白。

（2）营养状况：毛发是长在皮肤上的，它同身体其他各部位的器官、组织一样，需要充足的营养。不同的人种的发色也不同。我们黄种人的头发是褐黑色的，如果我们的食物中长期缺乏某些东西，会影响黑色素的生成，从而使头发由黑变白。另外据科学研究证明，如果身体长期缺乏必要的营养，也会导致头发由黑变白。

（3）疾病、药物和遗传：疾病、药物和遗传也是致使头发由黑变白的因素，结核、伤寒、恶性贫血等消耗性病症，植物神经功能障碍等疾病，均能影响头发由黑变白。

预防少年白发最重要的是消除诱发白发的客观因素。如生了几根白发，不要精神过于紧张；不可过于劳累、紧张；心胸宽广，情绪乐观，保持良好的心境；注意科学配餐，多吃粗食、杂粮、干鲜果品及各类蔬菜，不挑食、偏食；养成坐卧有时，生活规律的良好习惯等。

95. 癣应该如何预防？

（1）对已得了癣病的人接触要谨慎。

（2）平时要用自己的脸盆、毛巾、脚盆等用品。洗澡时应穿自己的拖鞋，不跟别人共用拖鞋。

（3）保持皮肤清洁干燥，平时身体多汗者尤要注意，衣、裤、鞋、袜应常换洗。汗脚者最好不要穿不透风而易潮湿的球鞋、皮鞋、旅游鞋，而以布鞋为好。每次洗澡，要待脚干燥后再穿入鞋内。赤脚干活的人在完工后要把脚洗干净。

（4）如果周围有动物患了癣病，应及时处理，在未处理前不要接触或玩弄这些患病的动物。

（5）减少或避免进食有刺激性食物，包括姜、蒜、葱、辣椒、醋、烟、酒、咖啡、浓茶、鱼、虾、蟹类、蚕豆、咸肉等。植物蛋白质（如豆制品）一般妨碍不大，可以食用。另外，食盐最好不要放得太多，口味要尽量淡点。

（6）平时应积极加强体育锻炼，增强体质。另外，加强营养，也是提高抵抗力的重要方面。

（7）积极治疗原发性疾病。人体在得了其他一些疾病后，如糖尿病、长期应用皮质类固醇激素，会明显降低身体的抵抗力，容易感染霉菌而得癣病。因此，应加强对原发病的治疗，并采取综合措施改善人体的机能状态。

96. 如何通过指甲判断健康状况？

看指甲，可以知道病态？大家可能知道，胎儿在 3 个月时就开始长指甲，第 5 个月完全形成了。平均每天长 0.1 毫米。健康的成年男女指甲的生长无区别，而右手指甲较左手长得快，可能与右手活动较多有关系。拔甲术后，指甲最快也要 3 个月才长齐，最迟也要 4~6 个月。由于指甲的生长受到机体新陈代谢的影响。所以看甲，有时可以看出病态。

（1）粉红的指甲，丰满突出，整齐而有光泽，光润夺目，是健康的标志。

（2）赤红甲，例如浸热水后的指甲就是了，饮酒之后也如此。而高血压病和心脏病患者多数是赤红甲。

（3）黄而白缺乏红润者，见于寒冷，四肢冰凉的人，指甲黄白色，甲质松软，多为缺铁性盆血或经常失血的女性。

（4）横纹甲，甲面横纹凸凹不平，多有消化功能障碍，根据其部位，也可推测其患病的时间。

（5）竖纹甲，甲纹有细条的纹线出现，多为操劳过度，用脑过多的人士，这种非常常见，并非病态，35 岁以上的人士不妨看一下自己的甲纹，相信会有数条，也表示已经进入中年以上了。

（6）年轻人的指甲上有白色斑点，按外国人说法，这是年轻人找到理想朋友的预兆，是好现象，叫做幸运甲。其实，指甲上有少量白点，通常是缺钙、缺硅或者寄生虫病的表现；白点数量比较多，可能是神经衰弱的征兆。

97. 怎么去虱子？

虱子可分为三类：第一类是体虱，多寄生在人体胸毛、腋毛以及内衣的缝隙处；第二类是头虱，多寄生在头发根处；第三类是阴虱，多寄生在阴毛处。虱子依靠吸食人血而生存，同时放出有毒的唾液，叮刺及毒液均能引起瘙痒性皮炎。体虱还会传染回归热、流行性斑疹伤寒及战壕热。在病人发高烧的时候，虱子就逃离人体并寻找新的寄主，这时它就起到扩散和传染疾病的作用。体虱一生可产 270 到 300 粒卵，头虱可以产 80 到 110 粒卵，阴虱可以产 26 粒卵，因此它们的繁殖量也是非常大的，这给杀灭工作造成不小的干扰。

对虱子的防治首先要搞好个人清洁卫生，如经常换洗衣服，经常洗头、洗澡；搞好家庭环境卫生，如经常清洁地板或地毯。其次，高温灭虱。虱子怕热，在 65℃的温度下只要过 15~30 分钟就可以杀死虱子的成虫、幼虫和卵，因此可以将衣服和被单用开水烫过并暴晒来杀灭虱子。最后，就是药物熏蒸。经常用的药物是甲酸甲酯等药，这类药对人畜比较安全，但是它的用量和用药时期要在专家指导下进行。此外中药"百部"有很好的杀虫效果，可将百部30克加入500毫升水中煎至100毫升后直接敷于患处，每日2次；或使用经过酒精浸泡之后的百部浸剂。

98. 为什么都三十多岁了，还长青春痘？

我们必须知道，青春期的结束并不代表青春痘也会跟着消失。青春痘又叫痤疮，是由于皮肤毛囊及皮脂腺阻塞、发炎所引发的一种皮肤病。由于这种症状常见于青年男女，所以人们才叫它青春痘。实际上，青少年不一定都会长青春痘，而青春痘也不只长在青少年的身上。青春痘的产生有多种原因，包括遗传因素、激素分泌引起皮脂腺变大，进而产生过多的油脂分泌堵塞毛囊口引起发炎；外界环境因素对青春痘的产生也有一定作用，如过多的烟尘也容易加重炎症；使用某些化妆品也会引起毛孔堵塞从而长出青春痘；情绪不稳、精神紧张、学习工作上压力都极有可能引发青春痘。

青春期的男孩女孩，爱吃煎炸、烧烤、辛辣和甜腻的食品，容易上火。脸上也因此会冒出痘痘，除了长痘、皮肤油腻外，还会伴有口渴、大便比较干、小便颜色黄等现象。很多成人过了青春期，以为此时脸上长痘痘也是由于"上火"，于是便频频喝凉茶、吃清热解毒的中药等，结果适得其反，痘痘不仅没有消掉，而且出现了食欲减退、胃痛等症状。其实，成人长青春痘绝大部分并不是由"上火"、"热气"引起的。

如青春痘较严重，或长期得不到好转，就需要向医生咨询，千万不能乱挤乱压青春痘！同时，注意个人卫生，要选用适合自己皮肤的护肤品，并且注意饮食，少吃热量高、油脂重的食物和海鲜等发物，多喝水、多吃瓜果蔬菜、多运动。

99. 如何从脸上长青春痘的位置看身体的状况？

中医学上，青春痘与体质也有一定关联。根据脸上青春痘长的位置的不同，可以看出自己身体的状况。

（1）额头长痘，表示心火旺、血液循环有问题，可能是由于压力比较大，脾气较不好，常生气。应该养成良好的生活习惯，多喝水，保证充足的睡眠以及轻松的心情。（2）痘痘出现在两眉之间，即印堂，表示常常容易出现胸闷、心律不整、心悸等现象，有这类情况的人不要进行激烈运动，因为身体负荷不了。（3）长在眉头（印堂两侧）表示感冒症状未愈或者睡眠不足。（4）长在两眼及鼻梁之间的眼角位置，表示人体可能肝机能不好，此时生活作息要规律正常，不要熬夜或是喝酒抽烟。（5）如果长在眉骨，可能是肝脏不好。　（6）长在鼻梁则是脊椎骨可能出现小问题。（7）如果鼻头长痘，很有可能是胃火大、消化系统异常，应该少吃寒性的食物。因为寒性食物容易引起胃酸分泌，造成胃火过大。（8）鼻翼即鼻头两侧长痘，一般是由于皮脂分泌旺盛，也可能跟卵巢机能或生殖系统有关。所以一定要及时彻底地清洁毛孔，另外，不要过度纵欲或禁欲，多多享受健康自然的环境。（9）左脸颊出现痘痘，可能是肝功能不太好，肝脏的分泌、排毒或是造血功能出了问题，容易感到疲劳和口渴。对策是保持作息正常，心情舒畅，饮食要注重清热，泻肝火。（10）右脸颊长痘痘可能是肺部功能失常，也可能是感冒前兆，又或者是过敏体质，容易便秘，手脚冰冷的人。对策是平时应注意呼吸道的保养，泻肺热，应该尽量避免海鲜等易过敏的食物。（11）下唇长痘痘，则表示身体虚寒，生殖系统异常，最好少喝少吃冷饮或是寒性食物。（12）而下巴长痘则通常是由内分泌失调引起，月经来的前几天痘痘也常会长在这个部位。应该少吃冰冷的东西，尽量吃些清淡的食物。（13）唇周长痘，则可能是便秘导致体内毒素堆积。对策是多吃富含纤维的蔬菜水果，调理饮食习惯。

饮 食 篇

100. 食物中毒了怎么办？

食物中毒一般可分为细菌性（如大肠杆菌）、化学性（如农药）、动植物性（如河豚、扁豆）和真菌性（毒蘑菇）食物中毒。食物中毒既有个人中毒，也有群体中毒。其症状以恶心、呕吐、腹痛、腹泻为主，往往伴有发烧。吐泻严重的还能发生脱水、酸中毒，甚至休克、昏迷等症状。

一旦有人出现呕吐、腹泻、腹痛等食物中毒症状，应采取以下紧急救护。

（1）呼救。立即向急救中心 120 呼救，送中毒患者到医院进行洗胃、导泻、灌肠。

（2）催吐。用人工刺激法，用手指或钝物刺激中毒者咽弓及咽后壁，引起呕吐。同时注意，避免呕吐误吸而发生窒息。

（3）妥善处理可疑食物。对可疑有毒的食物，禁止再食用，收集呕吐物、排泄物及血尿送到医院进行毒物分析。

（4）防止脱水。轻症中毒者应多饮盐开水、茶水或姜糖水、稀米汤等。重症中毒者要禁食8～12小时，可静脉输液，待病情好转后，再进些米汤、稀粥、面条等易消化食物。

下列措施可以帮助预防食物中毒。

（1）在家里生熟食物要分开存放。

（2）生吃瓜果、蔬菜要洗净、消毒；严禁食用病死畜禽；各种食物都不应放置过久。

（3）肉类食物要煮熟，防止外熟内生；剩余的食物在吃前应加热或高压处理。

（4）对不熟悉、不认识的动植物不应随意采捕食用。

（5）海蜇等水产品宜用饱和食盐水浸泡保存，食用前应冲洗干净。

101. 哪些食物不能放在一起吃？

吃，是一门大学问。如果将相克的食物同食，不但不会享受到美味，反而会损害身体。下面就为大家介绍一些常见的、易于相互冲撞的食物，提高大家的警惕。

（1）萝卜：不能和橘子同食，否则容易患甲状腺肿；萝卜还不能和何首乌、地黄、人参等同食。

（2）胡萝卜：不适合与西红柿、萝卜、辣椒、石榴、莴苣、木瓜等同吃，最好单独吃或和肉类烹调。

（3）红薯、地瓜、山芋：不能与柿子同食，否则容易形成胃柿石，引起胃胀、腹痛、呕吐，严重时还可导致胃出血等，危及生命。

（4）南瓜：不可与羊肉同食，否则易发生黄疸和脚气。

（5）芹菜：不可与醋一同食用，否则易损坏牙齿；同时，它也不宜与黄瓜同食。

（6）豆腐（豆浆）：不要与牛奶同食；也不要用豆腐和菠菜一起烹调。

（7）猪血：忌黄豆，同食令人气滞；忌地黄、何首乌。

（8）牛肉：不可与鱼肉一起烹调；也不要与栗子、蜂蜜、韭菜、白酒、生姜等同食。

（9）鸭肉：不能与木耳、胡桃等同食；如果与鳖肉同食，则会令人阴盛阳虚，水肿泄泻。

（10）菠菜：忌与韭菜、豆腐同食，否则会导致缺钙。

（11）韭菜：不可与菠菜、蜂蜜同食，同食会造成心痛。

（12）猪肝：如果和荞麦、黄豆、豆腐等同食，容易引发痼疾；而与鱼肉同食，则令人伤神。

（13）鸡蛋：忌与柿同吃。

102. 腌制类食物能不能多吃呢?

腌制类食品是指鱼肉经过熏烤腌制,豆制品、蔬菜、瓜果经过腌制发酵而制成的食品,如咸鱼、咸菜、咸蛋、咸肉等。腌制类食品长期以来深受人们欢迎,成为普通百姓家庭餐桌上的常备菜,有些人甚至长期食用腌制食品,并形成了一种习惯。但食用腌制类食品过多对人体健康是不利的,会带来很多健康问题。

(1)大量吃腌菜,容易引起人体维生素 C 缺乏和结石。各种食物材料尤其是瓜果蔬菜经过腌制浸泡后,所含的维生素 C 几乎完全地被破坏或流失了,导致人体缺乏维生素 C 进而引起各种疾病。另外,腌制类食品酸度和钙质比较高,进入人体后形成沉淀不能正常地排出,反而被吸收,最后形成结石影响健康,例如贵州省从江县尿路结石发病率较高就与当地人经常吃腌酸菜有关。

(2)腌制类菜含有致癌物质——"亚硝酸胺",会诱发癌症。腌制类的食物中有很多的盐,盐分中含有杂质如亚硝酸盐、硝酸盐等,可能产生如亚硝酸胺等有害物质。此外,腌制类食品中的硝酸盐和亚硝酸盐,可与肉中的一种叫二基胺的物质合成亚硝酸胺,是导致胃癌的直接原因。还有一类食品,如香肠、腌制火腿等,人为地加入亚硝酸盐作为食品添加剂,所以要控制此类食品的摄取。

(3)盐分过高,影响黏膜系统,损害胃肠道黏膜,可导致高血压和胃肠炎等疾病。腌制食品含盐量很高,吃了腌制食品后加重肾脏的负担。

103. 哪五种食物不能吃皮?

日常生活中有五种常见的食物是不能吃皮的,因为其皮中含有的某种物质能够引起急性或慢性中毒。

(1)土豆皮中含有一种称为"配糖生物碱",在体内积累到一定数量后就会引起中毒。有的人说以前吃过没有中毒,那是因为这种慢性中毒没有明显的特征和感觉,常被人们忽视。

(2)成熟后的柿子皮中一种叫鞣酸的物质,进入身体后,与蛋白质结合生成沉淀物,这种沉淀物叫柿石,会引起身体的其他病症。

(3)很多人吃红薯都是不去皮的,其实是不对的。因为红薯皮是碱性的,吃多了胃肠会不舒服;尤其红薯皮的褐色或黑色斑点是病菌感染过的痕迹,虽然红薯经过高温煮熟,还是会产生有害物质,进入人体后损害肝脏,引起中毒,出现恶心、呕吐、腹泻,重者可导致高烧、头痛、气喘、抽搐、吐血、昏迷,甚至死亡。

（4）荸荠常生于水田中，水田中各种有害物质及寄生虫病菌都聚集在皮上，而且荸荠皮不光滑，清洗比较麻烦，如果吃下未洗干净的荸荠皮，会导致寄生虫疾病。

（5）银杏的果皮中含有多种有毒物质如"白果酸"、"白果醇"等，进入人体后损害中枢神经系统引起中毒。

104. 为什么不要喝浓茶？

茶越浓，颜色越明显，味道越重，甚至有的人喜欢喝带苦味的浓茶，其实这样的茶不仅浪费茶叶也不利于人的身体健康，因为茶中有几种物质浓度过高会影响我们的健康。

一种物质是氟。我们可以发现长期喝浓茶但不抽烟的人牙齿也是黑的，这就是氟引起的，而且氟浓度高反而会引起虫牙，出于这个原因国家对我们日常用的牙膏中的含氟量有严格的规定。另一种物质是咖啡碱。咖啡碱对人中枢神经系统有强烈的兴奋作用，使大脑细胞非常活跃，所以睡觉前不要喝浓茶。咖啡碱还能引起低血糖，产生头晕乏力的现象；也由于它的刺激作用，人容易感觉心跳过快，心慌；更重要的是咖啡碱不仅影响身体对钙的吸收，还加速了身体中钙的排出，从而导致身体缺钙，诱发骨质疏松症，容易发生骨折，而老年人本身钙吸收不足，所以就更不能经常喝浓茶了。

浓茶还可引起胃酸过多，时间长了会形成胃、肠溃疡。经常喝浓茶的人还可能会便秘，因为浓茶中的另一种物质茶多酚会影响食物消化和吸收，从而引起大便干结便秘。

哺乳期妇女也不能常喝浓茶，因为它会使乳汁大大减少，影响婴儿的喂养。

因此，生活中喝茶要清淡适量，不要喝带苦味的茶，现泡现喝，才能发挥喝茶对身体健康的好处。

105. 为什么酒后不能喝茶？

很多人有酒后喝茶的习惯，甚至用浓茶来解酒，这是不正确的。茶不仅不能解酒，酒后喝茶还会损伤人的肾脏。

李时珍在《本草纲目》中就明确指出酒后喝茶损伤肾，表现为腰和腿向下沉，没劲，肚子冰凉而且痛，还会有痰和身体水肿。茶中含的加多茶碱有利尿的效果，酒后喝茶就会加速酒精的排泄，但没有经过分解后的酒精直接进入肾脏和泌尿系统，严重地刺激肾脏，容易导致上厕所次数多，大便干燥等。酒精对心血管也有很大的刺激性，浓茶同样有兴奋心脏的作用，喝完酒再喝茶，更增加了对心脏的刺激，这对于心脏不好的人是很不利的。所以，酒后最好不要立即喝茶，尤其不能喝浓茶，以防不测。可以吃点瓜、果或果汁，既能帮助消化，又能醒酒。

106. "饭后一杯茶"对身体有害吗？

很多人都有饭后一杯茶的习惯，而且通常饭后沏杯茶是待客的必要礼节，也有很多人认为饭后茶可以清洁口腔、帮助消化。其实恰恰相反，饭后茶会影响食物的消化，因为饭后大量的水进入胃中冲淡了胃中的消化液。

饭后茶也不利于身体对食物中蛋白质的消化和吸收，反而会减弱胃肠道的正常工作，使食物在胃肠道里滞留时间更长，导致大便干燥。更重要的是，茶会妨碍身体对铁元素的吸收。铁元素在身体里是参与血红蛋白的运输，缺铁会引起缺铁性贫血。而饭后茶会使食物中的铁的吸收率降低一半，时间长了就会引起人缺铁性贫血。因此饭后不要立即喝茶，待1~2小时胃排空后再喝茶。如果平时有喝茶习惯，可以多吃绿叶蔬菜、红豆、猪肝等食物，这些食物含铁质丰富。

另外，饭前喝茶和饭后喝茶一样，也会影响胃肠道对食物的消化吸收。而且，饭前喝茶会刺激口腔里的味觉细胞，使味觉淡化，减少唾液的分泌，冲洗掉消化道内的消化酶，使得吃饭时觉得饭菜没什么味道。

107. 糖尿病可以通过饮食调理好吗？

糖尿病是由遗传因素、免疫功能紊乱、微生物感染及其毒素、自由基毒素、精神因素等各种致病因子作用于机体，导致胰岛功能减退而引发的糖、蛋白质、脂肪、水和电解质等一系列代谢紊乱综合征，临床上以高血糖为主要特点，典型病例可出现多尿、多饮、多食、消瘦等表现，即"三多一少"症状。

无论是西医还是中医，目前都没有根本解决糖尿病的方法。糖尿病的治疗是综合治疗，饮食控制、运动锻炼和药物治疗缺一不可。只有在饮食控制和运动锻炼的配合下，药物治疗才能取得良好的降糖效果；否则，药物再好也很难发挥作用。有些病人试图通过增加药量来抵消多进食，这是很不明智的。这样做的结果不利于血糖控制，容易使身体发胖，加重胰岛素抵抗，而且还会增加胰岛负担。

糖尿病患者忌食白糖、红糖、葡萄糖，及糖制甜食，如糕点、果酱、冰激凌等，也要戒酒，少食土豆、山药、芋头、藕、洋葱、胡萝卜、猪油、羊油、奶油、黄油、花生、核桃、葵花子、蛋黄、肝、肾、脑等脂肪或淀粉含量高的食物。宜食粗杂粮，如荞麦、燕麦片、玉米面、大豆及豆制品、蔬菜，还要注意减少盐的摄入。宜少食多餐，一日不少于三餐，有条件的上下午安排进食及睡前进食，既保证吸收，又减轻对胰岛负担。早餐量要少，上午肝糖原分解旺盛，易发生早餐后高血糖。进餐时间要规律，少吃零食。这些都需要严格执行，长期坚持。

108. 生吃蔬菜，肚里会不会长虫？

一直以来，老人都会告诫我们别乱吃生东西，尤其是蔬菜，否则肚里会长虫。这里所谓的"虫"就是蛔虫。它是人体最常见的寄生虫，对人体危害很大。蛔虫病的传播途径为蛔虫排出的虫卵随大便排出体外，继而污染周围环境，又可污染蔬菜瓜果等。一旦吞食，即可感染。

但并不是进食所有生水果、生蔬菜都会吃入蛔虫卵，只有被粪便浇过的菜、水果才有此危险。因为蛔虫虫卵主要存在于粪便之中。大葱、大蒜、青菜、包菜、芹菜、胡萝卜等菜贴近泥土生长，粪便浇灌时就会粘在果实上，清洗不干净确实可能生蛔虫。而黄瓜、西红柿、苹果、李子、桃子等生长于树上或植株较高的菜，粪便基本不太可能浇上去，生吃也不会吃进蛔虫卵。

对蛔虫卵最好的方法当然是加热，如果需要生吃，洗得干净彻底是能清除虫卵的，用流水充分冲洗就可以，像卷心菜这样的一层包一层的蔬菜，容易清洗不到位，得掰开来洗。如果可以削皮，最好削掉皮。

从古至今儿童多长虫，还是卫生问题，儿童可能随便抓地上东西就塞到嘴里吃，成人更自律，所以长虫的少。但就像上面说提到的，无论有没有蛔虫卵，洗干净再进口是饮食的好习惯。另外，饭前便后要勤洗手，这些都能预防肚里长虫。

109. 痛风患者最好吃什么？

痛风是一种嘌呤代谢失调的疾病，特点是血尿酸升高，体内过量的尿酸结成晶体，沉积在关节内，引起剧痛，造成关节畸形僵硬。慢性痛风可导致肾结石、痛风性肾病等。

根据其病因，痛风患者不能吃富含嘌呤类物质的食物以免诱发痛风病。富含嘌呤的食物有：各种动物内脏、动物油、肉类汤汁、各种肉食、骨髓、海鱼（特别是凤尾鱼、沙丁鱼等）、虾、蟹、海菜、各种豆类（特别是豌豆）、花生米、菠菜、菜花、蘑菇、糙米、粗面粉、全麦片等。

钾质可减少尿酸沉淀，有助将尿酸排出体外。因此患者应该多吃高钾质食物，如香蕉、西兰花、西芹。碳水化合物可促进尿酸排出，患者可食用富含碳水化合物的米饭、馒头、面食等。蛋白质可根据体重，按照比例来摄取，1 千克体重应摄取 0.8 克至 1 克的蛋白质，并以牛奶、鸡蛋为主。如果是瘦肉、鸡鸭肉等，应该煮沸后去汤食用，避免吃炖肉或卤肉。少吃脂肪，因脂肪可减少尿酸排出。痛风并发高脂血症者，脂肪摄取应控制在总热量的 20% 至 25% 以内。少吃盐，每天应该限制在 2~5 克以内。少用强烈刺激的调味品或香料。

为了促进尿酸排除，患者需要大量喝水，每日应该喝水 2000~3000 毫升。必须禁酒，因为酒精容易使体内乳酸堆积，对尿酸排出有抑制作用，易诱发痛风。不宜使用抑制尿酸排出的药物。

110. 如何防止蟑螂污染食物？

由于蟑螂的侵害面广、食性杂，既可在垃圾、厕所、盥洗室等场所活动，又可在食品上取食，因而它们引起肠道病和寄生虫卵的传播不容忽视。蟑螂已被证明携带约 40 种对脊椎动物致病的细菌，其中重要的如传染麻风的麻风分支杆菌、传染腺鼠疫的鼠杆菌、传染痢疾的志贺氏痢疾杆菌和小儿腹泻的志贺氏副痢疾杆菌、引起疮疖的金黄色葡萄球菌、引起尿道感染的绿脓杆菌、引起泌尿生殖道和肠道感染的大肠杆菌以及传播肠道病和胃炎的多种沙门氏菌，等等。蟑螂也可携带引起食物中毒的多种致病菌，除了上述的绿脓杆菌、大肠杆菌等外，尚有如产气荚膜梭状芽胞杆菌、粪链球菌等。此外，蟑螂还可人工感染导致亚洲霍乱、肺炎、白喉、鼻疽、炭疽以及非典结核等病的细菌。蟑螂可携带蛔虫、十二指肠钩口线虫、牛肉绦虫、鞭虫等多种的蠕虫卵，还可以作为念珠棘虫、短膜壳绦虫、瘤筒线虫等多种线虫的中间寄主。

因此，家中食物要妥善存放，尽量避免因蟑螂爬过而受到污染，如果食用了这些携带病菌和虫卵的食物，就可能诱发各种肠道疾病、传染病或寄生虫。虽然食物经过高温加热可以消灭一部分病菌，人体的免疫系统也能够对阻拦它们起一定的作用，但对于免疫力低的老人、孩子或体弱多病者来说还是有一定危险。

111. 冬季进补应注意哪些地方？

在中国的大部分地方，冬天气温很低，体质虚弱的人，常会手脚冰凉，全身发冷。因此，在冬季人们常吃些滋补的食物和药物来产生热量，驱除寒气，促进新陈代谢，增加身体的抵抗力。冬季，人体内的阳气最为旺盛，最能吸收外来的营养，从而让滋补物发挥出了它们最好的功效。但是冬季进补也不能一气乱补，见啥好就吃啥，如果进补时不注意一些事项，不但不能达到滋补身体的效果，有时反而会对健康的身体带来损害。

首先，在进补前应该了解自己属于哪种体质，该不该补。有些体质的人不适宜进食某类食物，比如肝火旺的人吃了鹿茸炖鸡，会使血压升高，眼睛发红。所以，必须要了解自己的体质，依照中医的说法，人体可以分为三种不同的体质："寒体"、"热体"和"阴阳两虚"。不过要认真分析自身的体质，最好在有经验的医生指导下判定。"寒体"的人，可吃"补阳"的药，如鹿茸、肉桂、高丽参、紫河车、附子；等"热体"的人，则配制"补阴"的药，如麦冬、玉竹、西洋参、元参、天冬等；至于"阴阳两虚"者，吃龟（补阴）鹿（补阳）二仙胶最为适宜。一般而言，中年人以补益脾胃为主，老年人以补益肾气为主。

其次，对于身体状态不太好、脾胃消化不良的人来说，当务之急是要恢复脾胃的功能，否则服再多的补物也是无用。因此，冬令进补不要过于滋腻厚味，以易于消化为准则。

再次，在患有感冒、咳嗽等外感病症时，不要进补，这样不但不能滋补身体，反而可能引起身体的更大损伤。

最后，对于如何进补，最好能在医生指导下进行。对于补药，不要抱着越贵越好、越贵越有效的想法。对于想长寿的老人来说，光靠补药不是好办法，平时还要注意适当的运动锻炼、饮食调整、多用大脑，才能达到真正意义上的养生。

112. 怎样食疗养胃？

对于肠胃不好的人来说，日常饮食的合理搭配和生活调理是最好的养胃方法。脾胃弱的人吃饭一定要规律，不要暴饮暴食；注意营养搭配，避免吃辛辣、油炸的食物，少吃刺激性食物；不要饮酒。在健脾养胃中主要应该注意以下几点：

（1）注意饮食和生活调理。养胃宜食用质软、易消化的食物，吃饭应细嚼慢咽，以达到易于消化、减轻对胃刺激的目的。同时，饮食不要过于粗糙，避免体积大、坚硬、粗纤维多的食物，以减少对溃疡面的机械性刺激，也不要吃过热或过冷的食物，少吃盐渍、烟熏和不新鲜的食物。

（2）饮食要有规律，尽量少量多餐、定时定量。少量，可减少胃酸分泌；多餐，可弥补食量之不足。一般每餐不宜过饱，七分饱即可，每日进餐可以做到4～5次。同时定时定量对维持胃液分泌和正常生理功能有重要作用。

（3）在食物的具体选取方面，应提供营养全面的膳食，保证足够的热能、适量蛋白质、低脂和丰富维生素的摄取。避免能强烈刺激胃液分泌的食物，如咖啡、浓茶、可可、巧克力、浓肉汤、鸡汤、过甜食物、酒精、地瓜等食物；生葱、生蒜、生萝卜、洋葱、蒜苗等产气多的食物对胃病也不利；各种香料及强烈调味品，如味精、芥末、胡椒、辣椒、茴香、花椒等也应加以控制；少食含粗纤维多的食物，如玉米面、高粱米等粗粮，以及干黄豆、茭白、竹笋、芹菜、藕、韭菜、黄豆芽等；坚硬的食物，如腊肉、火腿、香肠、蚌肉、花生米等，也不宜食用。烹调方法上应以蒸、煮、炖、烧、烩、焖等较好，不宜采用干炸、油炸、腌腊、滑溜等方法。

113. 口腔溃疡的食疗有什么？

医生认为，口腔溃疡大多数是因为"心火旺盛"、"脾胃积热"等因素，除了药物治疗外，以药膳食疗的效果也不错。要知道，厨房里的小材料，就能有效缓解口腔溃疡的症状。

（1）鲜石榴果 1 ~ 2 个，将其肉捣碎，用开水浸泡过滤，凉却后，每日含漱数次。

（2）板栗炒热，每日食 2 次，每次食 5 ~ 7 枚。治维生素 B_2 缺乏引起的口角炎、唇炎、舌炎等。

（3）将可可粉和蜂蜜调成糊状，频频含咽，每日数次，可治口腔发炎及溃疡。

（4）取 1 个苹果（梨也可以）削成片放到容器内，加入冷水加热至沸，稍凉后同酒一起含在口中，片刻后食用，连用几天即可治愈。

（5）用水将银耳、莲子洗干净，入锅中，加水煮至银耳熟烂，加冰糖或白糖融化，早晚各食 1 小碗。

（6）黑木耳、白木耳、山楂各 10 克，水煎，去山楂服食，1 日 1 ~ 2 次。

（7）西瓜半个，挖出西瓜瓤，挤取汁液，瓜汁含于口中，约 2 ~ 3 分钟后咽下，再含新瓜汁，反复数次。

（8）柿霜：从柿饼上取下柿霜，用开水冲服。

（9）用清水浸泡干咸鸭头，洗净，放入小沙罐中，加水适量，先用大火煮沸，然后改用小火慢炖 30 分钟左右，1 次饮完，每日 2 次。

（10）小麦（烧灰）2 份，冰片 1 份，混合研面，用时将药粉吹口疮面，每天 2 ~ 3 次，一般 3 ~ 5 天即愈。适用于小儿口疮。

（11）生萝卜数个，鲜藕 500 克。将此二者捣烂绞取汁液。含漱，每天数次，连用 3 日。

急救篇

114. 如何援救落水者？

救护落水者，应迅速游到落水者附近，观察清楚位置，从落水者的后面出手救援，用左手从对方的左臂和上半身中间握住他的右手，或者拖住落水者的头，快速将他拖到岸边。万一急救过程中发生落水者抱住救护者不放的情况，救护者应先松开落水者将他与自己脱离后再进行救治。

不会游泳的急救者应就近寻找竹竿、木板、绳索或救生圈，将它投入水中，让落水者握住后拖上岸来。如果现场找不到任何救生工具，急救者应立即高声呼叫他人来帮忙。

将落水者拖上岸后应立即拨打120，之后再进行抢救。首先是清理落水者口鼻内的污泥、痰涕等异物，防止气道梗塞；同时松开落水者的衣领、裤带和乳罩，使肺脏伸缩自如。然后是将落水者体内的水排出来，此时救护者需要单腿屈膝，将落水者面部朝下躺在救护者的大腿上，让落水者体内的水经气管口腔排出。有的农村将落水者俯卧横躺在牛背上，头脚下悬，赶牛行走，这样既使体内的水得以排出，又能起到人工呼吸的作用，也是一个可以采取的好办法。如果落水者呼吸心跳都停止了，救护者应立即对他进行口对口的人工呼吸，同时进行胸外心脏的按压。做人工呼吸时需要注意以下几点：（1）捏住落水者的鼻子，防止空气从鼻孔漏掉；（2）用自己的嘴对准落水者的嘴，并应完全挡住，如果人工呼吸过程中，落水者呕吐的话，应将他的脸偏向一边，并用手指伸到他的嘴里将呕吐物清除；（3）人工呼吸大概每分钟20次，要正确地、有规律地反复进行；（4）每次吹气后救护者都要将落水者的头偏向一边，让他吸进新鲜空气。当落水者心跳、呼吸恢复后，救护者可以用干毛巾摩擦他的身体（从四肢向心脏方向摩擦）以促进血液循环。

115. 被蛇咬到应该怎么办？

参加户外活动、休息或经过蛇类栖息的草丛、石缝、枯木、竹林、溪畔或其他比较阴暗潮湿处时，如果不慎被蛇咬伤，千万不要吓得不知所措。

首先坐下来，尽量减少运动，避免血液循环加速。一般咬伤在脚踝，将膝盖屈起，压迫血管，减少血液流动。其次判断是否为毒蛇咬伤。伤口上若在两排牙痕的顶端有两个特别粗而深的牙痕，说明是毒蛇所咬；若仅是成排的细齿状"八"字形牙痕，并在 20 分钟内没有局部疼痛、肿胀、麻木和无力等症状，则为无毒蛇咬伤。无毒蛇咬后无须特殊处理，只需对伤口清洗、止血，用红汞和碘酊药物外搽伤口包扎。若有条件再送医院注射破伤风针即可。

如果肯定是毒蛇咬伤或当时不能判断咬人的蛇有没有毒，就应按毒蛇咬伤处理：用橡皮管、皮带、布条、绳子等捆扎在伤口上侧，每隔半小时放松一次，每次 1 至 2 分钟。尽量去除伤口里的毒液：用双氧水或冷开水、盐水等冲洗伤口，然后用消毒过的小刀或刀片划开牙痕之间的皮肤，手指在伤口两侧挤压，以排出毒液。紧急时可直接用嘴吮吸（注意嘴里不能有破损），吸后马上把吸进的液体吐掉并且漱口。如果有蛇药或半边莲等草药，可以敷在伤口上。急救处理后应把伤者及时送到医疗单位继续治疗。

116. 被狗咬伤、抓伤应该怎么办?

如被狗咬伤后，要先用清水冲洗伤口。适当挤压伤口，把部分血液和渗出液挤出冲洗，冲洗时间最好是 15 分钟以上。有条件的话可以用 3% 到 5% 的肥皂水冲洗。狂犬病病毒对肥皂水、酒精、碘剂敏感，容易被杀灭。关键是洗的方法，因为伤口多半是闭合着，所以必须掰开伤口进行冲洗。切记：即使是再小的伤口，也有感染狂犬病的可能性。

自救后应该到当地二级以上的医院（国家规定二级以上医院才能进行狂犬疫苗注射）做进一步处理。医院将会做专业处理，用碘酒、酒精消毒伤口，在咬伤的伤口附近注射免疫血清，其他部位再打狂犬病疫苗，伤口一般给以开放，不予包扎。这三个程序处理得当，理论上一般可以说是不会被感染狂犬病。只要是在 72 小时内清洗消毒伤口，这时狂犬病病毒还可能只在伤口周围繁殖，这种处理方法被认为是有效预防狂犬病发病的正确措施。

狂犬疫苗注射原则上是接种越早效果越好。初次被咬伤的，需进行 5 次狂犬疫苗注射，分别是被咬伤的当天以及伤后的第 3、7、14、30 天。同时进行破伤风疫苗注射。如果超过 24 小时注射疫苗，也是可以的。只要是在疫苗能刺激机体产生足够的免疫力之前，人还没有发病，疫苗就可以发挥效用。对数日数月因种种原因一直未接种狂犬疫苗的人，只要能得到疫苗，也应与刚被咬伤者一样尽快给予补注射，争取抢在发病之前让疫苗起作用。

117. 误服或者大量接触农药怎么办?

农药中毒，是指农药进入人体后超过最大忍受量，人的正常生理功能受到影响，使生理失调，病理改变等。误服或者大量接触农药，人会出现头晕、头痛、全身乏力、多汗、恶心、呕吐、腹痛、腹泻、胸闷、呼吸困难等症状；还可能会出现特殊症状，如瞳孔明显缩小、嗜睡、肢体震颤抖动、肌肉纤维颤动、肌肉痉挛或癫痫样大抽搐、口中有大蒜味、有出血倾向等。

急救要点：立即切断毒源，脱离中毒现场。脱去被污染的衣裤，用微温的水、稀释碱水反复冲洗体表 10 分钟以上（注意：敌百虫中毒时，不能使用碱性液体）。对神志清楚的中毒病人，需用筷子或手指刺激咽喉催吐。对昏迷的病人，应立即送医院由医务人员为其洗胃。昏迷病人出现频繁呕吐时，救护者要将他的头放低，使其口偏向一侧，以防止呕吐物阻塞呼吸道引起窒息。病人呼吸、心跳停止时，应立即实施长时间的心肺复苏法抢救，待生命体征稳定后，再送医院治疗。注意，就医时，病人或周围人应尽可能向医务人员提供引起中毒的农药的名称、剂型、浓度等。

注意，在农药生产车间等人员聚集的地方发生毒气中毒事故，救助者应戴好防毒面具后才能够进入现场。即便抢救人，救助者也必须屏住呼吸冲进现场，快速把病人抱出来。施洒农药时，人应站在上风头进行。

118. 烧伤应该如何进行现场急救？

现场急救的任务是尽快使病人离开烧伤现场，脱离致伤源，减轻病人的损伤程度，做好送院前的急救工作。

（1）火焰烧伤时，病人应立即卧倒在地，慢慢打滚灭火，或迅速脱去着火的衣服，或跳入附近的水源中，切忌站立、喊叫、奔跑、用手扑打火焰，以免助火燃烧，加重烧伤（包括呼吸道烧伤、双手烧伤）。抢救者应立即用大量清水、毯子、大衣、棉被等压覆火焰。如果室内着火时，被困人员应立即伏地，闭住呼吸，爬至室外。

（2）热水、热液烧伤或酸碱等腐蚀性化学烧伤时，病人应立即脱去衣服，将伤处放入清洁冷水中，或不脱去衣服直接放入清洁冷水中，放入清洁冷水中的时间至少 30 分钟，重度以上烧伤病人不宜使用。

（3）电烧伤时，应立即切断电源。有呼吸、心跳骤停者，应立即对其就地进行人工呼吸、胸外心脏按压抢救。

烧伤病人经上述处理后，应通畅呼吸道，用清洁布巾、布单包扎创面，然后送到适当医疗单位就诊。注意：可适当给病人口服含盐饮料，切忌无原则满足病人饮大量白开水、糖水的要求；如有条件应静脉输入电解质液，氧气吸入。如烧伤病人合并有危及生命的创伤，应及时处理：肢体大出血者应用止血带止血，头部及躯干出血者应压迫止血，开放性气胸者应进行填塞包扎，骨折应做暂时固定，窒息者应进行气管切开。

119. 药物过敏怎样救治？

少数人因为体质特殊，与某种药物接触后会产生过敏反应。几乎所有的药物，如抗生素、磺胺类药、止痛片、安乃近、眠尔通、丙种球蛋白和某些中草药等，给过敏体质的人服用都会发生过敏反应。

药物过敏反应轻者表现为药物性皮炎、发热、哮喘、白血球和血小板减少、再生障碍性贫血；重者休克，甚至会急剧休克而死亡。例如青霉素过敏性休克有 2/3 发生于用药后 5 分钟内，所以青霉素不宜在家使用。

为预防药物过敏反应，应该提倡合理用药。一旦发生过敏反应，要立即停用该药，并马上选用苯海拉明、安其敏、非那根、扑尔敏等药物。如果病人突然感到胸闷、憋气、面色苍白、出冷汗、手足冰冷、血压下降，这就是过敏性休克，要立即让病人平躺，松解衣扣，头偏向一侧，保持呼吸道通畅，并迅速请医生抢救。

120. 如何抢救触电伤者？

电是现代生活中不可或缺的能源，人们在享受电带来的种种便利时，如使用不当或稍有不慎就可能发生触电事故。触电对人的伤害主要是电灼伤和电击伤。其中，电灼伤主要是局部的热、光效应，轻者只见皮肤灼伤，重者可伤及肌肉、骨骼，电流入口处的组织会出现黑色炭化。而电击伤则是指由于强大的电流直接接触人体并通过人体的组织伤及器官使它们的功能发生障碍而造成的人身伤亡。不论是电灼伤还是电击伤，其造成的损失程度一般都与伤者触电时电流强弱、电压高低、电流接触时间长短以及电流经过人体途径和是否有绝缘保护（穿胶底鞋、站在干燥的木板）有关。我们该如何抢救触电伤者？

（1）发生触电时，最重要的抢救措施是先迅速切断电源，然后再抢救伤者。切断电源拨开电线时，救助者应穿上胶鞋或站在干木板凳子上，戴上塑胶手套，用干的木棍等不导电的物体挑开电线。

（2）症状较轻者，即神智清醒，呼吸心跳均自主者可就地平卧，严密观察，暂时不要站立或走动，防止继发休克或心衰。

（3）症状严重者，如呼吸或者心搏停止者，应立即做人工呼吸和胸外心脏按压，且不得中途停止，一直要等到急救医务人员到达，由他们采取进一步的急救措施。

（4）处理电击伤时，应注意有无其他损伤。如触电后弹离电源或自高空跌下，常并发颅脑外伤、血气胸、内脏破裂、四肢和骨盆骨折等。

（5）现场抢救中，不要随意移动伤员。移动伤员或将其送医院，除应使伤员平躺在担架上并在背部垫以平硬阔木板外，应继续抢救，心跳呼吸停止者要继续人工呼吸和胸外心脏按压，在医院医务人员未接替前救治不能中止。

（6）如果触电者有皮肤灼伤，可用净水冲洗拭干，再用纱布或手帕等包扎好，以防感染。

121. 鱼刺卡喉了怎么办?

如果吃鱼时不小心被鱼刺卡喉了，人们想到的最常用的办法就是吞饭团和喝醋，其实这样做是很危险的。

吃饭团或吞馒头，目的是让食物将鱼刺带入食管，但是当强行吞咽后，鱼刺随食管肌肉的收缩可能刺破食管而造成食管瘘并且引发周围脓肿。如果鱼刺刺破气管，还可以引起食管气管瘘。如果鱼刺向后刺破主动脉，可能引起大出血而导致死亡。

民间喝醋的根据是"软化骨刺"。但是即使把鱼刺放在醋内，也不是马上就可以把鱼刺骨软化的，相反，醋的酸度可以刺激并灼伤食管的黏膜，使受伤的部位扩大和加深。如果人们喝醋时不小心呛到了气管，还可能造成声带化学性灼伤，气管水肿，并发生呼吸困难的危险。

因此，一旦不小心被鱼刺和其他异物卡住，要立即将口腔内的食物吐净，再用力咳嗽，或者用冷开水反复漱口，以便将异物吐出。可以张嘴让别人看看，如果看得见，就让人直接用筷子或者镊子夹出来。此外，橙皮富含的维生素 C 可以软化鱼刺，鱼刺梗喉时，可以剥取小块橙皮，含着慢慢咽下去化解鱼骨。也可以用维生素 C 片代替橙皮。还有一种民间的土方法可以采用，那就是饮鸭涎水，取活鸭子 1 只，捉住鸭脚让它倒立并鸣叫，流出的口涎用干净杯碗接住，慢慢喝下滋润喉咙，细小鱼刺很快便会融化。

吃鱼时最好不要说话，鱼肉也不能和其他食物一起吞咽。卡了鱼刺，如果以上方法都还不行，就得立即去医院就诊，避免出现鱼刺划破食管大出血而危及生命。

122. 中暑应该如何急救?

中暑是由于人体长时间被烈日暴晒或处在高温环境下，而出现的头痛、恶心、头晕、意识丧失等一系列症状。中暑的急救处理可采取以下措施：（1）立即将病人转移到阴凉通风处，松开其腰带，解开其颈部的衣领扣或者脱去外面的衣服。（2）给患者服用冷盐开水、绿豆汤等，或口服葡萄糖盐水。（3）口服十滴水、仁丹等防治中暑的药品。（4）高热者应迅速冷水喷淋，也可用风扇向其吹风。在头部、心前区，也可放冷毛巾降温。（4）可用手指掐取中暑者人中、百会、合谷等穴。（6）对中暑引起呼吸停止者，要立即进行现场人工呼吸，并应迅速送往医院抢救。

123. 被蜂蛰了怎么办？

被蜂蛰伤是常见的事，一般来说会蛰人的蜂主要是黄蜂和蜜蜂两种，其反应也不尽相同。被黄蜂蛰伤，蛰伤局部会立即出现红、肿、痛，伤者可出现呼吸困难，有的甚至出现昏睡、昏迷。蜜蜂的毒刺毒性较小，但毒刺中含有蚁酸和神经毒素，故被蜂蜜伤后，刺伤部位有一些痒痛、微红，局部和全身反应都较轻。

被蜂蛰伤后可按如下方法处理：

（1）仔细检查伤处，若皮内留有毒刺，应先将它拔除。

（2）被蜜蜂蛰和被黄蜂蛰的处理方法是截然不同的。因蜜蜂毒液是酸性的，故可选用肥皂水或 3% 氨水、5% 碳酸氢纳液、食盐水等洗敷伤口，简而言之就是用碱性处理。而被黄蜂蛰伤，就酸性处理，如用 1% 稀盐酸或食醋洗敷，也可将鲜马齿苋洗净挤汁涂于伤口。我们在野外经常碰到的是黄蜂，所以要记住酸性处理。

（3）若有南通蛇药（季德肚蛇药），可特药片用温水溶化后涂于伤口周围，也可内服，一日 3~4 次，每次 5~6 片；或用紫金锭或六神丸等药研末湿敷患处，有解毒、止痛、消肿之功效。

（4）除了以上方法，对于症状较轻的蛰伤，也可选用以下方法：

①大蒜或生姜捣烂或取汁涂敷患处。

②将鲜茄子切开，涂擦患处；或加白糖适量，一并捣碎涂敷。

③鲜紫花地丁、半边莲、蒲公英、野菊花、韭菜等一同或单种捣烂敷患处。

（5）若有过敏反应，轻者可日服息斯敏 1 片，每日 1 次；或扑永敏 4 毫克，每日 3 次。出现红肿明显不退，出现呼吸困难、憋气、或昏睡等症状严重者应尽快送医院救治。

124. 意外割伤怎么处理？

如遇到意外割伤，应该及时止血、包扎。具体步骤如下：

（1）先用碘酒后用酒精消毒，沿着伤口的边缘由里向外擦，不要把碘酒、酒精涂入伤口内。伤口内如有异物，要慎重处理，大而易取的，可取出；深而小不易取出的不要勉强取，以免把细菌带入伤口或增加出血。

（2）小伤口可以在其浅表涂一点红汞（红药水）或紫药水，较大伤口则不宜涂上述药水，以免给下步处理增加困难。伤口上用消毒纱布或敷料覆盖，并用绷带（或三角巾）包扎。遇有肠或组织膨出时，应用干净饭碗，纱布圈套扣住膨出物再包扎，以防挤压损伤组织。

（3）在处理较大的创伤伤口时，必须进行详细检查，不能只顾伤口表面而忽略内在损伤。头部伤口合并颅脑外伤者，伤员一般都有神志异常，两侧瞳孔不一般大；胸部伤口合并有脑膜、肺腔损伤时，伤员一般都有呼吸困难；腹部伤口合并脏器损伤时，伤员一般都有腹肌紧张、腹痛等表现；肢体伤口合并骨折时，会有肢体活动障碍，骨异常活动等现象。

较浅的伤口完成清洁与消毒后用干净纱布包扎起来直至伤口顺利结痂时就可以了，如果伤口较大较深要去医院缝合或进行进一步处理，如打破伤风疫苗。

125. 寒冷天气冻伤了怎么办？

凡人体受寒冷侵袭，引起局部血脉凝滞、皮肤肌肉损伤的疾患，均称为冻伤，此病多发于手、足、耳、鼻及面部等暴露部位，在初冬和天气骤变时发病率较高，尤其在潮湿刮风的情况下更易发生。

冻伤可分为三种：轻度冻伤，受冻部位开始麻木、发凉，继而红肿充血，发痒，热痛；中度冻伤，受冻皮肤红肿明显，表面有大小不等的水泡，疼痛较重，甚至感觉迟钝，对冷、热、针刺不敏感；重度冻伤，深达皮下组织，甚至累及肌肉和骨骼，受冻部位颜色苍白，并出现紫褐色或黑褐色坏死状态，局部感觉也完全消失，极易并发感染。全身性严重冻伤常常会出现寒战、四肢发凉、苍白或发紫，进而感觉麻木，反应迟钝；神志模糊甚至昏迷休克严重者可致死。

处理冻伤，首先使病人迅速脱离寒冷处，送到温暖的室内，脱去潮湿的衣服鞋袜，并保持室温在20℃～25℃左右。冻伤部位切忌用火烤，可置于温水中逐渐复温。对全身严重冻伤者，必要时可行人工呼吸，增强心脏功能，抗休克。对冻疮除复温、按摩外，可用酒精涂擦，或用5%樟脑酒精、各种冻疮膏涂抹，有一定疗效。中度冻疮如有水疱，可用消毒针穿刺抽出液体，再涂抹冻疮膏。严重冻伤则须在保暖的条件下抢救治疗。

冻伤的预防要做到普及预防冻伤知识，改善必要的防寒设备；增强体质，加强耐寒锻炼，寒冷作业时勤活动；对手、耳、鼻等暴露部分予以保护。鞋袜不要过紧，并注意保持干燥潮湿后及时更换，所穿的衣服应该温暖，而且松紧适宜。

126. 不同眼外伤急救有区别吗？

眼外伤是眼科常见急症，当不幸发生眼外伤时，伤者往往惊慌失措，手忙脚乱，这非常不利于救治。眼科专家指出，对眼外伤的正确处理关系到能否保存眼球和恢复部分视功能，若处理不当可留下终生残疾。初步急救须迅速准确，而且要依不同伤害，做不同的处理。事实上，人们在眼睛受伤后的一些下意识举动往往是错误的，反而会加重病情。以下是几类眼外伤的初步急救原则：

化学物灼伤，应立即用生理盐水或自来水冲洗眼睛，用手指将眼皮撑开，愈大愈好。甚至可将头部放在水龙头下，让水直接冲洗眼睛，至少持续 15 分钟，同时尽可能转动眼球。冲洗后立刻送医院救治。

眼内有异物粒时，绝不可揉擦眼睛。可将上眼皮向前举高并往下拉，拉过下眼皮，而让眼睫毛刷出上眼皮内之微粒；闭眼或眨眼几次，让微粒随眼泪流出；也可使用生理盐水或冷开水冲洗或用消毒的棉签浸生理盐水轻轻地搽去异物，然后点抗生素眼药水。若微粒仍然存在，要闭住眼睛，尽快送医院眼科由医师处理。

眼睛撞伤，应立即给予冰敷，大约 15 分钟，可减少疼痛及肿胀。若眼眶变黑或视力模糊，可能是眼球内出血或其他伤害，须立刻送医院请眼科医师检查治疗。

眼睛切割伤，应以纱布将眼部轻轻包扎。不可尝试拿掉粘在眼睛或眼皮之内的任何物体，并避免碰压眼球或揉擦眼球，然后立刻送医院。

127. 突发哮喘怎么处理？

哮喘是一种最常见的慢性病，患者对刺激因子（刺激性气味、烟、灰尘、动物皮屑等）产生异常敏感和强烈的反应，这些反应可使气道黏膜肿胀并产生黏液，使围绕气道的肌肉收缩而导致气道变窄、阻塞，导致出现喘息、呼吸困难、胸闷、咳嗽、肺部喘鸣音等临床症状。

一般情况下，支气管哮喘所致的气道阻塞经过有效的治疗后症状可得到控制和缓解，甚至可以康复如正常人。但是，患者一旦得不到及时、有效的治疗，症状就会越发严重，甚至导致死亡。哮喘致死的原因分为两种类型：一是缓发持续型，多死于呼吸衰竭或各种并发症；二是突发急性型，多死于呼吸衰竭和窒息，这类患者发生严重的气道阻塞，随即出现昏迷，从发作到死亡约 0.5～3 小时。

哮喘的发作一般有先兆症状。先兆症状出现至哮喘发作间隔长短不一，可数秒或数分，表现为鼻痒、咽痒、眼痒、流涕、喷嚏及胸闷等表现。如在先兆症状出现时即刻给予吸入性预防治疗，有可能阻止哮喘的发作。一旦哮喘发作严重，必须迅速去医院，去医院之前可自行用 β - 2 受体兴奋剂吸入（如舒喘灵气雾剂类），或口服茶碱类（氨茶碱）、皮质激素（强的松）等药物。但要注意控制药量（遵照药物使用说明或医嘱），以免出现药物中毒。

哮喘患者的家人，在患者严重发作时应该迅速将药物及吸入装置为患者准备好，并帮助患者应用快速缓解症状的药物；让患者坐起来，身体微向前倾，靠在手肘或手臂上，呼吸大量的新鲜空气。打电话叫医生来或将患者送往最近的医院急诊室去。

128. 突发心脏病应如何处理？

首先要了解心脏病发作的一般症状，它们包括：胸前压迫样疼痛，并可能放射到双臂颈及下颌；心跳不规则、呼吸困难；焦虑恐惧；眩晕；恶心呕吐；大汗；口唇、甲床苍白或紫绀；皮肤苍白、青紫；意识丧失等。确认是心脏病发作，应立即拨打急救电话。同时，进行急救措施，如检查呼吸道和持续监测其呼吸及脉搏。如果患者没有呼吸脉搏及心跳，应开始心肺复苏。同时应保持患者镇静、舒适，解开颈、胸、腰部比较紧的衣服。如果患者神志丧失，应将其摆成恢复性体位，即支撑患者的头部并使其处于腹卧位，将靠近急救者这一侧的上臂及膝关节屈曲，轻轻地将头部后仰以保证呼吸道的通畅。保持患者温暖，必要时可用毛毯或衣物盖住其身体。用凉的湿毛巾敷在其前额上。切记不要摇晃病人或试图用冰水泼醒病人，也不要让他进食及喝水。

心脏病患者独自一人时，若突然感到剧痛由胸部传到肩膀，再往上到下巴，就要马上采取自救措施。因为当心脏开始不正常地跳动并感到疼痛后 10 秒钟左右就会失去知觉。此时应该马上服用硝酸甘油等急救药物。此外，患者还可以用咳嗽来救命，要很用力很深、不停连续地咳嗽，每两秒咳一次，咳以前要深呼吸，这样心脏就会慢慢地恢复正常，因为深呼吸会带氧气进入肺部，咳嗽可以挤动心脏而带动血液的循环，这种挤压心脏的动作可以带动心跳的频率，在病情初步稳定后应马上前往医院就诊。

129. 中风应如何家庭急救？

医学上将中风分为缺血性中风和出血性中风两大类，缺血性中风多为脑血栓形成和脑栓塞，出血性中风就是人们常说的脑溢血。脑中风发病急骤，病情凶险，如果救治不及时或是救治措施错误，都会导致抢救失败。抢救时要注意以下几点：

发现病人突然发病后应保持镇静，切勿为了弄醒病人而大声叫喊或猛

烈摇动昏迷者，要让病人平卧在床上或合适的长板凳上。正确的方法是
2～3人同时抬，一人托住病人头部和肩背部，使头部不要受到震动，另一
人托住病人的背部及臀部，如果还有一人则要托住病人腿部。搬运时千万
不要把病人扶起，同时要保护好瘫痪肢体。

把病人放在床上后，应将其头部略垫高并稍向后仰，如出现呕吐现
象，头部应偏向一侧，以免呕吐物呛入气管内。同时解开病人衣领，如有
假牙应取出。如果患者处于昏睡状态，可用干净手帕将其舌头包住拉向前
方，保持良好的通气。如果病人气急、痰声重，可用塑料管或麦管插入患
者的口咽部吸出分泌物。床边要有人陪护，以防病人从床上摔下。让病人
平卧后，尽快拨打120。在尚未明确诊断是出血性中风或缺血性中风时，
不要急于用药，因为两者用药是完全不同的。

在采取上述措施后，如果病人病情相对平稳（如呼吸正常、呕吐减少
等），可转送医院进一步抢救治疗，应将患者送往就近的医院，以免路途
颠簸震动过久加重病情，送医时要用担架卧式搬抬病人，在整个搬运过程
中动作要轻柔稳当。对昏迷较深、呼吸不规则的危重病人，尽快拨打120
请救护人员进行抢救，待病情稳定后再送往医院。

130. 脱臼应如何紧急处理？

一块骨头从它的关节处脱位称脱臼，通常是肩关节、大腿髋关节、肘
关节以及指关节。脱臼时关节外形改变，疼痛无比、肿胀并且立刻变得不
能运动。

这时，必须固定关节或者让关节用带子吊起。在肘关节或者膝关节脱
臼时可空悬，而髋关节和肩关节脱臼时应固定，避免运动。并立即送往附
近医院。

不要试图自己给受伤者恢复关节位置。因为即使是医生，这也是一件
棘手的工作。稍不注意就有可能使骨骼进一步损害，破坏关节周围围的神
经、血管等。

131. 癫痫发作应该如何处理？

癫痫是一种不定期反复发作的大脑功能失常，患者发病的时候会突然
发作倒地，意识丧失，全身抽搐，口吐白沫，两眼上翻，十分吓人。如果
不能采取有效急救措施，很可能还会危及生命。由于病人多在家里犯病，
家属应该掌握对这种病的急救常识。

癫痫发作时，迅速让病人仰卧，不要垫枕头，把缠有纱布的压舌板
（或牙刷把）垫在上下牙齿间，以防病人自己咬伤舌头。随即松开衣领，

将病人头偏向一侧，使口腔分泌物自行流出，防止口水误入气道，引起吸入性肺炎。同时，还要把病人下颌托起，防止因窝脖使舌头堵塞气管。发作时不要强行喂水或强行按压肢体，应刺激或点压人中、合谷、足三里、涌泉等穴位。如癫痫连续发作，要将病人送到医院继续抢救。

癫痫病人在平时要按医嘱用药，不要自行减药、停药或换药。那样会引起癫痫连续发作。抗癫痫药对癫痫有刺激作用，要在饭后服用。服药期间注意口腔卫生，经常刷牙。癫痫病人在日常生活中要避免情绪激动和劳累，不要登高、骑车、游泳，不宜在机器旁工作，以免癫痫病发作时发生意外。病人如有假牙，应在每日睡觉前摘下。癫痫病人睡单人床时，要在床边增加床档，以防发病时坠床跌伤。

132. 骨折了怎么办？

骨折有开放式和封闭式两种。如果骨头从折断处穿破皮肤露在外面就称为开放式。受伤者可能听到骨骼折断声或者感觉到骨头摩擦。受伤部位非常痛、肿胀、变形以及运动异常等。

假如受伤者没有呼吸，首先就应进行人工呼吸，并将受伤部位的衣服脱掉，保持受伤部位不动，要予止血，并固定受伤部位。如果是颈部或背部受伤或者患者失去知觉，不要移动受伤者，应立即叫医生。

不要冲洗受伤处或者用药敷在伤口，也不要试图自己将断骨接上。环境许可，则不要移动病人。尤其是颈部或背部受伤，稍一不当就有可能使病人昏迷以至死亡。

133. 遇到火灾应该怎么自救？

天有不测风云，万一遇到了火灾，掌握火场自救逃生非常重要。在火场的逃生与自救，应注意五个方面的问题。

一是要熟悉所处的环境。养成留心身边安全情况的习惯，事先进行必要的逃生与自救训练。

二是准备一条湿毛巾。发生火灾事故时多数死者是被燃烧的烟雾毒气熏死。烟雾毒气会使眼睛受到强烈刺激，无法辨别方向，呼吸困难，思维迟钝，四肢无力，失去行动能力。遇到火灾首先要准备一条湿毛巾捂住口鼻。毛巾的层数越多，隔烟的效果越好。使用毛巾捂口鼻时，一定要捂严，千万不要把毛巾拿开。一旦拿开，就有可能导致烟雾中毒。

三是火场自救自护。被火灾包围时，一定要沉着冷静，在打开门窗之前，必须先摸摸门窗是否发热，如果不发热，就选择一条切实可行的逃生路线，迅速用毛巾捂住口鼻冲出去。如被困房间内，应用布等物品堵住房间的门缝，并浇上水减少烟雾的进入或躲进没有燃烧物的卫生间，呼救并等待救援人员。在火场的疏散逃生中要相互帮助，避免混乱，减少人员伤亡。

四是利用避难间躲避火灾。在设有避难间的建筑内，发生火灾时可利用避难间躲避逃生。如在没有避难间的建筑内发生火灾，受困时可创造临时避难间。如所在房间烟雾不大，可关闭所有的门窗，洒水降温，利用通信工具与外界联系或用喊、挥动衣物等方式，取得与外面的救援。

五是等待并配合消防队救援。受困时一定要坚持住，不能遇到火险就跳楼。

常 识 篇

134. 腰痛腰酸就是腰子有病吗？

人们常误认为腰痛腰酸就是腰子有问题，而胡乱使用滋阴壮阳的药品。其实腰痛腰酸不一定就是肾脏有问题。腰痛是指腰部一侧或两侧疼痛。腰酸是指腰部有酸楚感。一般腰痛时常会觉得腰酸，腰酸时不一定会有腰痛。而患有内、外、妇、骨各科疾病，都可能会出现腰痛、腰酸。

一般腰痛腰酸可能是由以下四大类疾病引起的：第一类为脊柱病，如类风湿性脊柱炎、肥大性脊柱炎、结核性或化脓性脊柱炎等；第二类为脊柱旁软组织的病患，如腰肌劳损、纤维组织炎等；第三类为脊神经根受刺激导致的腰背疼痛，如脊髓压迫症等；第四类为内脏疾病，如肾脏病、胆石症、胆囊炎、子宫后倾后屈、慢性附件炎、慢性前列腺炎等疾病都可能引发腰酸腰痛。如果是以腰骶部酸痛为主，则多是由男女性生活过于频繁、盆腔充血过重，或生殖系统炎症引起的。

如果出现腰痛腰酸的症状，可以到医院进行诊断。腰痛腰酸是一个自觉症状，根据病人主诉，诊断较为简单。一般原发病痊愈后，腰痛也会好转或是消失。因此不要自行购买"补肾"产品，有的补肾药物热性较大，反而会导致盆腔充血水肿，使症状加重。

日常生活中可以养成一些良好的习惯预防治愈腰痛腰酸：（1）应避免在湿地上直接坐或是躺卧，如果淋了雨或是劳累出了汗应及时更换衣服并擦拭身体，同时服用生姜红糖茶，驱散风寒或寒湿。（2）暑季湿热时，应避免在室外睡觉，不要贪凉喜水。（3）如果发生急性腰痛，应及时治疗，适当休息。慢性腰痛除药物治疗外，应使腰部不受损伤，平时注意腰部保暖。（4）腰痛者可以平时适量活动腰部，不抬重物，勤于洗澡，饮食后不要立刻平卧以及定时解大便等。

135. 乙肝传播途径有哪些？

中国乙肝感染人数约有1亿，对乙肝医学常识的了解对于日常生活中预防乙肝具有积极的意义。乙型肝炎是由乙型肝炎病毒（又称HBV）引起的，HBV存在于乙肝病人的血液、汗液、唾液、月经、乳汁及泪液等分泌物中。乙肝具有很强的传染性，一旦人们与乙肝急性期和慢性肝炎急性发作期时病人的上述体液及分泌物接触后，HBV进入血液中即可传染上乙型肝炎。

乙型肝炎进入血液的传播途径包括：

（1）母婴垂直传播：垂直传播是我国乙型肝炎蔓延和高发的主要原因。母婴传播主要是通过产道感染或宫内感染。

（2）血液或血制品传播：被HBV污染的血制品如白蛋白、血小板或血液输给受血者，一般会发生输血后肝炎，另外血液透析、肾透析时也会感染HBV。

（3）医源性传播：被HBV污染的医疗器械（如手术刀、牙钻、内窥镜、腹腔镜等）都可传播HBV。

（4）生活上的密切接触：主要指性接触、日常生活密切接触（如同用一个牙刷、毛巾、茶杯和碗筷），都有受HBV感染的可能。

（5）公共场所、理发店、浴池等容易被HBV污染，如浴池、剃刀等都可传染HBV。

乙肝大三阳和小三阳是乙肝病毒携带者，可以同正常人一样学习工作和生活，不需要进行药物治疗，但必须进行合理调养，注意与别人接触防传播。乙肝患者应调整心态，到正规医院治疗，合理正确用药，保持乐观的心态，饮食有节，戒烟戒酒，积极配合医生进行治疗。目前预防乙肝最有效的方式是注射乙肝疫苗，疫苗产生的抗体每隔三年需要补一加强针。一般婴幼儿和无抗体的成人是易感人群，易感人群应及时去医院去打预防针。

136. 吃野生动物有害健康吗？

有些人认为野生动物肉质鲜美，对人体还有独特的滋补和食疗作用。但是科学研究证明，野生动物的营养元素和家畜家禽并没有区别。相反多种野生动物（如鸟类、兔形目类、蹄类）与人的共患性疾病有100多种，如炭疽、狂犬病、结核、鼠疫、甲肝等。如果人接触到野生动物的血液、体液就可能感染生病，至今狂犬病还是不治之症。此外野生动物体内含有各种病毒，携带有各种寄生虫，人吃野生动物会得出血热、鹦鹉热、兔热病等疾病，这些病因少见，难以诊断治疗，有时甚至可能因此而丧命。同时由于环境污染，许多野生动物深受其害。有些有毒物质通过食物链的作用在野生动物身上累积增加，人食用这种野生动物无疑会对自身健康形成危害。野生动物带有的各种病菌和寄生虫往往寄生在动物的内脏、血液甚至肌肉中，有些即使在高温下也不能被杀死或清除。很多人因吃野味而得各种寄生虫病，如脑囊虫、肺吸虫、血吸虫、肠道寄生虫等病。在众多野味中，人们食用最多的是蛇，并常喝蛇血和蛇胆酒，但是蛇体内的毒素很多，如神经毒会导致四肢麻痹，血液毒能使人出血不止。此外因为蛇的食物多样，体内的寄生虫也不一样，尤其是一些老蛇的抵抗力差，个体又大，蛇肉之间的寄生虫更是一团一团的。甲鱼除了有许多与蛇相同的寄生虫外，还有一种别的动物身上没有的寄生虫——水蛭。这种寄生虫将卵产在甲鱼体内，如果人们生食甲鱼的血或胆汁就很容易连同这些虫卵一起带进体内，造成中毒或严重贫血。因此为了保护生态，也为了人类自身的健康，不要滥吃野生动物。

137. 多吃盐对身体有害吗？

人体离不开盐，但吃盐过多也对身体不利。吃盐过多的最大危害就是会导致高血压。这是因为，食盐的主要成分是氯化钠，被人体过多摄入后，钠离子会使细胞储存过多水分而不能及时排出体外，导致血容量大幅增加，增大心脏负荷，心脏跳动频率和力度由此加大，从而增加血液对外周血管的压力，使血压升高。

过多氯化钠还会使机体发生一系列复杂的生理生化改变，直接造成血管收缩、痉挛，导致高血压。吃盐过多还有其他危害，如损伤胃黏膜，增加患胃炎甚至胃癌的几率；增加支气管平滑肌反应性，可使哮喘复发、加重；造成机体中的钙过多流失，易发生骨质疏松甚至骨折；减少唾液分泌，抑制口腔和咽喉部上皮细胞防御细菌、病毒侵袭的能力，较容易感冒；还能抑制机体对锌元素的吸收与利用。

那么，每天究竟摄入多少盐合适？世界卫生组织的研究人员提出了6克的上限，每天4克至6克的食盐摄入量是健康的饮食之道。

少吃盐的办法：一是多采用保持食物原味的烹调方法，如蒸、炖等烹调方法，有助于保持食物的原味；二是利用蔬菜的自然风味，如利用青椒、番茄、洋葱等和味道清淡的食物一起烹调；三是利用油香味、酸味、糖醋味、辛香调料味，减少盐用量；四是多吃新鲜蔬果补钾，钾有利尿作用，能够帮助钠排泄，维持钠和钾的平衡。

138. 过夜的剩饭剩菜能吃吗?

勤俭精神固然可贵，但是过夜的剩菜还是不吃为宜。这是因为热过的食物通常有部分维生素流失，而且加热温度越高和次数越多，流失的维生素也就越多。长期吃剩菜很容易造成营养不良。此外，相关研究发现，剩饭重新加热以后再吃难以消化，时间长了还可能引起胃病。

我们常吃的米饭中所含的主要成分是淀粉，淀粉经口腔内的唾液淀粉酶水解成糊精及麦芽糖。经胃进入小肠后，被分解为葡萄糖，再由肠黏膜吸收。淀粉在加热到60℃以上时会逐渐膨胀，最终变成糊状，这个过程称为"糊化"。人体内的消化酶比较容易将这种糊化的淀粉分子水解。而糊化的淀粉冷却后，会产生"老化"现象。老化的淀粉分子若重新加热，即使温度很高，也不可能恢复到糊化时的分子结构。人体对这种老化淀粉的水解和消化能力就会大大降低。所以，长期食用这种重新加热的剩饭，容易发生消化不良甚至导致胃病。凡消化功能减退的老人，婴幼儿或体弱多病者以及患有胃肠疾病的人，最好不吃或少吃变冷后重新加热的米饭。

另外，含淀粉的食品最容易被葡萄球菌污染，这类食品又最适合葡萄球菌生长、繁殖，因此，吃剩饭易引起食物中毒。轻者出现恶心、呕吐、腹痛、腹泻；重者会剧烈腹泻、脱水，因此休克的现象也曾发生过。

那么，我们应该如何对待剩饭呢？首先将剩饭松散开，放在通风、阴凉的地方，待温度降至室温时，放入冰箱冷藏。剩饭的保存时间以不隔餐为宜，"早剩午吃，午剩晚吃"，尽量将时间缩短在5~6小时以内。还有，经国外科学家研究低温加热食物会使食物内微生物增加，因此加热食物也必须得达到一定温度才行，一般在100℃下加热30分钟即可。

139. 人为什么会春困秋乏呢?

俗话说："春困秋乏夏打盹，睡不醒的冬三月。"那么，人为什么会春困秋乏呢?

春困其实是人体生理机能随着自然界气候变化而产生的一种生理现象。进入春天，告别了寒冬腊月，随着气温升高，人体皮肤的毛细血管和毛孔明显舒展张大，皮肤的血液循环旺盛起来，血液供应量比冬天明显增多，从而流入大脑的血液就要比冬天少，大脑的氧气供应量也随之减少，导致了脑神经细胞兴奋程度的降低，人体一时还适应不了这样的气候变化，于是便出现了无精打采、昏昏欲睡、软绵绵的春困现象。

进入秋天，秋高气爽，气温冷暖适中。与夏天天气炎热带来了一系列生理变化相比，秋天时节，人体出汗减少，身体热量的产生和散发以及水盐代谢也恢复了日常的平衡，消化功能恢复常态，心血管负担得到减轻，人体能量的代谢达到基本稳定的程度，人体进入了一个周期性的休息整顿的阶段。而且自秋分以后，昼夜平均，秋季的夜间，人睡得又深又甜，以至于早上醒后仍然会感到困乏，还想继续睡下去，这就是所谓的秋乏。秋乏可以说是对夏天带给人体超常消耗补偿的保护性反应，又是对人体在秋季这个宜人舒适的气候环境中得以恢复的保护性措施，也可以说是肌体内外环境达到新的平衡的过渡现象。

春困秋乏是生理和生活所需要的，是一种正常的生理现象。

140. 献血有什么要求吗？

对于不适合献血的人群，卫生部制定的《献血者健康检查标准》有明确规定。比如，以下情况便不适合献血：男性体重50千克以下，女性体重45千克以下者；贫血，有血液疾病者；患有眼底有变化的深度近视者、角膜炎等眼科疾病者；半月内拔牙或其他小手术者；较大手术后未满半年者，阑尾切除、疝修补术、扁桃体手术未满三月者；女性经期前后三天，妊娠期、流产后未满六个月，分娩及哺乳期未满一年者；感冒、急性胃肠炎病愈未满一周者，急性泌尿道感染病愈未满一月者，肺炎病愈未满三个月者；某些传染病如痢疾病愈未满半年者，伤寒病愈未满一年者，布氏杆菌病愈未满二年者，疟疾病愈未满三年者；肝炎病患者，乙肝、丙肝携带者；各种结核病、心血管疾病、呼吸系统疾病患者；近五年内输注全血及血液成分者；皮肤局限性炎症愈合后未满一周者，广泛性炎症愈合后未满两周者；过敏性疾病及反复发作过敏患者，如经常性荨麻疹、支气管哮喘、药物过敏（单纯性荨麻疹不在急性发作期间可献血）；最后一次注射狂犬疫苗四周内，被狂犬咬伤注射狂犬疫苗1年内的人⋯⋯具体的要求可以参照《献血者健康检查标准》。

141. 为什么不能一痛就吃止痛药呢？

最近研究发现，21种非甾体类抗炎镇痛药会引起胃肠道出血、心血管疾病，其中包括常用的芬必得等。非甾体抗炎药具有抗炎、镇痛效果，现在被广泛应用于风湿性疾病、炎性疾病、疼痛、软组织疾病和运动损伤的治疗，还用于心血管疾病及肿瘤的预防等方面。

止痛药必须在已明确病因并且无禁忌症下方可服用。否则容易隐盖病情引起危险。长期反复使用同一种止痛药物，会产生耐药性，如果止痛效果不明显，应该及时改用其他止痛药物，而不是靠增加剂量来实现止痛的效果。在确保安全的前提下，药物剂量应由小到大，直到止痛。对中、重度疼痛，可以使用两种以上止痛药物，这样可以减少用量及并发症，增强止痛效果。需要长期用药的患者，应在医生指导下选择合适的药物。

服用非甾体抗炎药可能会引发下列的不良反应：损害肠胃，非甾体抗炎药中的水杨酸钠等物质会引起人体消化不良、黏膜糜烂、胃及十二指肠溃疡出血甚至穿孔；损害肾脏，非甾体抗炎药中的酮洛芬可致膜性肾病，吲哚美辛可致肾衰和水肿；损害肝脏，大多数非甾体抗炎药可导致肝损害，长期大剂量使用乙酰氨基酚可致严重肝脏损害，尤以肝坏死多见；服用非甾体抗炎药可使患者心血管疾病的发生率升高。因此，长期服用这类药物的患者，应注意监测心血管疾病的情况，一旦出现心悸、心绞痛、脑缺血等症状，要及时采取措施。人们也应合理使用止痛药，不能一有疼痛就吃止痛药。

142. "饭后一支烟，快活似神仙"，抽烟有什么不好吗？

抽烟有百害而无一利。吸烟导致多种疾病的产生。吸烟是引起肺癌的首要危险因素，病学研究证实，因肺癌死亡的患者中，87% 是由吸烟（包括被动吸烟）引起的。肺癌、喉癌、口咽和下咽癌、食管癌、胃癌、胰腺癌、肾癌、肝癌、膀胱癌、粒细胞白血病、口腔癌 11 种癌症的死亡率与吸烟显著相关。同时，吸烟是许多心脑血管疾病的主要原因之一。吸烟者高血压、冠心病、脑血管病及周围血管病的发病率均明显升高。吸烟者发生中风的危险性是不吸烟者的 2 ~ 3.5 倍，如果既吸烟又有高血压，中风的危险性就会升高近 20 倍。此外，吸烟易引起猝死，猝死的发生率还与每天吸烟数成正比。吸烟还会导致视力衰退以及意外损伤的增加。

吸烟对妇女的危害比男性更严重。吸烟可引起妇女的月经紊乱、雌激素低下、受孕困难、宫外孕、骨质疏松及更年期提前。孕妇吸烟，烟雾中的一氧化碳、尼古丁等有害物质进入胎儿血液，减少胎儿的血液及营养供应，影响胎儿的正常生长发育。另外，吸烟容易导致自然流产、胎膜早破、胎盘早剥、前置胎盘、早产及胎儿生长异常等发生率增加，使胎儿的死亡率上升。

饭后抽一支烟，比平时抽十支烟的中毒量还大，等同于慢性自杀。因为人体进食后，消化系统全面启动，消化、吸收等各种生理活动运动起来，消化道血液循环量增多，此时吸烟，烟中的有害成分大量进入人体，从而损害人体的各种器官。

143. 如何辨别真假药呢？

首先，看批准文号。标准的药品批文格式为：国药准字 + 1 位字母 + 8

位数字。不同的字母代表不同的药品类型：H 是指化学药品，Z 是指中药，B 是通过国家药监局整顿的保健药品，S 是生物制品，T 是外用化学诊断试剂，F 是药用辅料，J 则是进口分装药。批文中的第 1、2 位数字是各省区代码，第 3、4 位数字是换发批文的年份的后两位，第 5 ~ 8 位数字是顺序号。假药批文一般包括伪造药品批文和使用过期失效的药品批准文号。例如，西藏某药厂生产的"某丸"的批文为"国药准字 Z00035765"，只看前两位数字就可确定该批准文号是伪造的，因为 00 并不是西藏的代码。

其次，看药品的商品名和通用名。真的药品的商品名称不会比通用名称大一倍以上，通用名称与商品名称之间应有一定空隙，不会连在一起。

再次，看药品说明书标示的功能主治或适应症是否与国家规定的相符。假药往往声称包治百病，例如能使成人增高、能治疗癌症、能刺激性器官二次发育等。

有些生产企业为了促销，把部分药品附赠其他药品一并出售，并未取得独立的药品批准文号的赠品，实属假药。还有，如果药品包装盒或说明书不标明生产企业所在地、联系电话、邮编等，或者联系电话是私人手机号、空号等，又或者联系电话并不是生产企业所在地的，这些情况都非常可疑。

144. 家庭医药箱应该放什么药？

为了以防万一，家里最好有一个家庭医药箱。首先，应该根据家里人的健康状况来准备药物，尤其是家有老人和小孩，要特别注意准备他们用的药。如果有家人患有高血压、结核病、冠心病、癫痫病等疾病，治疗这些病的药就应该常备在药箱里，不能间断。其次，最好选择副作用较小的老药。因为老药用的人比较多，经过时间的验证，它的副作用已得到比较充分的暴露，所以一般说明书上都会明确说明用药的禁忌，人们比较容易发现和预防由于选药不对而造成的不好的反应。新药不适合家庭备用。另外，应该选择疗效稳定、用法简单的药物。尽量选择外用药、口服药，最好不要选择注射药物。

切记：家庭药箱一定不能放入家庭成员过敏的药物。还有，药箱中要放有常见病、多发病的用药，如治感冒的药（新康泰克、速效伤风胶囊、强力银翘片、小儿感冒灵等）；止咳化痰药：蛇胆川贝液、复方甘草片等）；抗过敏药（息斯敏、塞庚啶、扑尔敏、苯海拉明等）；咽喉肿痛及消暑药（银翘解毒丸、清凉喉片、藿香正气水等）；止泻药（易蒙停、止泻宁、思密达等）；胃痛药（复方颠茄片、硫糖铝、雷尼替丁、胃得安等）；退热止痛药（祛痛片、扑热息痛、正露丸）以及综合维生素。除此之外，家庭医箱还应该配备一些外用药品,如眼药水、清凉油、风油精、皮炎平软膏、红霉素软膏、绿药膏、正骨水、伤湿止痛膏等,以及体温计、碘酒、消毒纱布、胶布、创可贴、镊子、棉花棒等必备医药品。有小孩的家庭还应备几盒痱子粉。

145. 家庭如何储备常用药?

药品是特殊的物品,如果吃错了会出现危险,因此家中的药品保存要避光、密封、干燥。

药品要用原包装保存,这样便于识别种类、服用方法以及保质期。如果没有原包装也要用标签记好名称、药效、服用方法和保质期。

药品大多要避光保存,阳光直射会使药品药效挥发掉或变质,特别是维生素、抗生素类药物,遇光后都会使颜色加深,药效降低,甚至变成有害的有毒物质。尤其是用棕褐色、或深色包装瓶装的药就是为了避光保存药品不变质。

密封的目的就是隔离空气中的氧气和药品。因为氧气能将药品氧化变质。无论是内服药还是外用药,药品拿出来后要尽快吃,用完后把盖盖紧。

有些药品极易吸收空气中的水分,而且吸收水分后便开始缓慢分解成水杨酸和醋酸,产生浓烈的酸味,对胃的刺激性大大增加,另外温度对药物也会产生化学影响,改变药的药性。因此一定要把药放在干燥阴凉的地方。

家中的常备药要定期地检查看是否过期或变质失效。过期的药一定要扔掉,药片变色、松散、潮解、有斑点,胶囊有粘连、开裂,丸药有虫蛀、霉变,糖浆、膏滋类药发霉、发酵、药水浑浊沉淀,眼药水浑浊有絮状物等情况时,一定要扔掉再换成新的药。过期或变质的药不仅没有药性甚至变成"毒药"。

家庭备用药箱应保存在干燥通风阴凉的地方,家中有小孩的,应把药品放在小孩不能拿到的地方,以免误服。家庭备药除了一些需要长期服用的药外,储备的量不能太多,一般够几日的剂量就可以了,以免备量过多,用不完就浪费了。家庭用的消毒、灭蚊、灭蝇药,绝不可同家庭储备的药品混放,以免发生意外。

146. 亚健康是什么意思?

亚健康指非病非健康状态,是界乎健康与疾病之间的状态。如果不注意,亚健康有可能发展到严重性的疾病,而且亚健康状态本身就需要解决。饮食不合理，休息不够、睡眠不足，精神压力大等原因导致了亚健康的出现。据调查，亚健康人群中城市白领占了大多数。但不要以为城市里的脑力劳动者才会遭遇亚健康，体力劳动繁重的人也非常容易亚健康，尤其是生活压力大、饮食不规律、吸烟酗酒的人最容易亚健康。现在的农村，许多农民同样处于亚健康状态，主要是由不良生活习惯、嗜好以及卫生环境等所引起。由于农民对自己的亚健康状态缺乏意识，而且，亚健康现在还没有明确的医学指标来诊断，易被人们所忽视。因此，没有及时就医，最后非常容易发展成为较为严重的疾病。

如果你身体没有什么明显的病症，并不是万事大吉的，因为假如你长时间处于以下的一种或几种状态中，请注意，你的身体极有可能已经亚健康了：失眠、乏力、食欲不好、容易累、心悸、抵抗力差、脾气暴躁、容易发怒、经常感冒或口腔溃疡、便秘，等等。

要远离亚健康，人们应当保证合理的膳食和均衡的营养，肉食要彻底煮食才吃，红白肉搭配，多吃蔬菜水果，帮助改善体质，增强抵抗力；生活要有规律，注意休息，要保证充足的睡眠；而且要多多参加体育锻炼活动；保持积极、乐观的心理状态，开心每一天。

147. 吃素真的能长寿吗？

不少人认为，吃素有助于养生，能让人延年益寿，实际情况是这样的吗？

从实际来看，绝对吃素难以满足人体所需要的全部营养。吃素是指食用不含动物性食品的饮食行为。除了动物蛋白外，素食基本囊括了其他营养物质，所以吃素也能维持人体日常最基本的生命、生长、发育、繁衍与其他活动。但是蛋白质是构成人体的重要物质，不能缺乏。尽管植物中也有蛋白质，但因为植物中蛋白质含量较低，其中所含人体必需氨基酸的种类和量远不如动物蛋白好，在食用后难以被人体完全吸收，因此难以满足人体对蛋白质的要求标准。而动物性蛋白质中的氨基酸比例合适，营养价值要比植物性蛋白高，易被人体吸收利用。长期吃素的人，会存在营养不全的情况，不仅缺乏蛋白质，还容易出现某些维生素、无机盐的缺乏。连营养都无法保证，就更不用说是否能够长寿了。

长寿并不是一两句话就能讲完的问题，影响长寿的因素很多，概括起来主要包括人体自身遗传因素和环境因素。环境中，自然环境如空气、水土，社会环境如文化、教育、科技、政治、经济、人际关系等因素都与人类的长寿密切相关，而营养只是其中的一部分。吃素不一定能够使人长寿，但合理安排饮食，注重营养平衡，则有助于人类的身体健康与长寿。

148. 为什么在不好的天气里儿童老人易生病？

首先，我们必须知道，人是恒温动物，与蛇类等自身温度会随着外界的温度变化而变化的变温动物不一样。随着环境气温的改变，人体会自动进行体内温度调节，使人体温度保持一个恒定的状态。由于儿童处于生长发育期，各种器官功能还未发育健全，而老年人随着年岁的增长，各种器官功能逐渐衰退，使得他们在面对外界环境变化，尤其是气温、气压的剧烈变化时，体内的调节功能出现障碍，机体免疫力下降。如果这时遭遇病毒或细菌的侵袭，就容易引发诸如感冒、肺炎等呼吸道疾病。比如，在天热的时候，人体会出大量的汗，而老年人体温调节功能比较差，身体容易处于轻度脱水的状态，这个时候，他们体内的皮下血液循环要比平常高出数倍，因血容量不足和血黏度骤增易诱发缺血性中风和心肌梗死。高温与老年人出现脑中风、短暂性脑缺血、心肌梗死等疾病有直接关系。一般的孩子活动量都很大，容易出汗，而他们的抵抗力又比成人要弱，体温调解功能还没发育完善，因此，突然处于温度变化较大的环境（如在正常室温与空调房中进出），就很容易着凉，引发感冒、伤风等疾病。

要避免老人、儿童在坏天气里生病，应该关注天气预报，根据天气的变化，增减老人与儿童的衣服，达到保温的作用。同时，尽量避免到人多密集的公共场所，因为这些地方人流量大，空气流动不充分，容易滋生并传播各种病菌，出现交叉感染的情况。还要加强体育锻炼，增强体质，提高免疫力。

149. 大脖子病是甲亢吗？

"大脖子病"是甲状腺肿大的俗称。大部分甲状腺疾病都有一个共同的特征，那就是甲状腺肿大，所以并非所有的甲状腺肿大都是甲亢。

甲亢的全称是甲状腺功能亢进，这种疾病是由甲状腺分泌过多而引起的。使甲状腺激素分泌过多的原因有多种，其中包括遗传因素、精神压力、外界刺激等，如碘的过量吸收。患了甲亢的人通常会出现眼球凸出，情绪容易激动，心跳过快，甲状腺增大，食量大增而身体消瘦，又容易出现饥饿感。

俗称的大脖子病，是由于缺碘导致人体甲状腺激素分泌不足，引起甲状腺肿大、机体发育不完善的疾病。罹患大脖子病的患者会出现倦怠、困乏的情况，这与甲亢的典型症状完全不同。

总之，甲亢与大脖子病是两种不一样的疾病。一旦发现脖子肿大，应该立刻去医院就诊，明确诊断，争取早治疗早痊愈。

150. 如何判断自己缺乏何种维生素？

维生素是维持人体正常健康的生命活动的有机物质。维生素的种类很多，除了少数外，人体的内部是不能生成或者合成维生素的，所以我们必须从外界摄取，比如食物、营养品等。缺乏维生素会导致多种疾病的发生，影响我们身体健康。

人们可以通过自己的观察，了解自身是否缺乏维生素。如果出现头发干枯、皮肤粗糙、记忆力衰退、心情烦躁及失眠、指甲有明显的白线等状况，那么很有可能缺乏维生素 A。维生素 A 的不足可引起干眼病、夜盲症等眼部疾病，应该多吃鸡蛋、牛肝、水果、鱼肝油以及红黄色的蔬菜。如果对外界刺激比较敏感，比如对声音过敏，对音响有过敏性反应，而且小腿有间歇性的酸痛，患脚气病、神经性皮炎等症状，则是维生素 B_1 不足的典型症状，应多吃谷类、豆类、坚果、水果、绿叶菜和多喝牛奶。如果对光有过度敏感的反应，出现口角发炎，或者各种皮肤病如皮肤炎、阴囊炎等，手指有灼热的感觉，则缺乏维生素 B_2，应该多食用动物的肝脏、鸡蛋、牛奶、豆类、绿色蔬菜等。维生素 B_6 不足，舌苔会很厚，会出现嘴唇浮肿疼痛、舌痛、口腔黏膜干燥、头皮屑多等症状，此时应多吃酵母。缺乏维生素 B_{12}，行动容易失去平衡，身体会有间歇性痛楚，并且疼痛并不是发生在固定的位置，手指会有麻刺感，应该多吃动物的肝脏和酵母。如果出现舌炎、皮炎、呕吐、头晕、记忆力减退、食欲不振、消化不良等现象，这很有可能是维生素 PP 不足，应多吃绿叶蔬菜、粗粮、肝脏、花生、蛋白质。如果并没有其他原因，人却常常感到疲劳、虚弱、抵抗力下降，并且容易感冒、咳嗽、牙龈出血，伤口比较难愈合，舌头有深痕等，表明人体缺乏维生素 C，应多吃橙子、橘子、柚子、红枣、酸枣等食物。维生素 D 不足会导致骨质软化，儿童缺乏维生素 D 有可能患软骨病，应该多晒晒太阳，多吃鱼类及蛋类。

151. 屁多是身体有问题吗？

屁主要来源于三方面：一是我们在张口吃饭的时候，随着食物一起进入体内的空气；二是我们吃掉的食物在肠道中被大肠菌发酵而产生的气体；三是渗透到肠道中的人体血液中的气体。肠子不停地蠕动，气体就连续地产生，当气体在体内累积到一定量的时候，就会被排挤到体外去，这就是我们所谓的屁。

放屁是人正常的生理活动，是肠道运行正常的表现。如果一个人不放屁或者屁太多太臭，这提示我们人体的肠胃运行极有可能不正常。屁的多少与人们的饮食密切相关，包括吃什么东西以及做菜方法等习惯。比如洋葱、生姜、蒜、红薯、豆类、面食等食物被人们吃掉之后，在人体内容易产生大量的氢和二氧化碳、硫化氢等气体，所以人们吃这些食物以后，往往会大量放屁。出现这种情况，可以少吃淀粉类的食物（如红薯、土豆等），多吃点蔬菜，使人体的饮食达到平衡。

虽然说放屁是人正常的生理活动，但是在很多时候，尤其是在公共社交场合，放屁就比较不雅了。因此，在平时的饮食生活上，可以注意吃东西细嚼慢咽，不要过急过快，避免把过多的空气带进肠胃；另外，像炒豆子这样容易产生大量气体的食物就少吃为妙，过于油腻的食品也不好吃得太多，因为不仅会使屁多，而且屁也比较臭；同时加强身体锻炼，增强肠胃功能。

152. 青霉素皮试阴性就不会再过敏了吗？

青霉素使用较为普遍，但由于可能出现过敏反应，严重者甚至会休克、死亡，因此在使用前必须进行皮试。不过，由于人体的差异，就算皮试为阴性，也并不代表身体对青霉素不过敏。青霉素输液过敏可以分为速发型与迟发型，这是根据过敏发生的时间来划分的。速发型过敏比较多见，症状主要表现为皮肤瘙痒、生发皮疹、脸色苍白、呼吸困难、恶心呕吐等，部分严重的过敏者甚至在闻到、接触到青霉素的气味和液体，都会发生过敏性休克的情况，如果不及时抢救，会出现生命危险。而有些人会在使用青霉素后数小时甚至好几天之后才会出现过敏反应。此外，由于皮试时青霉素剂量少，有些被试者也许在当时反应是阴性，但在真正输液时的剂量浓度都比较大，就发生过敏反应。像这种迟发型的青霉素过敏反应容易被人忽视，尤其是不住院的病人一旦病发并不容易得到及时的抢救。因此，在使用青霉素的过程中，一旦出现下列过敏症状，如呼吸困难、面色苍白、皮肤瘙痒、皮疹、恶心呕吐，应该立即停止继续使用青霉素，并马上到医院救治。

153. 艾滋病究竟是什么可怕的疾病？

艾滋病又叫爱滋病，它本身不是一种疾病，而是一种人体没有办法抵抗其他疾病的状态或综合症状。人其实并不会死于艾滋病，而是会死于与艾滋病有关的疾病。因为艾滋病病毒本身不会引发人体的任何疾病，而是人感染了艾滋病病毒后，艾滋病病毒便开始攻击人的免疫系统，当免疫系统被破坏之后，人体的抵抗力就会下降，从而感染其他疾病，比如肺炎、肺结核、肿瘤、脑膜炎等，得艾滋病的人常常因为这些疾病而死亡。在发病之前，艾滋病病毒在人体内有一段长短不一的潜伏期，平均为 2～10 年。

这段时间病人看上去没有任何症状，能和普通人一样学习工作。现在还没有药物能够治好艾滋病，但是有很好的治疗方法能够帮助病人延长寿命，而且艾滋病是完全可以预防的。

为了自己和家人的幸福，我们应该洁身自好，共同预防艾滋病。远离毒品，更加不要和别人共用注射器吸毒；生病了要到正规的医院、诊所，打针输液要使用经过严格消毒的一次性针具，输血的血液和血制品要经过严格的检验；刮胡子、剃头、打耳洞等都要选择卫生条件好、有正规营业执照的地方，而且工具都必须经过严格消毒；夫妻之间要互相忠诚；正确使用安全套，既能够避孕又能够预防多种性病；警惕性病和妇科疾病，不要因为不好意思而拖延就诊，不舒服就赶紧到正规的医院检查；得了艾滋病的妇女，如果怀孕，必须要在医生的指导下采取措施，尽量减少孩子受感染的机会；如果怀疑自己感染，可以到疾病预防控制中心和卫生部门指定的医疗机构进行抗体检测。

154. 艾滋病是如何传播的？

艾滋病有三种传播途径。

第一，血液传播。与别人共用注射器吸毒，使用受污染的针具（针头、注射器），比如某些非正规医院中重复使用的针头、吊针等针具，都可以使艾滋病病毒从一个人传播到另一个人体内。不单艾滋病，其他疾病也能够通过受污染的针具传播，比如肝炎。除了针具之外，未经严格消毒的拔牙工具、针灸工具都是非常危险的。因此，看病一定要去正规的医院，输液打针都要用严格消毒的一次性针具，输血的血液和血制品要经过严格的检验，刮胡子、剃头、打耳洞等都要选择卫生条件好、有正规营业执照的地方，而且工具都必须经过严格消毒。

第二，性交传播。艾滋病病毒感染者的精液或阴道分泌物中含有大量的艾滋病病毒，通过性交能够传播病毒。肛门性交感染的可能性最大，因为肛门内部直肠的肠壁构造比较薄弱，容易破损，一旦破损，精液里的病毒就会随着破损的伤口进入到人的体内，使得人感染上艾滋病病毒。阴道性交相比而言，可能性要小一些，因为阴道没那么容易破损。口交的风险相对较小，不过如果未感染者口腔内有伤口，艾滋病病毒有可能通过血液或者精液传染。

第三，母婴传播。如果母亲是艾滋病感染者，那么她有可能通过胎盘、产道（生孩子的时候）和哺乳把艾滋病病毒传播给胎儿或者婴儿。如果母亲在怀孕期间服用有关抗艾滋病的药品，是可以降低婴儿感染艾滋病病毒的可能性的，婴儿甚至可以完全健康。另外，感染艾滋病病毒的母亲是绝对不可以用自己的母乳喂养孩子的。

155. 艾滋病有什么治疗方法？

艾滋病的最根本的治疗是抗病毒治疗，治疗方案为 HAART，即高效抗逆转录病毒疗法，它包括三类药物，需要几种药物联合起来治疗，俗称鸡尾酒疗法。这种方法可以延缓病情的发展，但不能根治，而且副作用大，价格非常昂贵。因此，治疗要选择适宜的时机，需要专科医生的指导。因为药品昂贵，加之 HIV 感染者大多家境贫寒，很多 HIV 感染者不能进行有效的抗病毒治疗，这种状况不是一个地区的问题，而是一个全球性的问题。鉴于此，世界卫生组织（WHO）开展了一项运动，即：至 2005 年年底，在发展中及低收入国家，要免费治疗 300 万艾滋病患者，目的就是要促进全球关注艾滋病患者，并加强艾滋病的预防工作。我国政府在全国范围内实施"四免一关怀"，即免费血液初筛检测；对农民和城镇经济困难人群中的艾滋病患者实行免费抗病毒治疗；对艾滋病患者遗孤实行免费就学；对孕妇实施免费艾滋病咨询、筛查和抗病毒药物治疗；将生活困难的艾滋病患者及其家庭成员纳入政府救助范围，并加大投资进行药品开发研究，使一些抗 HIV 治疗药物国产化。

156. 什么是癌症？

由于某些原因，正常的细胞变异成癌细胞，具有无限生长、转化和转移三大特点，会恶性增生，这就是癌，癌细胞由 1 个变 2 个，2 个变 4 个，经常年累月长成 1 厘米的肿瘤。起初不一定有症状，肿瘤可能更大时才会有症状出现，比如长到 3~5 厘米时，当压到或阻塞到组织或器官时，如肠子阻塞，因感觉不适时才被发现。

人体细胞老化死亡后会有新生细胞取代它，以维持机体功能。可见，人体绝大部分细胞都可以增生，但这种增生是有限度的，而癌细胞的增生则是无止尽的，这使患者体内的营养物质被大量消耗。同时，癌细胞还能释放出多种毒素，使人体产生一系列症状。如果发现和治疗不及时，它还可转移到全身各处生长繁殖，最后导致人体消瘦、无力、贫血、食欲不振、发热及脏器功能受损等。

现在医学家认为，人人体内都有原癌基因，也就是与细胞增殖相关的基因，这绝对不等于人人体内都有癌细胞。引起基因突变的物质被称为致癌物质，例如放射性物质、香烟、辐射、酒精等。还有一些病毒可将本身的基因插入细胞的基因中，激活致癌基因。但突变也会自然产生，所以即使避免接触上述致癌因子，仍然无法完全预防癌症的产生。发生在生殖细胞的突变有可能传至下一代。

各个年龄层的人都有可能产生癌症。从出生 0 岁到 80 岁分析，30 岁时发生率明显上升，到达 45 岁以后是直线上升，发生率跟着年龄增加，每 10 年增加一倍，几乎所有的病都是年龄愈大好发率越高，癌症则表现比较明显且快。

家族里有癌症史的高危险群，如乳癌、大肠癌、鼻咽癌等这些是家族性较高的，不要中年以后再做检查，早做检查预防重于治疗。

157. 如何有效预防癌症？

良好的饮食习惯可以让人健康，减少得癌的几率，鱼肉、蔬菜、水果等都要摄取，维生素一定要足够；体力不好时、年纪大者或癌症病人，要补充综合维生素；要保持胃肠畅通，不要便秘，常常把排泄物堆积在身体里，会产生致癌物，所以便秘要想办法改善；经常运动，保持充足的睡眠；最重要的是，要定期做健康检查。

癌症早期常无特殊症状，甚至毫无病态，因此，癌症的早期发现，除了政府的重视，医务人员进行普查外，还有赖于病人提高警惕，学会自我检查。下列症状应该重视：原因不明的疲乏、贫血和发热；原因不明的全身性疼痛、骨关节疼痛；身体任何部位，如乳腺、颈部或腹部出现肿块，尤其是逐渐增大的；久治不愈的干咳或痰中带血；长期消化不良、食欲减退、消瘦却又找不出明确原因；身体任何部位，如舌头、颊黏膜、皮肤等处没有外伤而发生的溃疡，特别是久治不愈的；中年以上的妇女出现白带增多；进食时胸骨后闷胀、灼痛、有异物感或吞咽食物不顺；大便习惯改变，或有便血；鼻塞、单侧头痛或伴有复视；黑痣突然增大或有破溃、出血、原有的毛发脱落；无痛性血尿；单侧持续加重的头痛、呕吐和视觉障碍，特别是原因不明的复视；耳鸣、听力下降、回吸性咯痰带血、颈部肿块；原因不明的口腔出血、口咽部不舒服、有异物感或腔疼痛；无痛性持续加重的黄疸；乳头溢液，特别是血性液体；男性乳房增生长大。

必须强调指出，以上的任何一项，都不是癌肿所专有的。有了这些项目中的一项甚至几项，也并不能说明此人就是患了癌肿。但上述的警号和症状，又确实可能属于某些癌肿的早期征兆，如果掉以轻心，可能会造成延误诊断和治疗，所以应该及早就医检查。

158. 心情不好也会让人生病吗？

我国科学家研究发现，人心情不好的时候，人体的免疫力会下降，从而使病毒和细菌乘机而入，导致人生病。

现代医学研究表明，大量的疾病都是由心理因素引起的。癌症、高血压、溃疡、甲亢、偏头痛、糖尿病、痉挛、皮炎、冠心病、神经官能症、胃肠疾病等都与不良的心理因素、情绪有关。比如，不满的情绪，像抑郁、恐惧、愤怒、悲伤等，都容易诱发癌症。突发的巨大变故也是诱发癌症的原因，因为突发的巨大变故往往会在短时间内迅速引起人强烈的不良情绪。患者的心理状态、情绪与癌症的治疗效果和癌症的复发率有着明显的联系。乐观向上、愉快的情绪有利于癌症的治疗，相反，绝望、悲观、怨天尤人等不良的情绪往往加剧病情，使得病情急剧恶化。

我们身体的生理功能与心理活动之间存在着重要的联系。良好的情绪与心理状态能够使我们的身体处于良好的状态。而不良情绪则会减弱某些生理功能，降低人体的免疫力，从而引发各种身体疾病。如果要想治愈这些疾病，或者从源头上防御这些疾病的侵袭，我们必须保持积极健康的心理状态，时刻保持良好的情绪。人生在世，有什么比拥有健康的身体来得更为重要的呢？

159. 农村土壤污染会给人类健康带来什么危害？

什么是土壤污染？当土壤中有害物质含量过多，土壤的自净能力无法承受，不能将这些有害物质进行"净化"，有害物质及其分解产物就会在土壤中越积越多，通过"土壤——植物——人"以及"土壤——水——人"的途径被人体间接吸收，危害人体的健康，这就是土壤污染。

我国每年的农药投放率是巨大的，远远高于发达国家的施用率。许多有害的残留物在土壤中并不能够立即被分解，这些有毒污染物对土壤的污染是长期而隐蔽的，因此不容易被人发觉。土壤污染通过食物链严重危害着人类的生命健康。有害物质（如重金属离子）在土壤中累积，植物会吸收这些有害物质，而植物本身是很少能够将它们排出的，人吃了这些植物，那么毒素就积聚在人的体内。同样，其他动物如兔、牛、羊等吃了这些植物，而又有其他肉食动物吃了这些草食动物，而不管是肉食动物还是草食动物，最终又被人所吃，毒素还是积聚在人的体内。

土壤污染与水污染、大气污染紧密相关。在雨水的冲刷下，受污染的土壤中的一些可溶性污染物渗透进地下水中，使得地下水也遭到污染。而土壤中的一些悬浮物以及附带在它们上面的污染物，便随着雨水的流动，随地表径流迁移，造成地表水污染。如果有风，土壤中的部分污染物会漂浮在空气中，借助空气的流动，扩大了污染面，造成气体污染，影响人类的呼吸，容易引起呼吸道疾病。

所以，我们要珍惜生命，善待土地。

160. 没有病也要去医院吗？

在很多人的心里，医院就是看病治病的地方，没有病当然不用去医院。其实，这种看法难免有些偏颇。去医院，除了看病治病，还可以进行定期的身体检查，及时了解自己的身体情况，发现身体的异常状况，以便及早进行治疗。

为什么要进行定期体检呢？第一，很多时候，我们对某些疾病不是特别了解，可能在我们不了解的情况下，疾病已经出现在我们的身上，需要医院的专业医生对其进行正确的分析和诊断；第二，有些疾病在出现的早期并没有明显的症状，如果不进行体检，则无法发现；第三，我们可能有些不良的生活习惯，已对身体造成一定的损害，这也需要体检的各项指标来反映。因此，在条件允许的情况下，我们应该尽可能地定期到医院进行身体检查。

定期体检主要包括哪些内容呢？

（1）身高、体重、三围等外观情况，看它们是否在健康范围内，否则，应分析原因及时采取措施；

（2）测血压，这可以帮助我们及早发现高血压病；

（3）查眼底，以此反映脑动脉硬化情况；

（4）心电图，可以帮助我们发现冠心病等；

（5）血常规，从中观察被检查者有无贫血；

（6）肝功能化验，是观测肝的功能以及判定是否患传染病的重要手段；

（7）胸 X 线透视，发现肺结核、肺癌等疾病；

（8）查大小便，以此发现身体内部肾脏、胃肠等的功能状态和病变。

定期体检可根据个人情况安排，但特殊人群尤其需要注意体检的重要性，比如中老年人、孕期妇女、经常吸烟的人等。拥有健康的身体是快乐生活的基础，所以我们应该认真地对待体检，没有病也可以去医院检查一下，预防疾病。

161. 红肉和白肉哪个好？

红肉一般指的是猪肉、羊肉、牛肉等肉，白肉则主要是鱼、鸡等海产家禽。大多数人都知道健康的饮食应少吃"红肉"而多吃"白肉"，因为鸡、鸭、鱼这类"白肉"肌肉纤维细腻，脂肪含量较低，脂肪中不饱和脂肪酸含量较高；而"红肉"的肌肉纤维粗硬、脂肪含量较高。最近也有研究发现，吃红肉的人群患结肠癌、冠心病、乳腺癌等疾病的危险性增高，而吃白肉则可以降低患这些慢性病的危险性。

"多吃白肉，少吃红肉"不代表人们应该拒绝吃红肉。红肉富含矿物质，尤其是铁元素，这是白肉不能替代的。中国人普遍缺铁，食用红肉能够起到补充铁元素的作用。而且，白肉中所含有的脂肪比红肉少，不饱和脂肪酸比红肉多，但是在油炸、烧烤的高温烹饪下，不饱和脂肪酸会被氧化成对身体有害的自由基；而红肉由于富含饱和脂肪酸，具有不容易被氧化的稳定性，因此烹调红肉时就不会产生太多的自由基毒素。

162. "流行"和"普通"感冒有什么不同？

普通感冒可发生于全年的任何季节，冬、春季节更易发生但一般不引起大流行。而流行性感冒，简称流感，是一种由流感病毒引致的疾病，传染性极高，可以短时间内在大范围人群中流行，流感流行常见于冬、春两季。

普通感冒开始有喉咙不舒服、打喷嚏、流鼻涕，可能会有低烧、头痛，一般5~7天就好了，不会有并发症。而流行性感冒的潜伏期通常为1~3天，起病急，一开始就发烧38℃~40℃，头昏头痛、四肢酸痛、打喷嚏及流鼻涕，全身不舒服；高热持续3~5天后，全身症状减轻，咳嗽、喉咙痛等呼吸道症状变厉害。流行性感冒快的3~5天痊愈，慢的可持续一个月。流行性感冒常见的并发症包括肺炎、病毒性心肌炎和神经系统并发症。

目前还没有有效的抗病毒药物直接杀死普通感冒病毒，有效方法就是依靠人体自身的免疫系统，对病毒产生特异的免疫力；注意休息、多喝水、口味清淡；必要时用抗生素进行治疗。而流感病毒在自然界中可发生基因变异形成新的病毒亚型，人们对这些新的病毒普遍缺乏抵抗力而容易被感染，这就是为什么相隔数年就会有流感大流行的原因。

163. 气候变化为什么会引起关节疼？

许多患有骨关节病的老病人，对天气的变化很敏感，春季天气多变，常常是老年人骨关节疼痛发作的高发期。

在春季发生的骨关节痛，最常见的是老年退行性骨关节病。好发于颈部、膝关节及腰椎等处。如，颈椎病及椎间盘退行性改变时，颈部活动不方便，肩、臂、手均可麻木疼痛。膝关节发生骨关节病时，起立、下蹲及上下楼都会感到困难。下腰部的椎间盘损伤退行性改变时，可引发腰腿及臀部疼痛。骨质增生、椎间盘膨出、椎管狭窄者可出现下肢麻木疼痛，步行困难，必须走走歇歇。

其次是老年性骨质疏松，患者多是60岁以上的老人。患者肌肉容易抽筋、痉挛疼痛，弯腰驼背，身高降低，尿钙超出正常人约一倍，所以老人更需要补钙。

还有一些老人会出现旧伤疼痛，这主要是受气候变化的影响。因为外伤部位，皮肤和皮下组织的疤痕神经比较敏感，稍受刺激就会使人产生痛感。在春天，气候多变，疤痕组织也随着气候改变而收缩，对神经纤维产生了刺激。同时，寒热的变化也会刺激疤痕里的神经纤维，使人产生痛感。因此，老年人在春季出现骨关节疼痛时，应及时到医院诊治。如果是骨关节本身的病变则应注意保暖，可进行热敷、理疗、按摩、功能锻炼，再配合适当的止痛药物，就能消除疼痛。坚持适当体育锻炼，如慢跑、快步走等，多晒太阳，呼吸新鲜空气，注意饮食调节，戒除烟酒，可减缓骨质疏松，增强体质，减少骨关节疼痛的发生。

164. 什么是急性酒精中毒？

急性酒精中毒又名急性乙醇中毒，俗称为"酒醉"，在农村很常见。这大部分是因为摄入较多酒类饮料所致，偶也有饮用医用酒精而发生者。

酒精最重要药理作用是抑制大脑的高级功能，患者会出现自觉舒适愉快和过度兴奋的表现；进而可抑制中枢神经的低级功能，出现昏迷及反射消失。酒精中毒量约为 75～80 克（约相当于 50% 浓度的白酒 3～4 两），而致死量约为 250～500 克（约相当 50% 浓度白酒的 1 斤～2 斤），当然，常饮酒者其中毒量及致死量较上值要高。

可依据有饮酒史、较特征的临床表现及呼吸气体与呕吐物有酒味可确诊。

本病常为自限性疾病，大多可自行恢复且很少引起死亡，但原有心、肝、肾疾病或昏迷时间超过 10 小时者恢复以后感觉不舒服。

大多不需特殊治疗，重症患者应及时送医，可采用液体疗法以加速酒精的分解、利用与排出。

165. 烟酒对生孩子有影响吗？

父母抽烟喝酒对孩子会产生影响吗？答案是肯定的。过量的烟酒环境下，会造成胎儿不同程度的弱智或畸形。

男子过量饮酒损害生殖细胞，使精子发育不健全，并直接影响受精卵的质量，使下一代发育畸形、呆、傻、痴。而如果出生的孩子体重轻，小头畸形，面部很怪、前额凸起，斜视、鼻孔朝天，上唇向里收缩，扇风耳，还有心脏和四肢的畸形，那这种症状都是由于母亲怀孕期间喝酒导致的"胎儿酒精综合征"。

丈夫抽烟会严重地影响精子的活力，且吸烟时间愈长，畸形精子愈多。停止吸烟半年后，精子可恢复正常。怀孕后，妻子如果处于被动吸烟状态，烟雾中的有害物质刺激呼吸系统，可导致妻子睡觉打鼾。时间一长，会导致孕妇高血压综合征，同时使胎儿处于缺血缺氧的状态，容易引起流产。而且烟中的有害物质影响胎儿的生长发育，导致先天性心脏病、腭裂、唇裂、智力低下、营养不良、发育迟缓等。

长期喝酒抽烟还可能导致不孕不育。

要想生一个健康、聪明的孩子，首先就要戒烟戒酒，在怀孕前避免任何对精子、卵子有害的因素，特别是女性。准备怀孕的夫妇至少应戒烟、酒一个月后再怀孕，能长期戒烟禁酒更好，这样生出来的孩子才会健康。

166. 什么是鸡胸？

鸡胸是指胸骨向前明显凸出而两侧肋骨向下向内倾斜下陷，致使胸部变成像鸡、鸽等鸟类胸骨一样的形态，故名"鸡胸"。

鸡胸主要是因为佝偻病所致，即身体内缺乏足够的维生素 D，使钙磷吸收发生障碍，出现骨软化症，胸部肋骨与胸骨相连处内陷使胸骨前凸。

对三岁以下的患儿或刚产生的鸡胸孩子要积极地进行抗佝偻病治疗，补充钙剂和维生素 D，轻度的鸡胸会随体格生长而逐渐消失；同时要加强体格锻炼，如扩胸运动、俯卧撑、抬头等运动，可加速畸形的矫正。但后期的鸡胸已经是后遗症了，使用钙剂和维生素 D 治疗也无效。

鸡胸除影响身体的美观外，严重的鸡胸由于两侧向内凹陷的肋骨压迫心脏和肺，对循环和呼吸功能有一定影响，病人易出现疲劳和反复呼吸道感染。

一般来说，轻度的鸡胸对心、肺影响并不太大，另外，男孩子在生长发育期加强胸大肌锻炼，丰满健壮的肌肉可以改善鸡胸前凸畸形的外观，女孩子青春期后，乳腺的发育也在外观上遮盖胸骨的畸形。但是父母应该在孩子一出生时就积极地预防孩子出现钙不足和缺乏维生素 D。

167. 什么是"脑黄金"？

现在人们对"脑黄金"、"脑白金"都很熟悉，因为广告打得很响亮，但是却不知道脑黄金到底是什么东西？有什么用？

"脑黄金"实际上是一种多不饱和脂肪酸二十二碳六烯酸的俗称，人脑细胞脂质中有 10% 就是这种物质。

"脑黄金"对脑细胞的形成、生长发育及脑细胞突起的延伸、生长都起着重要作用，是人类大脑形成和智商开发的必需物质，对提高儿童智力有一定好处，也是大脑皮层和视网膜的重要组成成分。怀孕时这种不饱和脂肪酸通过胎盘进入胎儿的肝脏和大脑，促进胎儿的脑和视网膜发育，如果这种物质不足则会影响胎儿大脑和视力的发育，而且孩子出生体重可能偏低，并且容易早产。

二十二碳六烯酸存在于海洋类鱼油中，但这个物质不是人体的必需营养素，人体一般可以自身合成产生这种物质满足身体的需要，适量补充也可以，特别是儿童、老年人和孕妇。但补充得太多反而有副作用，必要时可以经过检查后咨询医生再补充。此外，要注意"脑黄金"极易氧化，氧化后对人体产生有害的过氧化物物质，所以要密封、隔氧、避光、低温保存，最好同时吃维生素 E，因为维生素 E 有抗氧化作用。

168. 板蓝根有什么作用？

板蓝根是十字花科植物菘蓝或爵床科植物马蓝的根茎，含多种抑菌成分，有清热、解毒、凉血功效，对感冒、流感、腮腺炎、红眼病、麻疹等春季常见病，有较好的预防和治疗作用，但对风寒等其他类型感冒则不一定适合。

板蓝根具有显著地清除体内能引起体温升高的热原的作用。板蓝根的退烧作用是通过杀灭体内的病毒细菌等病原体、清除引起发烧的因素而实现的。在低烧的情况下，服用板蓝根等中成药，不但能够有效地退烧，还能够促进身体的康复和免疫力、抵抗力的增强。但服用板蓝根药时不能抽烟喝酒，辛辣、生冷、油腻的食物也不能吃。

不少家庭都备有板蓝根冲剂，很多人都认为板蓝根冲剂是"良性药"，多吃也不会有害。但实际上，板蓝根并非没有副作用，如果吃得不对，会出现头昏、胸闷等症状，甚至发生过敏反应和其他不良反应，严重时可引起过敏性休克。

人在健康状态下吃过多的板蓝根会伤及脾胃，而且有高血压、心脏病、肝病、糖尿病、肾病等慢性病严重者、孕妇或正在接受其他治疗的病人，要慎重喝板蓝根药，必要时要咨询医生的意见。

169. 什么是破伤风？

破伤风是由破伤风杆菌引起的。破伤风杆菌是引起破伤风的一种革兰氏阳性厌氧菌。破伤风杆菌存在于灰尘、土壤、人和动物的粪便中，当人受外伤时，破伤风杆菌会经伤口侵入人体，释放出一种高度毒性蛋白——破伤风痉挛毒素，经血液循环和淋巴系统并且和血清球蛋白结合而到脑神经，引起神经症状肢体痉挛性麻痹（局部性破伤风）；破伤风痉挛毒素还可以进一步引起毒素的全身兴奋作用，如毒素量大，就会产生全身抽搐（全身性破伤风）。

破伤风杆菌同时还可以产生一种溶血毒素，该毒素会引起局部组织坏死和心肌损害。

破伤风的最短 24 小时出现症状，一般为外伤后 1～2 周，最长潜伏期可达数月或数年。症状如下：

（1）面部的咀嚼肌先出现症状，病人牙关紧闭，然后肌肉痉挛扩大到脸面肌肉、颈项肌肉、背部肌肉、腹部肌肉、四肢肌肉，最后波及隔肌和肋间肌。

（2）患者出现苦笑面容，颈项强直，腹、背肌肉同时收缩，可引起角弓反张（不自主地肩、背、腿向后高度背躬）。

（3）破伤风感染的病人神经非常敏感，任何轻微的刺激，可诱发强烈的肌肉阵发性痉挛。局部性破伤风的症状较轻，一般其肌肉抽搐仅限于创伤或感染部位。

避免破伤风的发生，重在预防，即外伤之后，应正确处理伤口，预防感染，如怀疑污染破伤风杆菌或创伤较深，伤口偏小的外伤，应在受伤后立即去医院注射破伤风抗毒毒素，防止破伤风的发生。

一旦感染了破伤风应竭力抢救，避免出现严重的并发症。同时，要注意：

（1）清除感染外毒素的源头，到有条件的医院重新处理伤口，彻底清创，伤口尽量敞开，使破伤风杆菌不易生长。

（2）尽量使病人安静，减少外界刺激。

（3）远道运送伤员途中保持呼吸道通畅，特别注意喉痉挛和窒息的发作，，当患者痉挛发作时要保护病人，以防舌咬伤，或骨折等。

（4）患者用过的敷料和所有用具都应严格灭菌。

170. 何种情况下需注射破伤风抗毒素？

破伤风病死率高达 30%，重症可达 70%。因而在生活中受伤后要根据伤情、迅速采取预防措施。除各种急需立即送医院救治的外伤，由经治医院处理外，以下几项可供参照。

（1）凡被铁钉、竹签、兽骨等各种锋利物而刺破手、足等皮肤，且较深时，均应注射破伤风抗毒素（TAT）。

（2）皮肤擦伤，仅为表皮，面积较小时，可以不注射 TAT。

（3）大面积的撕裂伤、切割伤，在现场虽已缝合止血后，仍需注射 TAT。

（4）伤口遭污染较为严重，就是较浅者也以注射 TAT 较为安全。

（5）为预防破伤风感染，从伤口拔出异物后用力从四周向中心挤出血及渗出物，再用双氧水冲洗，污物越多冲洗要越认真。对一些小而深的伤口，必要时可扩创冲洗（破伤风杆菌是厌氧菌，在氧气不足的情况下繁殖快）。

注射 TAT 一般为 1500 国际单位，污染严重者可注射 3000 国际单位，由于注射后有可能发生过敏反应，故应到医疗机构进行。注射越早产生作用越早，但并非超过 24 小时后就无效。

171. 蚊子能传播什么疾病？

蚊子的嘴巴就像一个注射器一样，那么蚊子的这个嘴巴会传染疾病吗？当然能。蚊子叮咬带有传染性疾病的人，就将血液中的病毒吸入口器和唾液腺。当蚊子再次叮其他人吸血时，便会传播病毒。热带、亚热带地区人群乙型肝炎、显著多于温带，与蚊子有密切关系。

蚊子可传播的疾病有多种，目前已知的病毒病有 60 多种，它们都是通过蚊子的刺叮吸血而传播，如疟疾、丝虫病、乙型脑炎登革热等。蚊子传播疾病，大致有两种传播方式：生物性传播和机械性传播。所谓生物性传播，是指病菌在蚊子体内经发育、繁殖后再传染给人。例如乙型脑炎病毒随血液被吸入蚊子体内后，先在蚊子的体内繁殖，叮咬后传播给人或动物。机械性传播就是蚊子吸了带有病毒的血后直接再将这些病毒传给下一个被叮咬的人。所以为了安全健康着想，应该尽量保持清洁防蚊子叮咬，采取必要措施防杀蚊子。

那么，蚊虫叮咬是否也同样可传播艾滋病呢？这是人们关心的另一个问题。研究证实蚊子是不传播艾滋病的。

172. 憋屎憋尿憋屁对人身体有害吗？

撒尿、排屎、放屁都是人体正常的新陈代谢活动，排出废物，才有利于身体的舒适和健康。这三种废物的排出，多是急性的，即尿急、屎急、屁急。但有的人常常因为环境关系或时间关系习惯于憋尿、憋屎、憋屁，认为憋一下没关系。然而这样往往会导致病患。憋尿，可使膀胱下端的括约肌处于紧张状态，当尿潴留胀满时，膀胱括约肌更加紧张。膀胱内压增高，天长日久会发生排尿困难、尿失禁等症状。有时憋尿过多，时间长了，还可能出现膀胱破裂，是很危险的。另外，膀胱与尿道连接处存有细菌，经常憋尿，细菌可大量繁殖，引起泌尿系统感染。青年女性，因憋尿可使胀满的膀胱压迫子宫而导致发育不良、痛经或腰痛。憋尿可导致男性前列腺增生，或女性膀胱颈部增生，诱发尿潴留。憋屎，使肠道内积存的大便不能及时排出，粪团中的水分就会被肠道吸收，结果造成大便干燥，发生便秘。干燥的粪团在肠道内停留时间过长，还会导致痔疮发生。粪便中有害物质被肠道重吸收，还会造成机体自身慢性中毒，出现精神委靡不振、头晕乏力、食欲减退等症状。再说憋屁的危害。屁是肠道内代谢过程中产生的诸多气体，如氮、硫化氢、二氧化碳、氨、吲哚等，这些气体的混合物排出就是放屁。屁内所含的这些气体是有害物质，如果憋屁，有害物质排不出，这些气体会被肠道黏膜重吸收而进入血液和组织中，进一步危害机体。经常憋屁，则会使机体形成慢性中毒，产生精神不振、消化不良、头晕目眩和脸色蜡黄等症状。

173. 什么是水痘？

水痘是由水痘带状疱疹病毒所引起的传染性很强的疾病。感染水痘会浑身难受，出现斑点状皮疹，过后形成透明液体状的水疱，壁薄易破，最后疱破溃烂，经 2~3 天干燥结痂，痂脱落后不留疤痕，皮疹由躯干向头部、四肢蔓延。当骚痒难忍不慎将水疱挠破，日后会留下疤痕，少数病例会出现皮肤感染并发症。

水痘的传染性很强，可因直接碰触（如水疱）或过于接近其他水痘患者（透过飞沫）而感染，也可能因接触染有水疱脓液的衣服而被传染。通常在皮疹出现前一两天至皮疹出现后五六天之间，是传染性最强的时期。一旦所有的水疱结痂之后，传染的可能性就很小了。

成年人也会感染水痘，但曾经感染过水痘后就不会再受感染了，成年人感染水痘较儿童、青少年病情严重，发生并发症的几率也较高，一般来说，出水痘的年龄越小，病情越轻。目前无论成年人还是儿童，都可以借助注射水痘疫苗来预防，当感染水痘时只要对症治疗及细心照料，便可痊愈。

174. 什么是钩端螺旋体病？

钩端螺旋体病，简称钩体病，是由一组不同血清型的致病性钩端螺旋体引起的一种人畜共患性疾病，属自然疫源性疾病。主要传染源是猪和鼠类。农民可因稻田作业受染发病。

临床特征为突发的高热、寒战、全身酸病、乏力、眼结膜充血、排肠肌压痛和肝脾肿大等。重型患者可以出现心肌损害、中枢神经系统损害、出血性肺炎、肝肾功能衰竭和循环衰竭，常危及患者生命。

对钩体病缺乏免疫力或感染后未及时休息治疗者，往往病情较重，特别是弥散性肺出血型、黄疸出血型、脑膜炎型，以及并发肾衰的患者，病死率较高。因此，对钩体病患者应尽可能做到早期诊断、早期休息、早期治疗。及时有效的治疗，一般愈后良好，多数均能治愈。患者应卧床休息，给予高热量易消化饮食：保持水、电解质和酸碱平衡；出血者可给予输血和止血剂，肺大出血者酌情给予镇静剂；肝、心、肾、脑等脏器损害者给予相应的治疗；症状严重者可给予短程肾上腺皮质激素，可迅速改善病情。

175. 什么是缺铁性贫血？

缺铁性贫血是体内储存铁缺乏，影响血红素合成引起的贫血，是铁缺乏症的晚期表现。缺铁性贫血是贫血中最常见的类型，普遍存在于世界各地及各年龄组人群中，尤多见于育龄妇女及婴儿。钩虫病流行地区特别多见，程度也较重。贫血的临床表现是由于血红蛋白带氧量减少所致的组织缺氧，主要有皮肤和黏膜颜色苍白，头晕耳鸣，眼花，记忆力减退，疲乏无力，严重者可出现心力衰竭，恶心呕吐，食欲减退，腹胀、腹泻等，即所谓贫血的一般症状。很多自觉症状往往与贫血的发生程度、发病的缓急及机体各器官的代偿能力有关。

根据缺铁性贫血的病理原因，增加机体的铁含量是治疗缺铁性贫血的根本途径。加强铁的营养补充，一方面要经常吃富含铁比较丰富而且吸收比较好的食物，如大豆制品、海带、芝麻、动物肝脏、动物血、瘦肉、木耳等；另一方面要提高机体对铁的吸收率，如注意荤素搭配，提高植物铁的吸收率，多吃发酵馒头、面包等。由于维生素 C 有利于机体对食物中铁的吸收，可以适当地补偿维生素 C 或多吃含维生素 C 丰富的食物，还可以多食一些含蛋白质高的食品，这样就能在一定程度上预防缺铁性贫血了。

176. 脚气病等于脚气吗？

这两个概念只有一字之差，但却是两种不同的病。

脚气就是我们俗称的香港脚。它是一种由真菌感染的皮肤病，学名叫脚癣病。通常发生于脚趾之间，医学上通常将脚气分三型：糜烂型、水疱型及角化型。糜烂型的特征是脚趾间潮湿发白脱皮；水疱型的特征是脚的边缘有厚厚饱满的小水疱；角化性的特征是脚跟皮肤粗厚、干燥、脱皮、皲裂。这三种类型都很痒，如果抓破了容易引起感染。脚气具有传染性，能传给自己身体的其他部位，也能传染给其他人，所以平时不要随便穿别人的鞋或把鞋借别人穿以免受到传染。涂用药物如达克宁、克霉唑等进行止痒治疗。

脚气病是因为缺乏维生素 B_1 而产生的疾病。脚气病患者常感到胃或肚子不舒服，排便困难，很容易觉得劳累，睡不好觉，体重减轻，老忘事等，更严重的会引发其他消化系统、神经系统或心血管系统疾病。

脚气病一般可以通过补充富含维生素 B_1 的食物来补充治好，如果有必要也可口服维生素 B_1 片。

177. 为什么说"热水洗脚，胜吃补药"？

我国民间有"热水洗脚，胜吃补药"的说法，这是有其科学道理的。

中医学认为，人体的三条阴经和三条阳经交汇于双脚，其中足少阴肾经位于足底，肾是人的先天之本，主载人的生长、发育、衰老，双脚离心脏远，血液供应少而慢，加上脚部脂肪层薄，保温能力差，所以脚最易受寒。双脚寒冷，长期得不到湿润从而影响其他脏器降低人体抵抗力，导致上呼吸道功能异常。这时候病菌就会乘虚而入，使人患感冒、支气管炎等疾病。

热水洗脚时，不断用手按压脚心的涌泉穴，脚上经脉一通，能促进气血运行和新陈代谢，加快下肢血液循环，消除下肢沉重感和全身的疲劳，既能促进睡眠，又可以祛病强身。

热水泡脚还能达到防病治病的效果。

（1）头痛的人双脚在40℃左右的热水中泡15～20分钟，头痛会明显缓解。这是因为热水使双脚血管扩张，促进血液的全身流动，从而缓解头痛。

（2）用热水洗脚能减轻感冒发烧引起的头痛。

（3）用热水洗脚时，不断用手按压脚心的涌泉穴和大脚趾后方足背偏外侧的太冲穴，有助于降低血压。

（4）长期坚持热水洗脚，可以预防风湿病、脾胃病、失眠、头痛、感冒等疾病，还能促进截瘫、脑外伤、中风、腰椎间盘突出症、肾病、糖尿病等病的康复。

（5）在冬天，用热水洗脚，能加速双脚与身体其他部位间的血液交换，对冻疮有一定的预防作用。

（6）失眠症和足部静脉曲张患者每晚用热水洗脚，能减轻症状，易于入睡。

当然，这里说的热水，也不能太烫，应根据季节的不同以及个人的承受能力控制水温：冬季以不超过45℃为宜，夏季则可控制在50℃左右。

178. 为什么在黑暗中有的人看不见？

有的人白天目光敏锐，视力正常，可一走进黑暗的地方却一时半会儿都看不清，平时眼睛感觉也很干燥。这些人可能患上了夜盲症。什么是夜盲症呢？夜盲就是在暗环境下或夜晚视力很差或完全看不见东西。产生夜盲症的根本原因就是身体里缺乏维生素 A。由于饮食中缺乏维生素 A 或其他身体疾病影响了身体对维生素 A 的消化和吸收，同时身体又不断地在消耗原有的维生素 A 导致了它的缺乏，引起夜盲症。

预防和治疗夜盲症的根本措施是补充维生素 A。平时饮食中很多食物都含有维生素 A，如鸡蛋、动物肝脏、鱼子、奶制品等；另外还可以吃深色蔬菜水果获得胡萝卜素，胡萝卜素在身体里可以转化为维生素 A，如胡萝卜、西兰花、菠菜、杏、杧果等。只要饮食多样化，不偏食不挑食，食物中的维生素 A 就可以满足身体需要。如果是由于身体疾病导致维生素 A 缺乏，那么只要治疗好疾病，再适当地补充点维生素 A 就可以恢复正常的视力。

179. 什么是视疲劳？

看久了之后，人们感觉眼胀、头痛、头晕、眼眶胀痛，眼睛干涩、流泪、看不清东西，这种症状中医称之为肝劳，西医称为视疲劳。平时日常生活中长时间近距离地看书、书上文字太小、光线不足或过强都可引起眼球胀痛、发干、模糊不清、眼睑沉重等视疲劳症状。这是一种比较常见的眼科疾病，但并不是由单一原因引起的：眼镜的视力不正，眼睛佩戴不合适，熬夜，其他眼睛疾病，或者生活中劳心伤神、精神紧张、肝肾亏虚、调理不合等都能引起这些症状。随着电器的应用和普及，一些人看电视、电脑的时间过长，产生视疲劳的情况越来越多，症状也越来越严重，尤其是青少年，很容易引起眼睛近视，导致视力下降。

治疗和预防视疲劳的最有效方法就是运动。运动能强健身体，调理肝肾气血，增强体质，提高免疫力。此外，还要消除引起视疲劳的各种因素如光线、用眼时间长等，青少年更要重视眼睛的保健，出现眼睛不适或酸胀，应该尽早治疗，佩戴合适的眼镜。

180. 人为什么会打哈欠？

据统计，一次打哈欠的时间大约为 6 秒钟，在这期间人闭目塞听，全身神经、肌肉得到完全松弛。因此可以认为，打哈欠能使人在生理上和心理上得到休息，对人体具有重要的生理保护作用。

在紧张的工作或学习过程中，人体神经系统消耗较多的能量，从而产生大量的二氧化碳。平静呼吸不能把体内二氧化碳及时排出体外，过多的二氧化碳积累在体内，就会引起胸腔沉闷，身体各器官有疲劳感。由于血液中二氧化碳高于正常水平，就会刺激呼吸中枢，引起人的深呼吸运动——打哈欠。打哈欠不仅可以排出体内过多的二氧化碳，而且能使人精力更加充沛，对人体是一种保护性适应。当人体睡眠不足或劳累过度时，会接二连三地打哈欠，这是警告人们大脑和各器官已经疲劳，要我们赶快睡觉，得到休息。早晨起床后往往也哈欠不止，这可以促进大脑皮层的各个功能区由抑制状态转变为兴奋状态，以使大脑皮层进行正常的工作。当人即将进入紧张工作之前，也常会哈欠连连，这可能是人体借助深吸气使血液中增加更多的氧气，提高大脑的活动能力。

总之，打哈欠是人体的一种本能反应，它像心跳、呼吸一样，不受人的意志所控制。它对保护脑细胞，增加脑细胞的供氧，提高人体的应激能力具有良好的保护作用。

181. 止痛药为何不再好使？

受到疼痛困扰时，很多人最先想到的就是止痛药。然而渐渐地你会发现，原先药到痛除的药片好像效果越来越不明显了。事实上，止痛药没以前那么管用，可能并不是药物本身的问题，而是和患者主观感受的变化有关。

常用的镇痛药物主要有四类，即抗炎镇痛药、麻醉性镇痛药、非麻醉性止痛药和局麻药。老百姓自己能买到的主要是第一类止痛药里的非甾体抗炎药和对乙酰氨基酚，也就是阿司匹林、扑热息痛、布洛芬、萘普生等药物。这类药物主要是用于缓解与组织损伤或炎症有关的伤害感受性疼痛。但要注意，它们并不能治疗引起疼痛的原发病，因此，随着药物在体内的代谢、排泄或是停药后，疼痛的症状可能再现甚至加重。

疼痛感变化，除了主观感受的改变，更重要的可能是机体本身的变化。疼痛是伴随着组织损伤的一种不愉快的感觉和情绪上的感受，它是主观的，而组织损伤可能是已被发现的，也可能是潜在的。机体发生器质性变化，或是痛阈降低，都可能使患者更容易感到疼痛或对疼痛的感受更强烈。

因此，如果头痛、痛经等慢性疼痛患者的疼痛感突然变化了，可能提示病情已有变化，应该去医院检查，积极治疗原发病。不能查明病因的，应该在医生指导下更换止痛药或调整药量，或是采用神经阻滞疗法、电疗、磁疗等其他治疗方法缓解疼痛。

182. 为什么会做噩梦？

噩梦，又称为梦魇，人做噩梦时，会在睡梦中发出惊叫，或者突然从床上坐起，两眼圆睁，面色通红，号啕大哭，高声呼救，片刻后会安静并自行复睡。

噩梦是发生在睡眠中的一种异常表现。它的发生与精神因素有关，例如情绪过于兴奋、紧张、恐惧等。有时候做噩梦意味着身体已发生了某些尚未被察觉的疾病。一般说来，器质性疾病的发生，总会有某些特定的症状。但是，在疾病的发生之初，由于病症的刺激信息微弱，而在睡眠状态下其他较强的刺激信息会变弱，所以这时，病症的微弱刺激就可以引起大脑皮层的兴奋，从而在梦中会出现种种病态的恐怖感受。此外，生活中面临精神压力太大，也会通过梦境来释放一下，放松精神后就会自然消失。有的人喜欢看一些惊险、恐怖的影视录像或小说，这些刺激形成了记忆表象，一旦进入梦境就容易做与此有关的梦。另外，由于人的睡觉姿势不好，如趴着睡觉或手放在胸部压迫了心脏，容易做一些恐怖的噩梦。还有人在身体有病的时候，如头痛发烧、心脏不好造成大脑缺氧或供血不足也会做噩梦。

避免做噩梦应当减少不良的刺激，如少看或尽量不看易形成噩梦情景的影片或小说，避免不良的刺激在记忆中储存。睡眠前最好不要过度用脑，以免大脑皮层过度兴奋而引起梦境。睡眠时要注意身体姿势，一般采取右卧睡眠较好。仰着睡的时候，双手双脚自然垂直，枕头不要过高。要纠正趴着睡觉的不良习惯。

183. 身体各器官何时开始老化？

从人出生的那一刻开始，就已经走上了不断衰老的道路。只是，在25岁前，身体可以自行恢复；到了40岁后，身体机能则开始真正走向衰退。虽然人体各器官都在同时衰老，但其表现出来的时间却有早有晚，轻重有别。

（1）大脑：从20岁起，大脑神经细胞开始减少；40岁后，更将以每天1万个的速度递减，从而对记忆力、协调性及大脑功能造成影响。多让大脑活动是延缓细胞衰减的最好方法，如多读书、多运动。

（2）乳房：从35岁开始，女性体内雌、孕激素水平会出现失调，以致乳房逐渐衰老，感到乳房下垂，丰满程度也大不如前；40岁后，乳晕会急剧收缩。由于激素水平的失调，乳腺疾病也会接踵而来。保持激素水平平衡对延缓乳房衰老至关重要。坚持乳房日常检查，有问题及时治疗。

（3）眼睛：眼睛属于较早衰老的器官之一，一般在50岁左右会出现老花、视物不清等问题。而随着眼睛的衰老，白内障等可能致盲的疾病也会"找上门"。

（4）心脏：40 岁开始，心脏向全身输送血液的效率开始降低；45 岁以上男性和 55 岁以上女性心脏病发作的风险较高。想让心脏保持年轻，最重要的就是保持良好的生活习惯，少吃高脂肪、高热量食物，坚持运动，定期体检。

（5）骨头：这也是刚入 50 岁大关的人极易出现的问题，骨质疏松、骨刺都会给人们的生活带来很大的麻烦。补钙、多晒太阳是减轻此问题的法宝。

184. 人究竟为什么会发炎？

"发炎"即身体的炎症，是机体对致病因素及其损害作用产生的一种反应。根据炎症持续时间的不同，可分为急性和慢性两种。造成炎症的原因一是感染性的，即通常意义上所说的"发炎"，主要由病原体引起，包括细菌、病毒、真菌、螺旋体、衣原体、支原体和立克次体七大类；二是非感染性的，包括恶性肿瘤和自身免疫性病，物理因素，化学因素，机械因素等。

感染性炎症在生活中最普遍，其形成是人体和病原体相互斗争的过程。病原体通过各种途径侵入人体，像皮肤破损、消化道和呼吸道、接触感染或蚊虫叮咬等。有些炎症是有益的，尤其是感染性炎症，因为人体和病原体在斗争中一旦取胜，往往可以获得一定的免疫力，如甲肝、麻疹等。痊愈后人体将在一定时间内保持一定免疫力，不会再受感染。但感染如没能得到控制，人就会生病甚至会死亡。感染者还可能成为传播者，传染给其他人。此外，自身免疫功能紊乱产生的炎症会造成自身器官系统的损害。

一般来说，与外界相通的部位和与内在有细菌处相通的部位最易发炎，如皮肤、呼吸道、消化道、泌尿系统等。预防感染发生，一是尽量保护自体的防御屏障免遭破坏，注意避免外伤及伤口感染，保护皮肤及黏膜的完整与清洁。二是提高自身抵抗力。三是生活中要注意防止传染病，勤洗手，女性要注意阴道的清洁卫生。此外，感染后务必在医生指导下用药。

185. 脖子酸痛是颈椎病吗？

颈椎病是有其特定的发病基础的，也有许多相关的症候群，而不是某一单独表现就能确定其为颈椎病的。因为颈椎病一词在颈部外科中应用最多，在群众中流传最广，故许多人都把颈部疼痛和颈椎病联系起来，那是不切合实际，也是不科学的。

颈部疼痛可由许多原因引起，如颈部外伤、风湿性疾病、感染性疾病，甚至颈部肿瘤、心脏病、头部疾患都能引起颈部疼痛。颈部外伤多见肌肉拉伤，如落枕、扭伤、撞击伤等等，是由于颈部肌肉局部被撕裂，而出现出血、水肿等炎症性刺激反应导致疼痛及肌肉痉挛，从而使颈部活动也受到影响。如果有骨折发生，则疼痛更加剧烈。风湿性疾病如肌筋膜炎、类风湿性关节炎，等等，它是一种非细菌性炎症性疾病，但其疼痛范围广泛，多不剧痛。感染性疾病如颈部痒肿、化脓性病灶、结核性病灶，等等，多有肿胀，甚至有脓液排出。

一般来说，大部分人的脖子酸痛症状是由于日常生活和工作中的某些不良习惯造成肌肉疲劳僵硬，症状轻的可以通过调整坐姿、增加日常颈部活动来调理，落枕或受风引起的疼痛可以求助于按摩或拔罐。如果是长时间脖子酸痛同时有头晕头痛症状，就要考虑去医院做颈椎 CT 检查来确定是否为颈椎病，一旦确诊，病人应积极治疗，注意颈部使用。

186. 什么是助听器？

助听器，有盒式、耳背式、眼镜式三种类型。配戴它会帮助耳聋病人提高听力。但若配戴得不合适，听起声音来不清楚，甚至出现刺耳的噪声。

耳聋有两种，一是"传导性耳聋"，一是"神经性耳聋"。助听器对传导性耳聋有效果，对神经性耳聋不适用。

听力水平在 50～60 分贝之间的，或普通谈话交往有困难的耳聋病人，最适应配戴助听器。不过，盲目购戴，常使患者不满意，得不偿失。配戴之前应去医院清耳科医师进行全面检查，包括耳镜检查、音叉检查和电测听检查，确定耳聋的性质和听力损失的程度后，按医嘱确定是否配戴及权衡选择哪种类型的助听器。

有些传导性耳聋患者，比如慢性化脓性中耳炎、耳硬化症引起的可做手术治疗，其效果远比戴助听器好。

187. 睡姿不当可能导致哪些疾病？

大部分人睡觉都是怎么舒服怎么来，但不少人一觉醒来头昏眼花、腰酸背痛、疲惫不堪，究其原因，与睡姿不当有关。

侧卧可使脑梗塞病人加重血流障碍，特别是颈部血流速度减慢，容易形成血栓。所以脑梗塞病人，选择合适的枕高和仰卧睡眠较为妥当。

俯卧易致高血压和心脏病、诱发磨牙。因为俯卧加之枕头过低会使脑部血流量增加，时间长了对高血压的形成起到促进作用。俯卧位易使呼吸不自由，压迫内脏，不利于心脏的输血，引起噩梦，并影响脸部皮肤的血液循环。俯卧使下颌受到头部压力，下颌为了摆脱压力产生移动，形成磨牙。

右侧卧位会使胃部反流，像食管的酸性液体数量会大大多于正常情况，而且持续不断，容易引起胃部灼痛。

左侧卧位易诱发胆囊炎、导致心脏病。胆囊结石病人应尽可能平卧或向右侧睡。左侧卧位，不仅会使睡眠时左侧肢体受到压迫、胃排空减慢，而且使心脏在胸腔内所受的压力最大，不利于心脏的输血，也容易做噩梦，因此心脏病患者睡眠以右侧为好。若已出现心衰，可采用半卧位以缓解呼吸困难，切忌左侧卧睡。

人体处于睡眠状态时，血液循环减慢，头部供血减少。而坐着睡由于体位关系，供给大脑的血液更少，使人醒后易出现大脑缺血缺氧的症状，同时也不能消除疲劳。

188. 如何自我判断高血脂？

高血脂是导致冠心病、高血压及中风的危险因素，高血脂症一般表现不是很明显，视其严重程度也有所不同。绝大多数的高脂血症自己没有感觉，大多是在检查身体时，或者做其他疾病检查时被发现的。高血脂与饮食习惯有直接关系，暴饮暴食，大量摄入高脂高糖食物，酗酒过度都会损及脾胃引起血脂升高。缺少运动、贪睡、终日伏案、多坐少走，新陈代谢缓慢，久而久之，血脂同样会升高。情绪起伏大、长期思虑过度，易烦躁、易发火等也是血脂升高的原因。

高血脂症的危害主要表现是并发症，如高血脂症可以并发很多其他病，并发动脉硬化的、并发心脏的问题、出现脑子供血的问题或者出现肝功能异常或者肾脏出问题了甚至有的高脂血症胰腺炎。

那么，怎样才能知道我们是否出现高血脂并采取及时合理的治疗呢？可以从下面 5 个方面加以判断。

（1）常出现头昏脑胀或与人讲话间隙容易睡着。早晨起床后感觉头脑不清醒，早餐后可改善，午后极易犯困，但夜晚很清醒。

（2）睑黄疣是中老年妇女血脂增高的信号，主要表现在眼睑上出现淡黄色的小皮疹，刚开始时为米粒大小，略高出皮肤，严重时布满整个眼睑。

（3）腿肚经常抽筋，并常感到刺痛，这是胆固醇积聚在腿部肌肉中的表现。

（4）短时间内在面部、手部出现较多黑斑（斑块较老年斑略大，颜色较深）。记忆力及反应力明显减退。

（5）看东西一阵阵模糊，这是血液变黏稠，流速减慢，使视神经或视网膜暂时性缺血缺氧所致。

189. 多吃碘盐可以治病吗？

碘是合成甲状腺激素的重要微量元素，甲状腺激素通过血液作用于靶器官，尤其是肝、肾、心脏和发育中的大脑。碘缺乏可影响儿童身高、体重及骨骼、肌肉和性的发育，其中对于胎儿和婴幼儿脑发育与神经系统发育形成的损伤不可逆转。人体缺碘会导致单纯性甲状腺肿（也就是俗称的"大脖子病"）等缺碘性疾病。而我国大部分为内陆地区，远离大海，缺碘较严重。防治碘缺乏最适用、最经济、最根本的办法就是食盐加碘。加碘盐就是以普通食盐为载体加入一定量的碘酸钾，经混合均匀制作而成的食盐。它既有盐的物理化学性质也有碘的物理化学性质。长期食用加碘盐可同时起到补充人体必备的元素和健身、防病、治病的作用。

但对于高碘地区来说，食用碘盐就会造成碘过量。它同碘缺乏一样会危害人体健康，长期摄入过量的碘，可以引起甲状腺机能亢进症（简称碘源性甲亢）、甲状腺肿大、甲状腺机能减退等甲状腺疾病。由于婴幼儿身体发育尚不健全，对于碘过量反应可能会更敏感，因此，在高碘地区应食用特制的非碘盐。

世界卫生组织推荐的碘摄入量为成人每天 150 微克，儿童 70 微克，孕妇和哺乳期妇女为 200 微克。我国食用盐都是加碘盐，已基本满足人体所需，没必要再多吃加碘食品，如雀巢加碘奶粉类食物。是否缺碘应在医院明确诊断，确需补碘要在医生指导下进行。

190. 哪些人更易得骨质疏松？

据不完全统计，目前我国骨质疏松症患者约 900 万，而全世界至少有 2 亿患者有此种疾病，其中约 500 万因此发生骨折，约 1000 万因此死亡。骨质疏松症的危害如此严重，那么这种疾病的发生有没有迹象可循呢？答案是肯定的。经过流行病学调查，骨质疏松症有以下特定的高发人群。

（1）女性。女性到了更年期，雌激素分泌明显减少，骨质流失加快，继而出现绝经后骨质疏松症。

（2）老年男性。老年男性骨量随年龄增长而逐渐减少，骨结构发生变化，出现老年性骨质疏松症。据研究，此类骨质疏松症与钙缺乏和雄激素不足有关。

（3）滥用药物者。糖皮质激素、甲状腺素、肝素、苯巴比妥、苯妥英钠、环孢素A、四环素、含铝抗酸药、利福平等药物，长期大量服用，会抑制体内成骨过程，减少骨的形成，从而诱发骨质疏松症。

（4）血液系统疾病。患多发性骨髓瘤、溶血性贫血、血红蛋白病等疾病者骨量均会减少。

（5）患有慢性肝病、肾病以及胰腺功能不全等疾病。这些疾病均会影响人体骨的形成，使骨量减少，导致继发性骨质疏松。

最后一类人群是有不良生活习惯。包括长期吸烟、过度饮酒，高蛋白、高盐饮食，饮大量咖啡，活动量少等。

了解骨质疏松症的高危因素，是远离骨质疏松症的前提。及时发现和去除骨质疏松症的危险因素，改正不良生活习惯，积极从事适当的体育锻炼，提高身体协调性和灵活性，将减少骨质流失，从而摆脱骨质疏松症的阴影。

191. 结膜炎与角膜炎有什么区别？

角膜炎和结膜炎都是眼表最常见的疾病之一。它们的症状有一些相似之处，都会表现为眼部不适、流泪、眼内分泌物增加以及充血，很容易混淆。

角膜就是俗称的"黑眼球"，是一个透明的无血管组织，光线由此进入眼内，使人们可以看到东西；而结膜炎则发生于结膜，即覆盖于上、下眼睑内面和"眼白"上的透明黏膜组织，含有丰富的血管。

由于角膜由丰富的神经末梢支配，角膜炎发作时，常常会有眼痛，并在眨眼时加重症状，这种疼痛会一直持续到炎症消退，同时还可伴有畏光。而单纯的结膜炎则表现为异物感、发痒、灼烧感等，往往不会有疼痛和畏光症状。

角膜炎是一种严重的致盲性疾病，会导致不同程度的视力下降，这种眼病的病程长，恢复缓慢，若不及时得到控制，会进一步发展成为角膜溃疡甚至穿孔，最终可能需要角膜移植。单纯的结膜炎则不会影响视力。急性结膜炎即人们通常所说的"红眼病"，是由细菌或病毒感染所致，一般即使不治疗也可在10～14天内痊愈，用药后通常可在1～3天内痊愈。但如果发展成慢性结膜炎就比较棘手，患者会有眼痒、异物感、视疲劳、轻度充血和有少量分泌物等症状，炎症持续时间一长还会导致结膜肥厚。

总之，当出现眼红、眼痛或异物感等症状时，切忌滥用眼药水，应当在医生的指导下合理用药。虽然结膜炎相对来说病情较轻，但也不可掉以轻心，因为它和角膜相毗邻，炎症可能会向周围蔓延，导致角膜炎的发生。

192. 家长吸烟对孩子的危害有哪些？

"吸烟有害健康"尽人皆知，在许多公共场所禁止吸烟已被人们所接受。但是，一旦回到家里，没有别人的限制，一些人又开始"吞云吐雾"。然而，如果你选择在家里吸烟，最大的受害者可能并不是你自己，而是你幼小的孩子。

研究证实，孕妇吸烟越多孩子出现肢体畸形的危险就越大，母亲吸烟对孩子肺部产生的影响将是永久性的。被动吸烟会使儿童患哮喘、呼吸困难和肺功能下降的危险增大，智力发育迟缓，等等。吸烟家长的孩子易患支气管炎、细支气管炎或肺炎，而且其发生率与父母吸烟的程度成正比。虽然吸烟不是导致孩子哮喘的直接原因，但却能增加哮喘的发作次数和加重发作。儿童生活在烟雾缭绕的家庭环境中可增加急性或慢性中耳炎的可能性。家长在居室里吸烟还会引起孩子夜啼，如果大人在儿童吃食物时吸烟，就会使其恶心，当孩子把这种恶心与某些食物联系起来而形成条件反射时，就会拒绝吃那些食物。生活在吸烟家庭的孩子进餐后，腹痛的发生率比不吸烟家庭的孩子高 3 倍。此外孩子的模仿心理和好奇心比较强，父母在家里当着孩子的面吸烟，会增加孩子成为烟民的可能性。

综上所述，父母要检点自己，改变不良生活习惯，不仅仅是个人健康的需要，也是为了孩子的健康成长。

193. 嘴唇能提示哪些疾病？

正常人的嘴唇红润，干湿适度，润滑有光，如果身体有问题，嘴唇就会及时发出信号提醒。以下就简单列出一些与嘴唇颜色有关的疾病。

（1）上唇颜色焦枯或暗红可能是大肠病变，并伴有肩膀不松爽、口臭口疹、喉咙不畅、耳鼻不通等症状。

（2）上唇苍白泛青为大肠虚寒，泄泻、胀气、腹绞痛、不寒而栗、冷热交加等症状间或出现。

（3）下唇绛红色为胃热，并见胃痛、肢体重滞、噎呃、腹胀等症。

（4）下唇苍白为胃虚寒，会出现上吐下泻、胃部发冷、胃阵痛等症状。

（5）唇内红赤或紫绛，说明肝火旺，脾气急躁，胁下胀痛，吃食不下。

（6）唇内黄色可能是肝炎迹象，若暗浊，肝胆一定不佳。

（7）唇色火红如赤，发烧，心火旺，说明呼吸道有炎症。

（8）唇色暗黑而浊者可能是消化系统功能失调，时见便秘、腹泻、头痛、失眠、食欲不振等。

（9）泛白的唇色：是血虚的特征，血液循环弱，冬天四肢冰冷发紫，若营养失调，起居不良，容易导致贫血。

（10）双唇变黄而燥说明脾脏分泌工作有碍，削弱免疫系统的抵抗力及辅助造血功能，很容易受感染。

（11）唇青紫，在医学上称为"紫绀"：这是机体缺氧或药物中毒的征象。常伴有面色暗红或淡青，胸闷不舒或时有刺痛，心慌气短，舌有淤斑淤点等症状。

（12）唇皲裂指口唇出现裂隙或裂沟，古称"唇裂肿"、"唇燥裂"，是核黄素（维生素 B_2）缺乏或脾胃热盛及阴虚火旺的征象。

194. CT 检查对人体有危险吗？

CT 机是计算机 X 线断层摄影机，它是由 X 光机发展而来的。其分辨率和定性诊断准确率大大高于一般 X 光机。

一般来说，CT 对所有器质性疾病都可以进行检查，尤其对密度差异大的器质性占位病变都能检查出来并作出定性诊断。但最适于 CT 检查的病是脑部疾病，其中对肿瘤、出血及梗塞等病检查效果最好；其次是腹部实质脏器的占位病变，如肝、脾、胰、肾、前列腺等部位的肿瘤，对乳腺、甲状腺等部位的肿块也能显示并作出诊断；再其次则是对胸腔、肺、心腔内的肿块，脊柱、脊髓、盆腔、胆囊、子宫等部位的肿块检查。CT 对一些弥漫性炎症及变性性病变的检查效果稍差，如对肝炎，CT 检查无多大价值；对胃肠道内病变的检查，CT 不如内窥镜。CT 对肿瘤、肿块、出血等易于查出；但病变太小，尤其小于 6 毫米的病变，CT 则难查出。

CT 机属于放射线检查机器，所以有一定的放射线损伤，但人体所受的 X 线很少，每次检查所受的放射线仅比一般 X 光检查略高一点，一般不能引起损伤，但盲目的多次 CT 检查是不好的，滥用 CT 检查不仅浪费了医疗费用，而且一次 CT 检查，人体所接受的 X 线剂量大约为一次 X 线检查的 5～10 倍，X 射线对生物细胞有一定的杀伤破坏作用，过量地照射 X 射线后，会影响生理机能，造成染色体异常，导致癌症的发生。怀孕期间，做腹部 CT 检查要慎重，做其他部位检查时，也应对腹部采取一定的保护措施，如做 CT 前向医生要求穿戴防辐射的衣服，以免 X 射线对胎儿造成影响。

195. 缺少微量元素会得什么病？

微量元素一般指含量小于体重 0.01% 的矿物质，对孩子的生长发育起着不可缺少的作用。我国儿童比较容易缺乏铁、碘、锌。缺铁可造成缺铁性贫血，免疫力、感染抵抗力下降；缺碘最常见的症状是甲状腺肿大，严重的可引起痴呆；缺锌主要表现为性发育迟缓，食欲不振，味觉丧失。这3 种微量元素的缺乏都会对儿童智力和体格发育造成损伤，使他们冷漠呆板，认知能力和学习能力下降，直接影响学习成绩。所以，及时了解孩子的身体状况，避免微量元素缺乏是有很必要的。

缺乏某种微量元素可以通过食物补充，如缺铁可多吃动物肝脏、血制品及肉类，并注意补充维生素 C；补锌可多吃一些动物肝脏及贝壳类海产品；补碘可通过食用碘盐、海带等补充。微量元素缺乏的根本原因可能是脾胃吸收功能不好，盲目补充只会增加脾胃负担，导致进一步缺乏。所以补充微量元素的关键是调整脾胃功能。

但微量元素补充过量也会损害身体。除了碘，人体对其他微量元素的吸收率都不高。盲目给孩子服用补充微量元素的保健品，非但机体可能不吸收，还容易出现各种微量元素间的相互拒抗问题，如钙和锌会影响铁的吸收率，铁也会降低锌的吸收率。另外，微量元素补充过量还可能使人中毒，甚至导致死亡。例如，补铁过量会造成色素沉着，并导致冠心病；而补碘过量的症状和缺碘是完全一样的，也可导致甲状腺肿大，甚至呆傻聋哑。如果孩子出现缺乏某种微量元素的症状，应先到正规医院检查，然后根据医生意见进行治疗。

196. 突然消瘦预示哪些病？

尽管现在减肥成为全民追赶的时尚，俗话也说"千金难买老来瘦"，但如果体重突然下降或明显感到衣服变宽、腰带变松、鞋子变大等，可能并非好兆头。以下就是突然消瘦可能预示的几种疾病。

（1）糖尿病。1 型糖尿病的早期表现便是多尿、多饮、多食，同时伴有消瘦。这是由于患者体内没有足够的胰岛素，无法充分利用血液中的葡萄糖，但身体又需要能量，只有消耗脂肪，于是患者会迅速消瘦。

（2）癌症，如大肠癌、胰腺癌等。癌症早期症状并不明显，但消瘦绝对算其中之一。一般来说，肿瘤一旦被确诊就可能是晚期了。因此如果生活中发现自己体重不明原因地下降，或周围有人这样说，就要提高警惕了。因为肿瘤生长和身体其他器官争夺营养，这样一来就易消瘦。

（3）肝硬化、肝腹水等。患肝硬化、肝腹水等必然造成人体合成代谢下降、消耗代谢上升，人也会在数日内消瘦。而肝硬化的另一个标志则是在体重减轻的同时，伴有乏力、腹泻等。

（4）甲亢。如果你的食量没下降，但体重却一再减轻，同时伴有脖子粗大或出现心慌、失眠等，就可能患上了甲亢。老年人患甲亢不如年轻人容易识别，约 1/3 的病人无甲状腺肿大，其主要表现就是越来越瘦。

此外，慢性胃炎、消化道溃疡等也会让人迅速消瘦。总体来说，如果在一个月内，体重不明原因地下降了 10 千克以上，即使没有感到身体异样，也要及时就医。

197. 烂嘴角是因为"上火"吗？

民间通常认为烂嘴角是"上火"的缘故，只要大量喝水就会痊愈。事实却可能并非如此，烂嘴角在医学上称为口角炎，是秋冬季节易患的一种口腔疾病，其主要症状是嘴角皲裂、溃烂。口角炎的病因较为复杂，主要有营养不良、维生素缺乏、感染、创伤、变态反应、口角流涎等。对于口角炎的治疗首先应针对病因治疗，如纠正舔口角等不良习惯；牙齿缺失应及时修复，并注意口腔的卫生；如因维生素 B$_2$ 缺乏引起的，则给予补充维生素 B$_2$，或吃富含维生素 B 的食物，如动物肝脏、瘦肉、禽蛋、牛奶、豆制品、胡萝卜、新鲜绿叶蔬菜等。做饭时注意防止维生素流失，米不要过度淘洗，蔬菜要先洗后切，切后尽快下锅，炒菜时可加点醋。患口角炎出现局部灼痒感时，可用 75% 的酒精涂擦患处，并涂以少量皮炎平软膏。

患病时在短时间内大量喝水实际上会起到"水利尿"的作用，反而会使机体的水分减少，加重缺水的状况。涂紫药水会使口角更加干燥，使裂口加重。还有的家长给孩子涂牙膏、润肤露、香脂等，这些都有可能引起局部皮肤继发感染。当口角不适时切忌用脏手搔抓或用舌头去舔口唇部位，以防发生感染糜烂。

198. 哪些药物常用会伤肝？

俗话说"是药三分毒"，而肝恰好是最易被药物的毒性侵犯的器官。如，皮疹患者吃氯雷他啶会引起肝衰竭，服用肺结核药物会引起肝衰竭，等等。人体肝脏有排毒功能，程度轻的毒，肝可以自主排出体外，但重的就不一定能够完全排出。肝脏的毒没全排掉，就可能造成疾病。

药物造成伤害的程度取决于药对人体肝脏的毒性和机体对药物的反应两个因素。因此，我们需要在医生的指导下服药，尽量避免多种伤肝药一起吃。如果服用的两种药都会伤肝，那么最好能错开搭配，另选一种不伤肝的药物来代替。一般来说，易伤肝的常用药物有以下这些：

抗结核药物：利福平、异烟肼、乙胺丁醇等。

调降血脂类：他汀类（阿托伐他汀、洛伐他汀）、非诺贝特、氯贝丁酯、烟酸等。

类固醇激素：雌激素类药物、口服避孕药、雄性同化激素等。

心血管药物：胺碘酮、华法令、钙离子拮抗剂等。

抗风湿药物：消炎痛、芬布芬、阿司匹林、吲哚美辛等。

抗生素：氯霉素、罗红霉素、酮康唑、青霉素类、磺胺类等。

抗过敏药物：异丙嗪（非那根）、氯苯那敏（扑尔敏）、氯雷他定（开瑞坦）等。

抗溃疡药物：西咪替丁、雷尼替丁、法莫替丁等。

治发烧的药物：百服宁。

抗真菌的药物：达克宁（口服）。

199. 怎样防止煤气中毒？

煤气是氢气、一氧化碳、二氧化碳和氧气等多种气体的混合物，煤气中毒是指煤气中的一氧化碳进入人体会与血液中的血红蛋白结合成稳定的碳氧血红蛋白，它要比氧与血红蛋白的结合力大 200 ~ 300 倍，而碳氧血红蛋白的解离却比氧合血红蛋白慢约 3600 倍。因此，一氧化碳一经吸入，即与氧争夺血红蛋白，使血液的携氧功能发生障碍，造成机体急性缺氧。煤气中毒的主要表现有疲倦乏力、头痛眩晕、恶心呕吐、视物模糊、虚脱甚至惊厥昏迷，重度中毒如不及时治疗还会有生命危险。

防止煤气中毒的办法有如下几种：

（1）防止煤气管道和煤气灶具漏气。睡觉前应检查煤气开关是否关好，厨房是否有煤气漏出特有的臭味。如有可疑，可用肥皂水涂抹看是否冒肥皂泡。不能用点火来检查漏气，因为当空气中煤气的含量达 5% ~ 40% 时，遇明火就会发生爆炸。

（2）防止煤气点燃后被浇灭而导致大量泄气，切不可在点燃煤气后离开厨房，去做其他事情。

（3）正确使用煤气热水器。热水器必须安装在通风良好的环境中，严禁安装在浴室内。一人洗澡，要有他人照看，防止热水器火焰熄灭，造成漏气。

（4）正确使用煤炉。用煤炉烧饭、做菜、取暖时，一定要把产生的废气通过管道输出室外。

（5）保持室内空气流通。煤气燃烧生成的一氧化碳在空气中的含量达 1% 时，就对人有害处；达 4% ~ 5% 时，人就感到头痛、眩晕、气喘；达 10% 时，能使人不省人事，呼吸停止甚至死亡。

（6）轻度煤气中毒，可到室外呼吸新鲜空气就能缓解；较重者，应立即送医院治疗。

200. 拉肚子是痢疾吗？

腹泻，俗称拉肚子，是指每日大便次数多于3次，大便性状改变，不成形或是水样便，黏液脓血便。痢疾只是腹泻中的一种，是由痢疾杆菌感染引起，是急性腹泻。

腹泻可分为急性腹泻和慢性腹泻。急性腹泻的常见原因有：（1）食物中毒，如沙门氏菌属感染、金黄色葡萄球菌外毒素性食物中毒、河豚鱼中毒及重金属中毒。（2）肠道寄生虫感染，如急性阿米巴痢疾、梨形鞭毛虫感染。（3）急性肠道传播病，如霍乱、伤寒、细菌性痢疾等。（4）饮食不当，如暴饮暴食引起的肠道分泌异常。（5）化学药物，如毒扁豆碱、新斯的明、巴豆、砒霜及各种导泻药。

痢疾是由痢疾杆菌所引起的肠道传染病，临床主要以腹痛、里急后重、泻下脓血便，便次频为主要特征。本病一年四季均可发生，但以夏秋季多见。痢疾的传染途径是粪便、手、口，即痢疾病人排出的大便中存在着大量的痢疾杆菌，可以通过污染水源引起大流行，也可以通过苍蝇、蟑螂等污染食物，还可以通过病人用过的餐具、玩具、工具等传染给健康人。无论是通过什么途径，只要痢疾杆菌进入人体消化道，就有可能在肠道内大量繁殖，经数小时至7天左右的潜伏期引起痢疾。

出现严重腹泻且有便血症状时，需要马上前往医院诊断病因，并做针对治疗，防止延误病情，或使急性症状转为慢性。

201. 扁桃体为什么容易发炎？可以切掉它吗？

扁桃体位于人的口腔深处，是口咽部上皮下的淋巴组织团块，通常所说的扁桃体即指腭扁桃体。它在童年时发达，成年后逐渐萎缩。扁桃体处咽喉要冲，与外界关系密切，而扁桃体内的温度、湿度又很适合细菌繁殖，因此当身体抵抗力降低时很容易被病菌袭扰而发炎。

扁桃体内有淋巴组织、浆细胞和参与细胞免疫的T细胞、B细胞，能产生各种免疫球蛋白和特殊抗体，还能分泌干扰素，抑制细菌生长。因此，它是人体的防御器官，参与人体免疫功能网络，其免疫力在3~5岁的儿童身上表现最为活跃。因此对5岁以下儿童，切除扁桃体要慎重。

而在5~6岁以后，扁桃腺的免疫功能会逐渐被其他器官所取代，因此若扁桃体炎反复发作并对全身产生不利影响时，可以考虑将扁桃体手术摘除。一般来讲，若扁桃体有严重感染，反复发炎，影响咽鼓管功能，使听力受影响；或引起反复发作的关节炎、风湿病、哮喘等疾病时，就应该施行切除。儿童时期的扁桃体生理性肥大影响到呼吸、吞咽和发音时，也应切除。

容易患扁桃体炎的人平时要多锻炼身体，增强体质，同时注意口腔卫生，及时治疗附近组织的疾病，饮食宜清淡，不吃辛辣刺激性食物，戒除烟酒，平时多喝水，多吃些清热的水果等。还要注意随天气变化及时增减衣服，多开窗通风去除室内潮湿的空气。当感觉有咽部不适时可使用西瓜霜润喉片，既可以缓解症状，也可以预防扁桃体炎的发生。如果出现咽部充血、脓点或破溃，则可在患处喷上西瓜霜喷剂及时治疗炎症。

202. 为什么站着说话不腰痛？

有一句口头禅"站着说话不腰痛"，确实道出了广大慢性腰痛患者的心声，他们坐不住，因为坐一会儿就腰痛，只能站起来。

这是因为，当人站着时，腹部的肌肉处于收缩状态，当腹肌绷紧时，会使腹腔容积缩小，内容物不变，压力就会增高。如同一个打足了气的篮球上面可以站人一样，腹压增高后，我们头部、上肢、躯干的重量可以直接通过腹腔向下传递至骨盆、下肢。当我们坐着时，腹部肌肉是松弛的，身体的重量主要通过脊柱骨向下传递，如果脊柱骨或其周围肌肉出了问题，不能长时间承受这样大的重量，腰痛就难以避免了。

对于很多人来说，腰痛发生了，理所当然地去医院骨科看，照完 X 光片，医生会说"骨头没事儿"。但是疼痛依然存在，唯一的办法就是吃止痛药或者奔波在各大医院之间。

其实腰痛主要是肌肉的问题，比如腰肌劳损。对于多数人来说，每天快走半小时，坚持两到三个月就能得到明显缓解。

203. 什么草可以止血？

我们常在电视剧中看到把草药放到嘴里嚼嚼，然后敷到伤口上止血消毒的画面，这并不完全是杜撰，下面就介绍一些具有止血功能的植物。

止血药可分为四大类。

（1）凉血止血药：如大蓟、小蓟、地榆、槐花、苎麻根、白茅根、侧柏叶等；

（2）化淤止血药：如三七、茜草等；

（3）收敛止血药：如血余炭、藕节、仙鹤草、棕榈炭等；

（4）温经止血药：如炮姜、艾叶等。

部分药物可从西医来解释止血药理：如三七、紫珠草、小蓟可使局部血管收缩而止血。仙鹤草、紫珠草可作用于凝血过程，缩短凝血时间，增加血小板数及促凝。白芨可增强血小板第Ⅲ因子活性，缩短凝血活酶生成时间。三七、蒲黄能增加血液中凝血酶。茜草可纠正肝素引起的凝血障碍，有抗肝素的效能。槐花、白茅花能改善血管壁功能，增强毛细血管对损伤的抵抗力，降低血管通透性。大蓟、小蓟、地榆、艾叶、仙鹤草能抑制纤维蛋白溶酶（纤溶酶）的活性。止血药中的三七、茜草、蒲黄等既有促进血凝的一面，也有促使血块溶解作用，这说明其功能兼具止血与活血祛淤功能，有利于止血而不留淤。

因此，如果在野外受伤流血而未携带药物，也可以试着寻找这些植物来止血，防止身体失血过多。

204. 什么是猪肉绦虫病？

猪肉绦虫又称猪带绦虫，或钩绦虫，是一种常见的人体寄生虫，每天排卵数可达几十万粒，猪吞食了虫卵就会患囊虫病，这种猪肉可在肌肉、脑、肝等器官见米粒大小白点，即通常所说"米芯肉"。人误食了这种猪肉后，虫卵就在人体生长发育，由于其不能直接在人体内发育成成虫，而是停留在人体各组织器官中。猪肉绦虫寄生在人体内不仅吸取营养，还分泌毒素引起腹部不适、腹泻；成虫寄生在人脑，可引起癫痫、阵发性昏迷、呕吐；寄生在眼的任何部位可引起视力障碍，甚至失明，这些被统称为绦虫病。绦虫病在我国分布较广。饮食习惯是决定肠绦虫病多寡及其种类不同的关键因素，喜食生肉的地区感染率高。

如果出现以上症状且近期内曾食用猪肉，应尽快前往医院检查，判断是否有猪肉绦虫寄生在体内，以便进行下一步的治疗。纠正吃生肉的习惯是预防本病的关键，食用猪肉一定要充分煮熟。此外，购买猪肉应去正规的大型菜市场或超市，防止在小商贩处买到"米芯肉"。

槟榔、南瓜子合用对于此病的治疗非常有效，此外也可服用灭绦灵（氯硝柳胺）、吡喹酮、仙鹤草、甲苯咪唑、丙硫咪唑等药物来驱虫，但要注意这些药物都需要在医生的指导下服用。

205. 什么是肢端肥大症？

肢端肥大症是脑下垂体因增生或肿瘤而引起生长激素分泌过多引起的皮肤及骨骼异常增生性疾病。未成年者发病会引起巨人症，成年者发病则表现为渐进性的骨骼生长，手足增大，皮肤增厚，颜面粗糙，皱纹加深，鼻唇沟增宽，舌、口唇变厚。指、趾尖逐渐增大，最后形成鼓锤状。小汗腺及皮脂腺功能亢进，表现为多汗、多脂，毛发增粗，以及其他内分泌障碍，如色素增加，妇女多毛，甲状腺机能亢进，糖尿病等。X 射线检查会显示垂体增大，生化检查发现生长激素增高。而如心脏肥大、高血压、恶性睡眠、呼吸暂停等这些威胁病人生命的情况则相对不易观察到。

肢端肥大症患者的死亡率较普通人群约高 2～4 倍。肢端肥大症发病部位较为广泛，可累及全身绝大多数器官和组织，包括软组织肿胀、腕管综合征、头痛、视力损害、糖耐量减低、糖尿病、高血庄、睡眠呼吸暂停、多汗以及心脏、肝脏、结肠、肾脏等器官的增大等。

在治疗上，如肿瘤较大时，只要病人身体条件能够耐受手术，应首先考虑手术治疗。对肿瘤向上生长压迫视交叉神经，影响视力、视野者更应及早手术，以挽救视力，避免失明。如引发此病的垂体肿瘤较小，以及病人全身情况较差，手术危险性大，或病人坚持不愿手术者，可采用放射治疗。手术未能全部切除肿瘤者术后也应放射治疗，以增强疗效。经过放射治疗而疗效尚未完全显示出来之前作短期应用，以及不能手术者，也可采用药物治疗。

日常生活护理篇

206. 怎样预防糖尿病？

糖尿病有三种不同的类型：1 型糖尿病、2 型糖尿病和妊娠期糖尿病。三种糖尿病的病因不同：1 型糖尿病主要是因为患者的胰岛素分泌不足，多发生在青少年中，患者可能是因为遗传、自身免疫系统缺陷或病毒感染等原因诱发疾病；2 型糖尿病是因为患者的身体对胰岛素不敏感，但是胰岛素的分泌量并不低，一般是中老年患者比较多，患者大都肥胖，造成这种情况的原因是，随着年龄的增长，患者饮食中的热量增加而运动量减少，也有可能缘于遗传因素；妊娠期糖尿病是怀孕妇女分泌的激素导致胰岛素抵抗，激素异常、肥胖和遗传是它的诱因。

针对糖尿病的不同情况和病理特点，应采取的预防措施有：

（1）吃饭要有规律，而且要细嚼慢咽，不要暴饮暴食。食物中要多加蔬菜，不要吃太多高热量的食品，特别是不要在短时间内吃过多的甜食。而且，生活也要有一定的节奏，保持良好的习惯。

（2）经常锻炼身体，提高自身的免疫力，也使热量的摄取和释放保持平衡，防止肥胖症的发生，同时也要注意劳逸结合，保证休息，特别是尽量不要熬夜。

（3）不要乱吃抗生素类的药品，有糖尿病家族史的人应该注意按时体检，了解自己的身体状况，在最大的程度上减少自身的糖尿病患率。

总之，糖尿病是一种常见病，大家应该对此高度重视，尤其是年龄较大的朋友，更应注意相应的保健。

207. 怎样预防颈椎病？

颈椎病是颈椎骨关节、颈椎骨、颈神经、颈椎间盘等发生的病变。主要由于颈椎长期劳累受损，或者因为骨质增生、颈椎间盘脱出、颈神经或动脉受到压迫等原因发病。颈椎是脊柱中体积最小，但活动却最频繁的部位，它有很大的灵活性，又经常负重，所以特别容易受到损伤。而且，人们在 30 岁以后，颈椎间盘就开始退化，随着年龄的增长会更加明显，因此，中老年中患颈椎病的人特别多。颈椎病的症状主要是头、颈、手臂、肩膀等部位发酸、发麻，脖子僵硬、不灵活，患者有时出现头晕、耳鸣，四肢无力，平衡失调，抓握用不上力，严重者甚至呕吐、晕倒，还有的因为累及神经而导致胸闷、视力下降、吞咽困难、大小便失禁等，造成失眠、抑郁等问题。因此，颈椎病的预防非常重要。

预防颈椎病要做到以下几点：

（1）不要使颈椎长期处于劳累的状态，也就是不要使颈部长期保持同一姿势，看书、上网、工作一段时间后要注意休息和活动颈部。

（2）活动或休息时要保持正确良好的姿势。特别是坐姿和睡眠的姿势，枕头的高低也很重要。运动前要做好颈部的准备活动，防止损伤。不要使颈部突然负重。

（3）做好颈部的日常护理，防止颈部受风，有外伤或感染要及时治疗。

（4）加强锻炼，提高免疫能力，增强机体的活动能力。

（5）饮食要合理，劳逸要结合。养成良好、规律的生活习惯。

208. 如何巧治落枕？

人们经常在睡觉后发生落枕的情况，突然感到颈部肌肉疼痛，尤其是头颈部无法正常转动。虽然过一段时间后它可以"自愈"，但要是有家人、朋友进行一下简单的处理，可以减轻或是清除落枕的痛苦。落枕一般是由睡觉姿势不当或是枕头垫得过高造成的，若是颈部外伤、受凉，或是颈椎病也会引起落枕。以下介绍几种治疗落枕的简易方法：

（1）按摩。站在落枕者身后，用手指轻按颈部找出最痛点，然后将一手的中、食、无名指并拢，在最痛点上由轻到重按揉 5 分钟左右。可以左右手交替进行。

（2）冷敷。一般落枕都属于急性损伤，表现为局部疼痛和僵硬。这样，在 48 小时内只能用冷敷。可以用毛巾包裹细小冰粒敷在疼痛处，每次 15~20 分钟，每天两次，严重者可每小时敷一次。

（4）热敷。等到疼痛减轻时，再考虑热敷。可以用热水袋、电热手炉或热毛巾敷在疼痛处，热敷的同时，也可以配合活动颈部，一般治疗 1~2 次，疼痛就可缓解。

（5）选用正红花油、甘村山风湿油、云香精等，在痛处擦揉，每天 2~3 次，对颈部疼痛有一定的效果。

（6）将伤湿止痛膏外贴于颈部痛处，每天更换一次，止痛效果较为理想，但是贴膏后颈部活动会受到一定的限制。孕妇忌用。

（7）口服去痛片 1 片，有临时止痛的效果。

209. 如何快速处理腿脚抽筋？

人们经常在睡觉的时候半夜突然被腿脚抽筋疼醒，小腿肌肉变得很硬，疼痛难忍，并持续几秒到数十秒钟之久。那有没有可以快速处理腿脚抽筋的方法呢？此时一般可以马上用手抓住抽筋一侧的大脚拇趾，再慢慢伸直脚，然后用力伸腿把痉挛的小腿肌肉拉直，并且把往下抽筋的脚板往上扳，这样腿脚抽筋的情况可以得到缓解；或是用双手使劲按摩小腿肚子，也能起到一定的效果，在抽筋过后要注意小腿肌肉的保暖。如果腿抽筋的情况多次频繁发生，就应该去医院治疗了。

腿脚抽筋用医学话语来说就是肌肉痉挛，它是肌肉产生的不自主的强直收缩。因为缺钙、疲劳过度或是受寒都可能造成腿脚抽筋，所以人们关键是要在日常生活习惯中预防肌肉痉挛。

（1）驱寒保暖。小腿肌肉受寒冷刺激容易引起腿抽筋，如夏天游泳时水温较低，或是晚上睡觉时没盖好被子，因此平时注意身体的保暖就可避免腿抽筋。

（2）注意睡眠姿势。很多人睡觉时喜欢把被子捂得很严实，但是在仰卧的时候，被子很可能会压住足部，这样使腓肠肌和足底肌肉紧绷，紧绷的肌肉很容易发生痉挛。所以只要平时睡觉时将被褥拉松一些就可以了。

（3）走路或运动时间不要过长。当走路时间过长或是运动过量时，小腿肌肉最容易发生疲劳。当它疲劳到一定程度时，就会发生痉挛。因此适量的运动可以避免腿脚抽筋。此外平足和其他身体构造的问题使一些人特别容易发生腿抽筋，穿舒适的鞋是弥补的方法之一。

（4）补钙。在肌肉收缩过程中，钙离子起着重要作用。当血液中钙离子浓度太低时，肌肉容易兴奋而发生痉挛。青少年生长发育迅速，很容易缺钙，因此就常发生腿部抽筋。所以日常饮食中要注意补充钙和维生素 D，多吃含钙丰富的食物，如虾皮、牛奶、豆制品、瘦肉等。

210. 流鼻血时应该立刻仰起头吗?

流鼻血时，人们都习惯于将头向后仰、鼻孔朝上，认为这样做可以有效地止血。其实，这种做法是不正确的。从表面上看，鼻血似乎没有往外流了，但实际上鼻腔内血还在继续向内流。流鼻血时如果头往后仰，还会出现以下情况：首先，流鼻血时头向后仰，容易使鼻腔内已经流出的血液因姿势和重力的关系向后流到咽喉，容易误吞进食道及胃肠，刺激胃肠黏膜产生不适感，严重的可能会导致呕吐。其次，在出血量大时，还容易吸呛入气管及肺部，堵住呼吸气流造成生命危险。所以，流鼻血时人们不要仰脖子。

制止鼻血的正确做法应是保持头部正常直立或稍向前倾的姿势，这样可以使已流出的血液向鼻孔外排出，以免留在鼻腔内干扰到呼吸的气流。然后在确定没有鼻骨骨折的情况下，可以用拇指、食指按压鼻梁两侧近鼻翼处的位置，时间为 10~15 分钟，同时也可以用拇指压住虎口处或直接冰敷在"鼻根"及"鼻头"（即整个鼻子）上面加强止血效果。此外，还可以在鼻孔内放入无菌小纱布帮助加压止血，为了方便取出，最好将纱布一端拖在鼻孔外。如果压迫超过了 10 分钟仍未止血，或是严重外伤所导致的流鼻血，此时就需要送医院做进一步的救治。

211. 如何调理便秘?

生活中很多人都有便秘的现象，下腹膨胀但又排出困难，上厕所时痛苦不堪。严重者还会出现食欲不振、头昏无力等症状。一般便秘可以分为无张力便秘、痉挛性便秘和阻塞性便秘三种，综合起来，人们可以在日常饮食上注意以下几点治疗便秘。

（1）短时间内大量饮水。大肠的一个基本功能就是回收粪便中的水分，身体内越缺水，结肠回收的水分就越多，粪便越干燥，便秘也就越严重，所以喝水一定要充分。当便秘发生时，短时间内大量喝水，可能会有一部分水超过小肠的最大吸收能力，到达大肠，直接软化粪便，并增加大肠内的压力，促进粪便的排出。

（2）大量摄取膳食纤维。对付便秘最重要的饮食项目是纤维和水分，这两者可以软化结肠，促进粪便的排出。主食中含有比较多的膳食纤维，因此便秘者每餐要有意识地多吃主食，如果是粗杂粮则更好（尤其是玉米、小米、燕麦片等)。同时蔬菜也含有丰富的膳食纤维,一次饮食可以摄入大量(比如500克以上)的蔬菜,特别是那些纤维含量比较高的蔬菜,如小葱、小白菜、小萝卜菜、芹菜、菠菜、南瓜、韭菜、茼蒿、芸豆、洋葱、油菜及各种野菜等,能有效地缓解便秘。还有一些食物也含有比较多的膳食纤维,如香蕉、地瓜、萝卜、香菇、木耳、海带、魔芋、裙带菜以及含有膳食纤维的保健品等,这些食物也可以在日常饮食中多加摄取。

(3)多喝酸奶。酸奶(乳酸菌饮料也可以)含有活的乳酸菌,后者是大肠内正常的有益菌群的主力,补充乳酸菌可以改善粪团的性状,促进粪便排出。

212. 如何安全有效地避孕呢?

目前避孕方法不少,要了解多种避孕方法,根据自身的情况选择适合自己的避孕方法,有效地达到安全避孕的效果。常用的避孕方法有以下这些。

永久性避孕法,包括女性结扎输卵管、男性结扎输精管。

使用男用避孕套,即安全套。优点是使用正确能够有效避孕,还可有效防止性病的传播。

宫内放置节育器。优点是副作用少,可以放置很长时间。需要注意的是上环后的3个月内环容易脱离正常位置,所以要去做X光或B超检查,以免环离开正常位置导致带环受孕。有妇科炎症、月经过多或不规则以及生殖道肿瘤的妇女不适合带环。

安全期避孕法。原理是避开排卵受孕时间而避孕,其优点是非常方便且性生活时不影响性感受。这种方法只适于月经周期非常规律的女性。这样女性大约是在下次月经前的14~16天排卵,在此日期前后的2天和4天内不安全,其他日期则是安全的。这种方法只能偶尔使用,刚生完孩子以及哺乳的妇女不宜服用避孕药可使用此方法。

外用避孕药膜。优点是对阴道上皮无损伤,也不改变阴道自净作用,也不污染衣物。外用避孕药膜平时要置于阴凉干燥处,以防受潮而影响药效。

口服短效避孕药和注射避孕针。必须牢记服药时间,如果漏服必须在规定服药时间的12小时内进行补服。同时,要把药品放置干燥、阴凉处,以防变质而影响药效。避孕针容易引起月经不规律,还没有生过孩子的妇女最好不要采用。

皮埋药物避孕。优点是避孕方法简单、易行,对身体一般无太大影响。新婚妇女，糖尿病、高血压、有血栓栓塞患者以及较为肥胖的妇女不宜采用。

使用女用避孕套。女用避孕套是一种专为女性设计的新型避孕工具，它既可防止女性意外怀孕，又可以保护女性不染上性病。

紧急避孕药。无保护性交或避孕失败后 24 小时内首次使用，最迟不超过 48 小时。紧急避孕法不能作为长期的手段来避孕，因为它对子宫内膜和内分泌的功能干扰很大，长期使用不利于女性健康，只能在偶然发生的无防护性生活后紧急使用。

213. 慢性咽炎的症状表现及其防治有哪些？

如果人们感觉咽部有异物感、发痒疼痛，则很有可能是患有慢性咽炎的疾病。慢性咽炎是咽黏膜的慢性炎症，常为呼吸道慢性炎症的一部分。它的典型症状就是咽部有各种不适感觉，如有异物感、发痒、灼热、干燥、微痛、干咳、痰多不易咳净，讲话易疲劳，或在刷牙漱口、讲话多时易恶心作呕。长期过度吸烟喝酒，或是受粉尘、有害气体的刺激，都可引起本病。同时慢性咽炎也多为急性咽炎反复发作转为慢性或者各种慢性病继发所致。一般病程很长，难以治愈。除去局部和全身治疗外，坚持用温的淡盐水在睡前及饭后含漱，对咽黏膜有很好的保养作用。如果不是急性发作，不要滥用抗菌消炎药，必要服用时，也应在医生指导下使用。下面介绍几种饮食调治慢性咽炎的方法。

（1）多吃富含胶原蛋白和弹性蛋白的食物，如猪蹄、猪皮、蹄筋、鱼类、豆类、海产品等，这些食物有利于慢性咽炎损伤部位的修复。

（2）多摄入富含维生素 B 的食物，如动物肝脏、瘦肉、鱼类、新鲜水果、绿色蔬菜、奶类、豆类等，它们既有利于促进损伤咽部的修复，又能消除呼吸道黏膜的炎症。

（3）少吃或不吃煎炸、辛辣刺激性食物，如油条、麻团、炸糕、辣椒、大蒜、胡椒粉等。

（4）经常饮用一些利咽生津的食疗饮品，如西瓜汁（将西瓜切开取汁当茶饮用，即可清热除躁，又能养阴润燥，适宜于常吃），绿豆海带汤（将绿豆与海带（切丝）放于锅中，加水煮烂，后入白糖调味，每日当茶喝）。

此外加强身体锻炼，增强体质，预防呼吸道感染，忌烟酒刺激，合理安排生活，保持心情舒畅，避免烦恼郁闷等可以有效改善慢性咽炎的症状。

214. 如何有效预防风湿病？

人们常误认为风湿病就是关节炎，其实这种看法是不正确的。"风湿"并不是指一种病，而是一种以骨、关节、肌肉、韧带、滑囊、筋膜疼痛为主要表现的一大类疾病的总称。我国最常见的且危害性最大的风湿病有：急性风湿病（风湿热）、类风湿性关节炎、强直性脊椎炎、骨性关节炎、痛风等。中医学认为，风湿病就是风寒湿邪侵袭人体，闭阻经络，致使气血远行不畅引起的肌肉关节麻木疼痛、屈伸不利或是肿大。它多发生在冬春寒冷季节。由于本病较难治愈，因此我们有必要了解一些基本的预防措施。

（1）争取早期诊断、早期治疗。虽然风湿病的致残率比较高，但如果获得早期诊断及早期的治疗，仍然可以控制病情的发展甚至痊愈。所以人们要是出现了风湿病的各种症状要及时去医院就诊。

（2）加强锻炼，增强身体素质。人们应经常参加体育锻炼或生产劳动，增强身体素质，从而提高抗御风寒湿邪侵袭的能力。

（3）避免风寒湿邪侵袭。风湿病发生的一个很重要的病因就是身体受到了风、寒、湿、冷的侵袭。所以，要防止身体受寒、淋雨和受潮，关节处要注意保暖，不要穿湿衣、湿鞋、湿袜等。尤其是夏季暑热当头，不要贪凉受露，暴饮冷饮，浸泡凉水等。另外，在水湿潮冷的环境中工作时的，一定要注意使用劳动保护用品；出汗后不可以马上吹凉风或用凉水洗浴；内衣汗湿后应及时更换洗净，垫褥和被盖也应勤洗晒，保持卧具的清洁干燥。

（4）预防和控制感染。有些类风湿性关节炎是在患了扁桃体炎、咽喉炎、鼻窦炎、慢性胆囊炎、龋齿等感染性疾病之后而发病的。所以，预防感染和控制体内的感染病也是很重要的，发现龋齿或得了扁桃体炎、中耳炎等病，要及时请医生彻底治疗。

215. 如何有效预防关节炎？

关节炎是指由炎症、感染、创伤或其他因素引起的关节炎性病变，属风湿学科疾病。它的主要症状是关节红肿、热、痛和功能障碍。关节炎是一种常见的慢性疾病，它有100多种类型，其中最常见的有骨关节炎和类风湿关节炎两种。科学研究表明，类风湿关节炎病情严重者平均寿命大约缩短10～15年。那我们平常可以注意哪些事项预防关节炎这个"隐形生命杀手"呢？

第一，控制自身饮食结构，均衡饮食，少吃肉类，多吃蔬菜。饮食的酸碱平衡对于关节炎的治疗及并发症的防治是非常重要的一个环节。

第二，经常进行户外运动，在阳光下多做运动多出汗，可以帮助排除体内多余的酸性物质，从而预防关节炎的发生。

第三，保持良好的心情，不要有过大的心理压力，压力过重会导致酸性物质的沉积，从而影响新陈代谢的正常进行。适当地调节心情和自身压力可以保持弱碱性体质，从而预防关节炎的发生。

第四，补充关节软骨成分。人体关节软骨在20岁过后将不再生长，并会逐年磨损。同时要保护关节软骨不要受伤，科学研究表明，喜欢穿高跟鞋的女性，因膝关节压力过重，长期下来，将会出现退化性膝关节炎。医生建议爱美女性最好少穿高跟鞋，在不得不穿时，应避免蹲跪或爬楼梯动作。

216. 如何有效预防老人痴呆症?

老年痴呆症是一种非正常的退行性脑病，由于脑功能的逐渐衰退，导致日常生活能力下降、思维能力下降、记忆力减退，出现不认识家人，性格改变，情绪不稳，焦虑多疑，健忘，穿衣、吃饭、大小便都不能自理，甚至有的还会有幻听幻觉。目前老年痴呆症已经成为继心血管疾病、脑血管疾病和癌症之后老人健康的"第四大杀手"。那老年人可以采取哪些措施预防老年痴呆呢?

首先，在起居饮食方面，要有规律，不可变换无常。一般应早睡早起，定时进食，定时排便，少食盐、多吃鱼、多补充微量元素和维生素。同时老年人也应保持活力，多运动、多用脑，多和朋友谈天、打麻将、下棋等，这能保持头脑灵敏，锻练脑细胞反应的敏捷度。科学研究表明，整日无所事事的人患痴呆症的比例远远高于平时多运动多用脑的人。其次，也可以采取药物预防的方法，中医学理论认为老年人衰老的本质是阳虚血淤。因此老年阳虚者可常服健脾补肾之品，如五子衍宗丸之类，可防衰老，同时也可酌情选用月见草、泽兰、泽泻、白术、黄芪、葛根、川芎之类活血药物用于改善大脑组织的血流灌注，维持大脑代谢的正常，这对预防痴呆的发生具有积极的意义。此外也可选用月见草油胶囊4粒（日3次）、复方丹参片3片（日3次）、泽泻白术散10克（日2次）、活血通脉片5片（日3次）、愈风宁心片3片（日3次）中的一种服用。最后，注重精神的调养，人们常说"笑一笑，十年少"，因此老年朋友要注意保持乐观情绪，少忧愁思虑，知足常乐。同时注意维持好人际关系，家庭的和睦可以保持心情愉快，并能增强抗病能力。此外避免精神刺激，以防止大脑组织功能的损害。

217. 如何治疗失眠？

失眠是一件很痛苦的事情，身体乏困却大脑清醒，在床上翻来覆去也没法入睡，从而因失眠而影响到次日的工作和生活。失眠的人常常因为难以诱导自己进入睡眠而苦恼，不得不服用药物来强制自己睡觉。其实早期的轻度失眠，经过自我调理的办法就可奏效，没有必要服用药物让身体产生不良的影响。自我调理的方法具体归纳为以下三种。

（1）查找失眠的原因。造成失眠的因素很多，如果是因为出门在外，不适应环境而导致的失眠，应先有思想准备，主动调适，有备无患，不会因紧张担心而睡不好。如果是因为疲劳而难以入睡者，可以食用苹果、香蕉、橘、橙、梨等一类水果。因为，这类水果的芳香味，对神经系统有镇静作用，同时水果中的糖分，能使大脑皮质抑制而容易进入睡眠状态。但是对因疾病而引起的失眠症状，则应及时去医院诊治，不能认为失眠算不了病而延误治疗。

（2）睡前放松身心。睡前到户外散步一会儿，放松一下精神，上床前或洗个沐浴，或用热水泡脚，对顺利入睡有良好的效果。此外还可以做一些简单的放松运动来促进睡眠，例如"鸣天鼓法"（上床后，仰卧闭目，左掌掩左耳，右掌掩右耳，用指头弹击后脑勺，则会听到呼呼的响声。连续弹击直到感觉微累为止。停止弹击后，头慢慢靠近睡枕，两手自然安放于身体两旁，便会很快入睡了）。

（3）喝杯热牛奶。据研究表明，睡前喝一杯加糖的热牛奶能增加人体胰岛素的分泌，增加氨酸进入脑细胞，促使人脑分泌睡眠的血清素；同时牛奶中含有微量吗啡样式物质，具有镇定安神的作用，从而促使人体安稳入睡。

（4）合适的睡姿。睡眠姿势当然以舒适为宜，而且因人而异。但侧卧的睡眠姿势有利于全身放松，使人睡得安稳。

218. 如何正确使用蚊香？

常见的蚊香有两种：电热蚊香和盘式蚊香。电热蚊香几乎无烟，加热后释放到空气中的颗粒很小，对人体危害小，适合于密闭性较好的空间；电热蚊香又有片式和液体两种，效果较接近。使用片式蚊香时，可以在上面滴三四滴水，加温后更易挥发有效成分。盘式蚊香散发的烟雾较大，燃烧释放的颗粒也大，会给使用者造成被动吸烟的感觉，因此相对于电热蚊香来说，对人体危害大些，但杀蚊效果较好，适合在工棚等密闭性差、开放式或半开放式的空间内使用。

但是，很多蚊香的有效成分是除虫菊酯杀虫剂，以及有机填料、黏合剂、染料和其他添加剂等，蚊香燃烧的烟里因此含有许多对人体有害的物质，有可能诱发哮喘等疾病。我们应该学会正确时使用蚊香。

（1）国家对蚊香的原料有严格规定，正规的蚊香产品大家可以放心使用。一些禁用的原料因为灭蚊效果强，个别商家还在偷偷使用，所以大家在购买蚊香时要注意：不要过分相信广告；看标识，重要的是两个标志——国家农委的批准文号，主要成分。

（2）使用蚊香时，最好几个牌子轮着用，这样蚊子不易产生抗性。但要注意，蚊香要放在离人体 1 米外的地方，睡觉时最好把蚊香放在脚部，因为如果摆放的位置太靠近头部，容易被吸入体内。

（3）专家建议夏季驱蚊最好采用安全天然的方法，尤其是婴幼儿和孕妇。比如用蚊帐或纱窗把蚊子隔绝在外；或者在卧室内放置几盒开盖的清凉油和风油精。当然，要想从源头上消除蚊子，最好是把蚊子容易滋生和繁殖的地方打扫干净，特别是浸水和阻塞的水槽。

219. "打摆子"了怎么办？

打摆子，又称冷热病，就是疟疾。这是一种由于疟原虫寄生于人体所引起的传染病，主要由受染的雌性按蚊叮咬而感染。该病具有明显季节性与地区性，临床上一版以规律的发冷、发热、出汗、脾脏肿大及贫血为特征，并根据原虫种类分为间日疟、恶性疟、三日疟、卵圆疟或卵形疟。

疟疾是一种传染性较大的疾病，患病后可采用下列措施：

（1）疟疾发作时，要积极治疗，控制症候，停止其发作；休止期治疗，主要设法预防疟疾的复发。

（2）积极加强体育锻炼，增强体质，是预防发作的良好方法。

（3）疟疾患者除了请医生针对病因治疗外，也可进行食补，以配合治疗，具体如下。

①煮龟汤：乌龟（500 克左右）1 只。将乌龟杀死后，加适量水煮熟，食盐调味，吃肉喝汤，每日 1 次，治愈为度。

②烧狗肉。鲜黄狗肉 250 克。取黄狗肉炖熟后，加食盐调味，吃肉喝汤，每日 1 次，疗程不限。

此外，患疟疾还要注意：

（1）忌食羊肉。羊肉大热，能引发疾病。

（2）忌食腥发食物，如公鸡肉、鹅肉、鲤鱼、竹笋、糯米等。疟疾病人脾胃功能低下，这些食物多食则难以消化、吸收，反而生湿助热，出现脘闷、头痛、肌肉疼痛等症候，于病情不利。

（3）忌食寒凉生冷食物，如凉拌蔬菜、各种冷饮、茄子、黄瓜、冬瓜、肥肉、蟹、田螺等。

220. 如何去除蔬菜水果的残留农药？

蔬果上残留农药被人食用后，在人体内积累过多容易造成中毒，激素、细菌、虫卵也会威胁人类的健康，以下是几中洗净蔬菜的简单方法。

方法一：用清水浸泡洗净。这种方法主要适用于叶类蔬菜。先用水冲洗掉蔬菜表面的脏东西，然后用清水浸泡蔬菜10分钟以上。由于一般污染蔬菜的农药（主要为有机磷杀虫剂）难溶于水，所以在浸泡时可以加入蔬果清洗剂，促进农药溶出。浸泡后用清水冲洗干净。如此浸泡、清洗两至三遍，基本能够清除掉大部分的农药残留。

方法二：用碱水浸泡。大部分有机磷杀虫剂在碱性条件下会迅速分解，可以将冲洗后的果蔬放在碱水中浸泡5～15分钟。碱水的调配以500毫升清水兑5～10克食用碱的比例为宜，根据实际菜量配上足够的碱水，浸泡后用清水冲洗蔬菜，重复浸泡清洗三次左右。

方法三：直接清洗去皮。水果蔬菜的表面残留农药较多，削去外皮可以有效去除残留农药。这种方法适用于带皮的蔬菜，如胡萝卜、黄瓜、冬瓜、茄子、西红柿等。

方法四：放置储存一段时间。随着时间的流逝，农药在空气中会缓慢地分解为对人体无害的物质。对于南瓜、冬瓜等易于保存的瓜果蔬菜，可以存放一段时间以减少农药残留量，一般存放15天以上。

方法五：加热烹煮。氨基甲酸酯类杀虫剂随着温度升高分解加快，对芹菜、豆角、圆白菜、青椒等其他方法较难以处理的蔬菜可以采用这种方法。先用清水将菜蔬表面的脏东西洗掉，然后放在烧开的水中煮2～5分钟，捞出后用清水冲洗1～2遍，再进行下一步的烹调。

221. 如何预防与治疗中暑？

发现自己和其他人有中暑表现时，首先要做的是迅速离开高温环境，选择阴凉通风的地方休息，并多饮用一些含盐分的清凉饮料。还可以在患者的额部、颈部涂抹清凉油、风油精等，或者服用人丹、十滴水、藿香正气水等中药。如果出现血压降低、虚脱等症状时应立即平卧，及时上医院静脉滴注盐水。对于重症中暑者应将其转移至阴凉通风处，迅速将其送至医院，采取综合措施进行救治。

预防中暑的措施有：第一，出行躲避烈日。夏天最好不要在10～16点时在烈日下行走，如果要在此时外出，一定要做好防护工作，如打遮阳伞、戴遮阳帽、戴太阳镜等，有条件的最好涂抹防晒霜，还要准备充足的水和饮料。此外，十滴水、仁丹、风油精等一定要带在身边，以防万一。外出时的衣服尽量选用棉、麻、丝类的衣服，不要穿不透气不吸汗的尼龙衫裤。老年人、孕妇、有慢性疾病的人，特别是有心血管疾病的人，在高温季节要尽可能地减少外出活动。第二，要及时补水。根据气温高低，每天喝1.5至2升水。出汗较多时可适当补充一些盐水和茶水。夏天多吃生菜、黄瓜、西红柿、桃子、杏、西瓜、甜瓜等的含水量较高的时令蔬菜水果。另外，适当吃点牛奶等乳制品，不仅能补水，又能满足身体的营养之需。第三，还要保持充足睡眠。睡眠时注意不要躺在空调的出风口和电风扇下，以免患上空调病和热伤风。

222. 脚扭伤了怎么办？

下地干活、运动，会经常出现脚扭伤的意外，一旦意外发生，首先要分清伤势的轻重。如果脚扭伤后还能持重站立，勉强走路，说明伤势较轻，可以自己处置；如果脚扭伤后足踝活动时有剧痛，不能持重站立或移动，疼的地方在骨头上，并逐渐肿起来，说明可能伤到骨头，应立即到医院应片诊治。

自己处理扭伤，要注意正确使用热敷和冷敷。扭伤初期可用冷敷，使血管收缩凝血，控制伤情发展。24小时后可用热敷，促使扭伤处周围的淤血消散。不要胡乱按揉患处，扭伤初期在血肿处持续按24小时后再揉，以肿处为中心，向周围各个方向擦揉。扭伤初期，如果肿胀和疼痛逐渐加剧，应该停止活动，抬高患肢。待病情趋于稳定后，如果不是很痛，可逐步加大足踝部的活动。还有就是合理用药。扭伤初期，不需内服药，而且不宜外敷活血的药物，以免血流更多，肿胀更大，必要时用喷雾喷洒伤处，会缓解疼痛。24小时后，可内服云南白药、跌打丸或活血止痛散，再外敷五虎丹，消肿后就不必内服和外敷药物了。

如果伤到骨头，到医院打上石膏后，一定要注意：上石膏20分钟内，不能随便移动患足。上好石膏的24小时内，应注意石膏的松紧。足部上石膏，一般不能够着地行走。如果是夏天上石膏，足应放在凉爽处。冬天上石膏，则要注意患肢保暖。如果上石膏后疼痛更加厉害应及时请医生检查。

223. 怎样喝酒不伤肝？

很多时候，不得不喝酒，喝多了身体又受不了，严重时会产生急性酒精中毒，长期喝酒又会引起酒精肝硬化。那么，该如何喝酒又不伤肝呢？

首先，选择喝低度酒。同等量下，低度酒对肝脏等器官损伤比高度酒要低。如果喝白酒和黄酒可以温热一下喝，在温热过程中酒中的一些酒精、甲醛等物质会挥发掉一些，使酒的浓度稍微降低点，但是不会影响酒的口感，这样酒的伤害就更小了。

其次，在喝酒过程中多喝白开水。多喝白开水可以加速酒精从尿液中排出，减少肝脏负担。只要有不喝酒的间隙，就最好喝水。很多人会在喝酒前吃解酒药，但解酒药只能减轻酒后的不舒服感，不能减少酒精对肝脏的损伤。

再次，喝酒不要喝得急。一通猛灌不仅容易醉，而且对呼吸道、胃等器官的损伤更大。

最后，配合吃菜促进酒精排除。在喝酒过程中可以吃点凉拌萝卜、西瓜，萝卜西瓜都能解毒排酒精。但千万不要吃腊肉、咸鱼等，它会与酒精发生反应，更伤肝脏。实在不行也可以吐，使一部分酒精吐出，也能减少对身体的损伤。

如果喝得不舒服了，甚至醉酒了，可以喝点蜂蜜水、果汁、番茄汁，或吃点新鲜葡萄。

224. 吃错药了怎么办？

有些人可能由于忙乱、粗心等原因导致吃错药、过量服药甚至误服毒物。如果发生这种情况不要过分紧张，冷静后采取有效措施可以及时地挽救。

如果吃错了药首先要弄清楚吃的是什么药或毒物。如果搞不清楚，就要将装药品或毒物的瓶子及病人呕吐物带到医院检查。

如果是吃错了或多吃了维生素、健胃药、消炎药等，通常问题不大，只要大量喝水排尿，从尿中排出或将其呕吐出来就行。如果是大量服用了安眠药、有机磷农药、化学液体等毒性或腐蚀性较强的东西时，应立即拨打 120 求救或直接送往医院抢救。有条件的，可同时进行现场急救。

现场急救主要是立即催吐及解毒。催吐的目的是尽量排出胃内的毒物。如果是吃错了安眠药、有机磷农药，就让他大量喝温水，然后用手指抠喉咙催吐。如此反复直至吐出来的东西澄清、无味为止。催吐必须第一时间进行，时间长了毒性已经渗透到身体里了，就可能没有挽救的机会了。

如果是喝了有机磷农药中毒的人，口气中有一种大蒜味，可让他喝下肥皂水再反复催吐解毒。对于吃错了强酸强碱性化学液体的人，不能喝清水也不能催吐急救，而是应该立即服用牛奶、豆浆、鸡蛋清，以减轻酸碱性液体对胃肠道的腐蚀。同时立即送医院急救。

需要注意的是，催吐不能喝盐水等带辛辣的汤水。已昏迷的人和误服汽油、煤油等人不能进行催吐，以防窒息发生，另外病人丧失意识或者出现抽搐时，也不宜催吐。

225. 有肝病的人为什么绝对不能喝酒？

人们常说：少量饮酒有益。饮酒能活血化淤，预防冠心病。但是，对于肝病患者来说，是绝对不能喝酒的。这是因为哪怕一点点酒都会对肝病患者的肝脏造成很严重的损害。

（1）酒精能直接损害肝脏。酒中的酒精在正常情况下可以被不断地分解后通过尿排出来，只要被完全分解了就不会对肝脏造成损害。但是肝病患者的肝功能不全或有障碍，不可能完全地将酒精分解掉，因此酒精或其他物质就直接进入肝脏损害肝细胞。喝酒越多，其肝脏受到的损害也越重。

（2）酒精进入人体后会抑制肝细胞的再生。肝细胞有很强的再生能力，具有正常功能的肝细胞不断地再生可以修复受损的肝脏。但是酒精进入肝脏后就会使正常的肝细胞停止再生，再加上酒精对受损肝脏的刺激，肝脏受损就更严重了。

（3）酒精降低了抗肝炎病毒药物的药效。慢性肝炎病人的身体内几乎都有肝炎病毒在活动，医生常用抗病毒药物，如干扰素等抑制其体内的病毒活动，控制病情。当酒精进入血液后就极大地降低了药的抗病毒效果，使得药物不能发挥作用，从而影响肝病病人的康复。

（4）酒精对人的细胞和器官具有强烈的刺激和麻痹作用，可能会诱发一系列的病变，尤其是有受损的肝细胞会发生癌变导致肝癌。

所以有肝病的人绝对不能喝酒，要做到滴酒不沾。

226. 什么是酒精性肝炎？

酒精性肝炎是指长期过量喝酒引起的不同程度的肝脏炎性损害疾病，主要特征有恶心呕吐，肝脏肿大和压痛，厌食乏力。

酒精性肝炎如果继续发展将导致肝硬化。而引起酒精性肝炎的最直接原因就是喝酒。酒中的酒精对肝脏细胞有严重的损害作用，尤其对于肝脏病人，还可引起并发症，如肝功能衰竭、上消化道出血等。

基本的治疗措施包括戒酒，低脂饮食，常规给予维生素 B 族、维生素 C 和维生素 E，同时还有保肝药物如肝泰乐、甘草甜素等口服。现在更新更好的治疗方法运用到临床上，能够有效改善症状，促进肝功能好转，且无明显不良反应。

特别需要强调的一个问题是：酒精性肝炎的治疗根本在于彻底戒酒，无论是治疗期间还是治愈后的日子里，病人都要滴酒不沾才行。

227. 为什么男人不要留胡须？

青春期后的男性一般都会长胡子，而且长得快，这是雄性激素作用的结果。长胡子部位的血管分布要比头发根部多，养分也容易得到，所以刚刮去胡子，不几天就又长了。

胡须长了应及时刮掉，这样不仅可以显得年轻一些，而且不会因为不卫生影响健康。胡须具有吸附性，人在呼吸时，可排出多种有害的化学气体，均可粘在胡子上；空气中含有多种重金属微粒和细菌灰尘颗粒，尤其在繁华的街道，汽车尾气排放出的尾气也会被胡须吸附；如果是吸烟的人，烟灰、烟圈中的废弃物都会吸附到胡子上；再加上平时出汗，油脂分泌多，胡子都不用打油就油光闪亮了。其实正是这些油脂使胡子具有超强的吸附性。所以留长胡子的人怎么看怎么觉得不干净。

胡子上的油脂、灰尘、颗粒物等脏东西平时用清水洗脸时较难去除干净，特别是油脂，清水根本洗不干净。所以胡子就成为一个窝藏和繁殖病菌和微生物的温床，而这些病菌或微生物离人的口腔呼吸道很近，随着人的呼吸作用，被吸回呼吸道，危害人的健康。

另外，当大人去亲吻孩子时，胡子很可能就会扎到小孩的皮肤，这样胡子上的有害物质和病菌会转移到小孩脸面皮肤上或进入口腔，招致各种疾病。

228. 怎样预防和处理蚂蟥？

在稻田、池塘、沟渠、河流等处劳作时，经常会遇到蚂蟥，它常叮咬在人的皮肤上吸血，并且还可以钻进肉里。这时，人们由于恐慌，经常用手指想要将它拉出来，其实这个做法是非常错误的，因为拉出来的往往只是它的身体而已，它的头仍然留在皮肤里，更容易造成感染。

所以，如果因劳动等非去蚂蟥会经常出没的地方，就要在下水之前，穿上厚质长袜，将裤脚塞入袜内，并扎紧袜口，这样蚂蟥就钻不进去了。如果在袜口、裤管上喷上风油精等对蚂蟥就更有驱除作用了。

如果一旦不幸被蚂蟥咬住，要注意如下几个处理办法。

（1）切忌硬性将蚂蟥拔掉，因为越拉蚂蟥，它的吸盘就吸得越紧。如果一旦蚂蟥被拉断，其头部还会继续留在伤口内，更容易造成感染。

（2）在蚂蟥叮咬部位的上方轻轻拍打，这样可以促使蚂蟥松开吸盘而掉落。如果当时条件允许，还可以用清凉油、食盐、浓醋、酒、辣椒粉、石灰等其中的任意一种滴撒在蚂蟥身上，使其放松吸盘而自行脱落。

（3）用火烧。使用这个方法时要特别小心，千万不要把自己烫伤了。

（4）蚂蟥一旦掉落，伤口一般会流血不止（如果没有出血，可用力将伤口内的污血挤出）。用干净手指或纱布按住伤口，持续一到两分钟出血便可停止，然后再涂上紫药水或者就近去医务室处理伤口，以防感染。

229. 为什么不要随便使用感冒药？

感冒药有预防感冒的作用吗？有些人认为接触了感冒病人就应吃点感冒药预防一下，以免被传染上。其实多数治疗感冒的西药以解热镇痛药为主，只能减轻感冒的一些症状，并没有增强抵抗力、抗菌或抗病毒的作用，即使吃了感冒药也能够被传染上。因此，感冒药没有预防感冒的作用。相反，长期使用解热镇痛药，有可能导致身体里白细胞减少，白细胞减少会使身体抵抗力降低，更容易受感染。

有的人认为感冒病小，或症状比较重，身体很难受，就想一次多吃点感冒药把病治好，或者多吃几种感冒药全面地抗毒。其实这样很不安全。因为感冒药的成分差不多甚至相同，只是不同的药厂出的不同名称的药，几种药同时吃很容易用药过量。是药三分毒，治好了感冒还好，要是没治好，反而可能因为过量用药的毒副作用而引起问题。

滥用感冒药最严重的就是当出现和感冒一样症状的时候，如流鼻涕、咽痛、发热、全身不适等以为是感冒了，就自己找点感冒药吃，结果吃了以后不仅没好反而更严重了，这就很危险了，说明这可能不是单纯的感冒或根本就不是感冒，再按感冒吃药可能会贻误病情。

230. 如何预防夏季感冒？

人们普遍认为，感冒多发生在冬季，夏季一般不会患感冒。因此在夏季，许多人对感冒的警惕性不高，反复着凉，甚至产生各种并发症，使感冒恶化。夏季也应积极预防感冒。

相比较来说，冬季感冒除了天冷着凉外还有可能是在公共场合被传染，夏季感冒更多的是因为身体突然着凉，使血液受冷而反射性引起鼻子和喉咙的一时性缺血，使抵抗力减弱，感冒病毒乘虚而入。另外夏季天干气热，人容易口渴心烦、燥热上火，从而导致身体抵抗力下降引起感冒，流清涕，头昏脑涨，心烦口渴，四肢无力。这样的感冒比一般感冒症状要严重。

夏季感冒还有一个重要的原因就是受热后马上用凉水冲或吹凉风。有的人出了很多汗，为了贪图凉快，还没待歇一歇汗就马上冲个凉水澡或者对着电扇、空调吹，凉风立马就从毛孔穿进身体里引起感冒。

预防夏季感冒应多喝水、多睡觉、多锻炼，保持较好的身体状态，提高抵抗力。夏季感冒不容易治好主要是因为在治疗时没有辨清病症，有人一发热就用清热药，不仅没治好病，反而使病情加重。如果没有引起并发症，只要吃点解热镇痛药，再加上足够的休息，一般一个星期左右就能痊愈。

231. 煎中药要注意什么？

煎中药首先要选择器具。不是任何器皿都可拿来煎药，陶瓷沙锅性质稳定，传热均匀，并且能避免煎煮过程中与药物发生化学变化，是煎煮药物的首选。铜、锡、铝锅煎药都会影响药物的疗效。

煎煮前切忌清洗草药。因为很多中草药的药物成分可溶于水中，如果用水一洗这些成分就丢失了，减低了药的治疗效果。但是煎煮前用凉水浸泡药物是很有必要的，浸泡的水是接着再煎煮的，不能浸泡后就倒掉，溶于水的成分依然还在药液中，不会降低药的疗效。

煎煮中药要讲究方法，煎煮时间和火的大小都会影响药的效果。因为药的性质不同，火候、时间也各不相同。煎煮治病药如治疗外感风寒、风热感冒症状的药不能时间太长，会使一些药的成分挥发而降低药的效果，一般都是大火煎煮好了就关火；而滋补调理的中药先开始用大火煮，然后再用小火煎，这样煎出的药液浓度高，药效好。

煎药还要控制好水量，它直接影响到药的效果。通常情况下，煎药用水多少与药的质地、吸水性及煎药时间长短有关。一般来讲，加水后按住饮片，以液面超过饮片约 2 厘米左右为宜。水太多的话，则会延长煎药时间，使一些不能煎太长时间的药物失去药效，不能喝完的药水也会浪费掉。

中药煎的次数越多效果越低，一般中药煎两次。随着煎的次数的增加，添加的水也相应减少，根据药物种类来确定。

如果药煎好后不马上喝，要将药倒出药罐另外盛放，以免影响药的效果，而且天热还容易坏。

232. 抗生素类中药有哪些？

具有抗细菌、真菌、病毒感染作用的中草药或中成药很多，其中不少属清热解毒、泻火凉血之类。这些药不仅具有抵抗病原微生物感染的作用，还能提高机体的免疫功能，而且药源充足，不良反应少，即使在有众多抗生素和合成抗感染药出现的今天，仍显示其特有的优越性。

（1）黄连和小蘖碱：只适于治疗肠道感染如肠炎、菌痢等。

（2）黄芩：黄芩对痢疾杆菌、葡萄球菌、溶血性链球菌、肺炎球菌及流感病毒、皮肤真菌等有不同程度的抑制作用。常治疗上呼吸道感染、急性扁桃体炎、菌痢、肠炎等。

（3）金银花：对葡萄球菌、溶血性链球菌、肺炎球菌、百日咳杆菌及某些呼吸道病毒有抑制作用，主要用于呼吸道感染、急性扁桃体炎、咽炎、肠道感染、腮腺炎等。

（4）鱼腥草：对肺炎球菌、葡萄球菌和溶血性链球菌有较强的抑制作用，对流感杆菌、流感病毒、某些真菌也有一定抑制作用；还有提高机体免疫功能以及利尿、止血、镇痛、止咳、促进组织再生等作用。可用于治疗肺脓肿、急慢性支气管炎、肺炎、慢性宫颈炎、附件炎等。

（5）穿心莲：对葡萄球菌、肺炎球菌、绿脓杆菌、痢疾杆菌等有效，其有清热解毒、消肿止痛作用。可用于治疗上呼吸道感染、肠炎、菌痢、皮肤化脓感染等。

（6）四季青：该药具有较广的抗菌谱，对革兰阳性菌和阴性菌均有较强的抑制作用。可用于咽喉炎、扁桃体炎、急慢性支气管炎、尿路及胆道感染，也可用于烧、烫伤的局部治疗。

（7）蒲公英：对葡萄球菌、溶血性链球菌、肺炎球菌、大肠杆菌、痢疾杆菌等均有抑制作用。

（8）大蒜：有效成分为大蒜辣素和大蒜新素。该药为广谱抗霉菌和抗细菌药物。适用于治疗深部霉菌感染、隐球菌脑膜炎、霉菌性肠炎、百日咳、细菌性肠炎、痢疾等。

（9）大青叶及板蓝根：其抗菌谱较广，对葡萄球菌、链球菌、大肠杆菌和一些病毒有抑制作用，可用于上呼吸道感染、乙型脑炎、腮腺炎等的治疗。

233. 拔火罐也能拔出病来吗？

用拔火罐治病，是我国民间流传很久的一种独特的治病方法，方法操作简单、方便易行，且效果明显，连一些外国人也很感兴趣。拔火罐其实是一种负压的物理疗法，中国人称它为淤血疗法。当然不是所有的病都能够拔火罐，拔火罐也能拔出病来。

肺部有病的人不能拔火罐，否则会拔出气胸来。肺部有病如肺结核、肺脓肿、支气管扩张、肺炎等，可能就有一些身体里的水滞留在肺泡里，一拔火罐，肺泡破裂就会导致气胸，会严重危害身体健康。

拔火罐的时间不宜长，更不是拔出水疱来才能体现拔火罐的效果。拔火罐根据火罐大小、材质、负压的力度各有不同。一般从点上火到起罐最好不超过 10 分钟。因为拔火罐的主要原理在于负压而不在于时间，如果说在负压很大的情况下拔罐时间过长直到拔出水疱，这样不但会伤害到皮肤，还可能会引起皮肤感染。

拔火罐还要注意不要拔后马上洗澡。因为拔火罐会损伤皮肤，如果马上洗澡容易导致皮肤发炎，更不能用冷水洗澡，凉气透过皮肤很容易受凉感冒。但可以先洗澡再拔火罐。

春天风寒感冒多，用火罐将寒气拔出来可有效减轻症状，不过在北方天气干燥，皮肤水分少，拔火罐时容易造成皮肤破裂。

所以拔火罐方法不对也能拔出病来或对身体造成损害，最好请有经验的或专业的人拔，既能治好病又不带来其他伤害。

234. 什么是刮痧？

刮痧是以中医皮部理论为基础，用器具（牛角、玉石、火罐）等在皮肤相关部位刮拭，以达到疏通经络、活血化淤的目的。但值得注意的是刮痧并不是越痛越黑越有效。其实，刮拭部位出痧后是微红色或紫红色就可以了。刮痧部位、力道等若掌握不好，片面追求出痧的颜色，不仅没有起到祛病的作用，还会造成皮肉损伤。

刮痧的相对适应证主要有：感冒、发烧、中暑、头痛、肠胃病、落枕、肩周炎、腰肌劳损、肌肉痉挛、风湿性关节炎等病症。其他病症采用刮痧就要慎重了，弄不好会加重病情。病人在刮痧过程中如果出现不适症状，应迅速停止刮痧，让他平躺着，喝点温开水或温糖水，休息一会儿，很快会好转。当刮痧时出现头晕、面色苍白、心慌、出冷汗、四肢发冷、恶心欲吐等则是出现了"晕刮"。

为预防刮痧出现意外，操作的人要特别注意掌握好刺激度，即病人所能够承受的强度和力度。另外，医生应做好预防措施和把握好刮痧的禁忌证：空腹、过度疲劳的人，身体瘦弱、疮疡、溃烂或肿瘤，有心脏病、出血性疾病的人不能刮，低血糖、过度虚弱和神经紧张、特别怕痛的人要给他轻刮。

刮痧也是一种对人体穴位刺激的家庭实用救治方法，但不是所有的刮痧都单一地进行，更不能"头痛刮头，脚痛刮脚"。因为刮痧前一定要排除了刮的部位没有受伤或其他严重的疾病，只有确定了病情才能对症刮痧。

另外，由于刮痧多少对**皮肤存**在一定的损伤，所以一次刮完后要等过一段时间，一般为五至七天左右，再进行第二次刮痧。

235. 吃东西噎着了怎么办?

小孩因果冻或花生卡在食道或气道的事件不断发生,如果抢救不及时就会窒息而亡。很多家长认为果冻比较软,适合孩子吞咽和消化。其实,小型杯样装的果冻最容易使小孩噎着。

小型杯装果冻又称"迷你果冻",食用时可以一口吸食,但小型杯装果冻的大小与儿童的喉咙大小差不多,儿童通过挤压将果冻吃进嘴里很有可能不慎被噎住。表现为突然呛咳、不能发音、喘鸣、呼吸急促、皮肤发紫,严重者可迅速出现意识丧失,甚至呼吸心跳停止。那么该如何急救呢?

由于孩子的身体组织官很柔嫩脆弱,可采取如下方法:

使孩子平躺在坚硬的地面或床板上,面向上,抢救者跪下或站在孩子的脚的位置。或抢救者坐着,使孩子骑在抢救者的两大腿上,面朝前。抢救者以两手的中指或食指,放在患儿胸廓下和肚脐上的腹部,快速向上重击压迫,动作一定要柔和。重复几次,直至挤出堵塞物。

如果是大人或是稍大的孩子噎着了,可以采用如下方式:

施救者站在被噎着的人身后,双手环抱在被救者的腹部,一手握空心拳,将拇指侧顶住被噎者腹部正中线肚脐上方两横指处,另一只手握住这个拳,用力向被噎者腹部向上向内挤压。每次挤压动作明显分开,重复进行直到异物排出来。

值得注意的是如果发生堵噎情况,千万不要叩击被噎人的背部,应在迅速与医院联系或将病人转送医院的同时,立即对其进行现场急救。

236. 老人胃口不好怎么办?

消化系统的吸收主要靠脾胃,因此调节脾胃功能会直接影响到老人的味觉和食欲。如果老人是由于消化系统功能下降,导致吸收不好、消化不良,则可选择山楂、陈皮、神曲等一些健胃消食的食物对消化功能进行调节。

关键在于调理老人的膳食。老人膳食应适当减少总量,提高质量,应含有比较适宜的丰富营养素。适当节食有助于老人长寿,经常吃得过饱,老人容易发胖,而高血压、冠心病、糖尿病、胆结石等有关疾病就会紧随其后了。老人膳食的原则是荤素搭配,以素为主。鱼、蛋、奶和豆制品可提供老人所需的优质蛋白质。多吃一些蔬菜水果,除了可提供多种维生素和矿物质,还可提供较多的膳食纤维,可兴奋肠道蠕动,清理肠道和通便。调制膳食时,食物应切碎煮烂,注意色、香、味和清淡,利于消化吸收。膳食不宜过硬、过粘、过咸、过于油腻,不宜多吃油炸熏烤食品和甜食，食油宜以植物油为主。此外，不宜一味追求精制食品。老人早晚宜食粥，可根据自己需要，烹制种种食疗粥：莲子粥、山药粥、红枣粥、小豆粥、枸杞羊肉粥等，经常食之，获益不浅。

另外保持心情的舒畅，保证良好的睡眠，加强体育锻炼，慢跑、打太极拳等也有利于帮助消化。

237. 怎么治打嗝？

我们每个人都有过打嗝的经历，这种令人有点尴尬的生理现象在医学上称为"呃逆"。受到寒冷刺激、饱餐、吃饭过快、吃进干硬食物后，都可能出现暂时性的呃逆，这不能算病，所以也不必看医生。

从生理上看，打嗝是因为横膈膜痉挛收缩而引起的。横膈膜是分隔胸腔和腹腔的一大块肌肉，它每次平稳地收缩，我们的肺部便吸入一口气；由于它是由脑部呼吸中枢控制，横膈膜的肌肉会有规律地活动，我们的呼吸是可以完全自主运作的，我们也不需要时常记着怎样呼吸。打嗝时，横膈肌不由自主地收缩、空气被迅速吸进肺内，两条声带之中的裂隙骤然收窄，因而引起奇怪的声响。

发生打嗝时不要心焦气燥，若因过饱过急饮食造成者，数分钟内可自动缓解，不过不要在打嗝时服冷饮，也不要做剧烈运动。

当然，在一些重要场合，我们还是需要一些迅速制止打嗝的办法。

（1）用拇指和食指捏紧鼻梁根部，同时深呼吸，大约 4～5 次就可见效。

（2）让打嗝者饮少量水，尤其要在打嗝的同时咽下。

（3）婴儿打嗝时，可将婴儿抱起，用指尖在婴儿的嘴边或耳边轻轻搔痒，一般至婴儿发出笑声，打嗝即可停止。

最后要注意的是，虽然大部分打嗝现象都是短暂性的，但中老年人或生病者突然打嗝连续不断，可能是提示有疾患或病情恶化，需引起注意，要请医生诊治。

238. 怎么防止血吸虫？

血吸虫病是由于人或哺乳动物感染了血吸虫所引起的一种疾病。人得了血吸虫病会严重损害身体健康。由于血吸虫病严重危害人类的健康，影响疫区经济发展，因此，人们称它为"瘟神"。

人一年四季都可能感染血吸虫，尤其是 4～10 月份最容易感染。不同地区、不同职业、不同习惯的人感染血吸虫的高峰季节也不相同。

春季雨水多，气候温暖，最适宜钉螺活动。加上人们春耕生产繁忙，下水的次数多，因此感染的机会较多。

夏季气温高，下湖、下河游泳洗澡的人数多，接触疫水的时间长，身体暴露的面积也大，受感染的人数有可能增加。一般来说，急性血吸虫感染以夏季最为常见。

秋季温度也适宜钉螺活动，且又是捕鱼的好季节，鄱阳湖、洞庭湖等沿湖地区居民纷纷下湖捕鱼、捉虾，常常发生急性感染。

凡是生活在血吸虫病流行区或到过疫区的人，如果接触过疫水，都有感染血吸虫的可能。当出现皮疹、发热、腹痛、腹泻、乏力、肝脏不适等症状时，就应该提高警惕。但也有较多的血吸虫感染者不出现或不立即出现上述症状。当你怀疑自己感染了血吸虫时，就应该立即到当地血吸虫病防治站检查，或在血防医疗队下乡查病时，主动接受检查。

如何预防血吸虫病呢？（1）普查普治病人和病牛以控制传染源；（2）灭螺以切断传播途径；（3）粪便管理，防止人畜粪便污染水源，保护水源，改善用水卫生；（4）尽量避免接触疫水，必须接触时应采取个人防护措施。

239. 肚子疼是怎么回事？

腹痛是生活中非常常见的症状，可分为全腹剧烈疼痛和定位较明显的隐痛。全腹剧烈疼痛也称为急腹症，表现为全腹剧痛、压痛、反跳痛、腹壁肌肉紧张，甚至可出现休克，急腹症常意味着病变广泛及病情严重，无论是何种疾病，患者家属都应当立即寻求救治，由医生根据患者的病史和其他并发症状鉴别诊断。在未得到医生救助和诊断之前，切不可给患者服用止痛药物或饮酒以免加重病情和掩盖症状。

一般来说，急性阑尾炎引起的腹痛一般先在肚脐周围，数小时后转移到右下腹，疼痛一般没有缓解期，且多伴有恶心、呕吐；急性胃肠炎的腹痛多在数小时前有过进食不清洁的食品或饮料之历史，腹痛多伴有腹泻；暴饮暴食、大量饮酒后出现进行性加重的剧烈腹痛，很可能是得了急性胰腺炎。

如果没有压痛、反跳痛及肌紧张等腹膜刺激症状，但腹部剧烈疼痛持续一小时以上而没有缓解，也应到医院就诊。

除了以上情况之外，腹部的隐痛大都是由较轻微的消化道紊乱所致，但也可能与胸部器官、泌尿和生殖器官的疾病有关，可根据疼痛的部位和其他伴随症状自我加以鉴别。

总之，腹痛的原因很多，如果没有弄清是哪一种病，千万不要盲目吃止痛药、打止痛针，以免延误病情，影响诊断，造成严重后果。在发生腹痛后，若经短期观察不见好转，应立即就医，查明病因，对症处理。

240. 拉肚子怎么办?

拉肚子又称腹泻，多是由细菌、病毒、寄生虫等多种病原体引起的，是一组以腹泻为主要症状的急性肠道传染病。引起感染性腹泻的病原菌有志贺氏菌、沙门氏菌、副溶血性弧菌、金黄色葡萄球菌、大肠杆菌等。它们广泛存在于各种家畜的肠道、内脏和肌肉中，以及各种海产品中。如果食物中的肉类、蛋品、乳类、水海产品受到了这些病菌的污染，而在食用时又未能煮熟，就容易导致肠道疾病的发生。

一旦家中出现有腹泻、呕吐的病人，首先要及时到各医院的肠道门诊就诊，以便得到及时正确的治疗和处理。如果不能及时到医院就诊，就要在家中及时口服盐水。因为发生腹泻后人体损失最多的主要是身体里的液体和电解质。人体一旦脱水，很可能引发肾功能衰竭，这就是腹泻死亡的主要原因。所以如果腹泻后想喝水，就要喝点盐水。小孩发生腹泻后也同样需要多补充水分。

发生腹泻也要继续进食来补充腹泻导致的身体营养损失，不要为了减轻些肠道负担而采用"饥饿疗法"，可以吃一些易消化且有营养的食物，如鸡蛋羹、麦片粥、米粥、面条等。

此外，腹泻最好不要滥用抗生素治疗。抗生素不但可以杀灭病原微生物，也会影响人体的正常菌群，急性腹泻有可能因此转为慢性腹泻，治疗起来得不偿失。还有些腹泻是由病毒或寄生虫引起的，抗生素对这些腹泻也毫无效力。腹泻一般一周左右就能自愈，所以为了避免出现耐药性，发生腹泻没有必要使用抗生素。如果病情严重，也要在医生的指导下谨慎使用。

241. 干农活腰疼怎么办?

腰疼是一个症状，不是一个独立的疾病，引起腰疼的原因很多，绝大多数原因已经知道，但仍有少数腰疼的原因尚未明确，常见的病因可概括为四大类：由于脊柱骨关节及其周围软组织的疾患所引起，如挫伤、扭伤所引起的局部损伤、出血、水肿、粘连和肌肉痉挛等。由于脊髓和脊椎神经疾患引起，如脊髓肿瘤、脊髓炎等所引起的腰疼。由于内脏器官疾患所引起，如子宫及其附件的感染、肿瘤可引起腰骶部疼痛，这种病人往往同时伴有相应的妇科征候。由于精神因素所引起，如癔病患者也可能以腰病为主诉，但并无客观体征，或客观检查与主观叙述不能以生理解剖及病理知识来解释，这种腰疼常为癔病的一种表现。

可见，引起腰疼的原因是多方面的，也是比较复杂的，所以出现持续且不明原因的腰疼，不要掉以轻心，应尽快到医院确诊，避免某些严重疾病的发展。目前最常见腰疼的原因是长期的不良姿势（与日常生活或工作都有关系），故也称为姿势性腰疼，在中老年人群非常普遍。

通常的慢性腰痛治疗方法是药物止痛、按摩和理疗，虽然短期内能缓解慢性腰痛，但常常是反复发作，花费不菲而仍是久治不愈，而且会随着年龄的增长慢慢加重。也可以考虑一些民间治疗腰痛的验方，如用当归12克，苏木、桃仁、地龙各9克，官桂、麻黄、黄柏、甘草各6克煎服，每日1剂，饭前分服2次，15天为1疗程。或用首乌180克，苡仁20克浸于750毫升白酒中15天，去渣取液后每次服30毫升，每日2次。

242. 得了乙肝怎么办？

乙肝是乙型病毒性肝炎的简称，是由乙型肝炎病毒（HBV）引起的一种世界性疾病。目前我国有乙肝患者3000万。乙肝的特点为起病较缓，以亚临床型及慢性型较常见。本病主要通过血液、母婴和性接触进行传播，不通过消化道和呼吸道传播。传染源是多样化的，有急慢性患者，也有隐性感染者与带病毒者，其中以慢性患者与带病毒者最为重要。乙肝临床表现多样化，易发展为慢性肝炎和肝硬化，少数病人可转变为原发性肝癌。

乙肝不是绝症，但至今全球尚无一种能根治病毒性肝炎的特效药物。乙肝疫苗的应用是预防和控制乙型肝炎的根本措施。得了乙肝首先要做好全面检查，确定自己是乙肝病毒携带者还是乙肝病人。如是携带者，只需定期检查即可，可不治。如是乙肝病人，可到传染病医院治疗。肝功高要降肝功，病毒量高可考虑抗病毒。抗病毒方法有干扰素和核苷类似物，但这些都要在医生指导下进行，因为会存在停药反复的问题。

平时要注意不要太劳累，饮食有度，起居有节，多食用菌类食品，如木耳、香菇、蘑菇等，能提高免疫力，鱼类含有丰富的蛋白且易消化，多吃新鲜蔬菜和水果，增加维生素C的含量，少食用和不食用油炸食品、辛辣带有刺激性的食品、不饮酒和食用腌制食品，禁用油腻太大食品，以清淡食品为宜。保持良好心情，用宽广的胸怀正视一切。

243. 怎样防止多次起夜？

夜尿频繁是指夜晚排尿次数增多，一般常见于老年人，特别是男性。老年人多是由于膀胱功能下降，造成夜尿频繁，而年轻人如果出现夜尿频繁的现象，则有可能是疾病造成的，通常需要检查前列腺和肾脏的情况。

引起夜尿频繁的原因主要有以下几个方面。

（1）前列腺疾病。60 岁以后男性 90% 左右患有不同程度的前列腺增生，当前列腺肥大时，尿管受到挤压，排尿就会出现困难。夜尿频繁的人有时夜里要起床一二十次，严重影响睡眠，很是痛苦。此外，由于尿液的残留，前列腺肥大的患者常会出现尿道感染，甚至导致肾炎。

（2）糖尿病。夜间多尿，乏力、消瘦者应尽早进行血糖含量的测试。因为这些症状是糖尿病早期的临床表现。

（3）尿道感染。尿道炎症、前列腺炎、膀胱炎等都会引起夜尿增多。

（4）肾虚。中医认为夜尿增多与肾有密切关系，肾虚时会出现如精神委靡、腰膝酸软、神疲乏力、失眠、多梦、嗜睡、性功能减退、遗精、夜尿频繁或头晕耳鸣、口干、盗汗、低热、手足心热等症状。

总而言之，出现有夜尿增多时首先要查明原因，针对病因治疗，平时生活中要注意调理，做到多喝水，少生气，不要久坐，坚持临睡前温水坐浴 20~30 分钟，都会有效缓解夜尿问题。

244. 晕车时怎么办？

运动病又称晕动病，是晕车、晕船、晕机等的总称。它是指乘坐交通工具时，人体内耳前庭平衡感受器受到过度运动刺激，前庭器官产生过量生物电，影响神经中枢而出现的出冷汗、恶心、呕吐、头晕等症状群。它除了与遗传因素有关外，还受视觉、个体体质、精神状态以及客观环境（如空气异味）等因素影响，所以在相同的客观条件下，只有部分人出现运动病症状。

晕动病多发生于前庭器官比较敏感的人。因此，平时多注意锻炼身体，多做转头、弯腰转身及下蹲等动作，可以增加前庭器官的耐受性，从根本上防止晕车。

乘车、船时应尽量限制头部运动，可将头靠在背椅上固定不动，以减少加速度的刺激，特别是旋转性刺激。有可能的话，尽量平卧。乘车时少往窗外观看，坐车、坐船时看书更容易诱发晕动病，因此闭目养神可减少晕动病的发生。吃得过饱、疲劳、睡眠不足、空气污浊、情绪紧张及汽油和油烟等特殊气味都可能促使晕动病的发生和症状加重，因此要避免这些不良因素。

乘车前可服用怡含宁含片等抗胆碱类药物，它们对大脑皮层有抑制作用，可阻止眩晕和呕吐。也可取新鲜生姜 1 片，或鲜土豆 1 片，贴于神阙厥穴（肚脐），用伤湿止痛膏盖贴，同时将伤湿止痛膏贴于内关穴，用手指轻轻揉摩穴位，口中亦可再含一片鲜姜，也有一定的预防作用。将风油精搽于太阳穴或风池穴或乘车前喝一杯加醋的温开水也可以不同程度防止晕车。

245. 脚趾甲长到肉里怎么办？

脚趾甲特别是大拇指的指甲长到肉里是很常见的，专业名词叫嵌甲，一般的家庭处理有这么几种。

（1）每天坚持泡脚并且在泡完脚后及时修剪。具体做法是：每天晚上用温水泡脚 10～15 分钟后，用指甲刀尽力地剪去已长入肉里的部分指甲，但不要剪得太狠，万一剪出血更容易感染细菌加重病情。修剪时要注意尽量将指甲前缘修剪成平直型，修剪这样的指甲要使用专用的嵌甲修剪刀，这样的刀头更加的细尖，既能修剪的彻底，又能降低修剪时的疼痛感。修剪完以后记得涂点碘酒，如果怕疼，修剪之前稍微在修剪刀头上涂点也可以。

（2）保持脚部长期的干燥与透气。如果是出门选择透气性好的鞋子，加具有散湿功能的鞋垫放入鞋中，鞋子最好选择大半个码的，避免指头被挤压。

（3）长穿拖鞋，这是保证脚趾甲透气的最好方法。一进入室内，尽可能就换上拖鞋，而且要露脚趾头的拖鞋，并脱去袜子。

（4）如果有时间，也可以去找专业的修脚师傅。

当然，上述的方法只是针对不是很严重的情况，如果指甲已经长进肉里很深，有过一些相应的处理后还是很痛，说明情况已经非常严重，就需要去看医生了。因为嵌甲的发生主要取决于甲床的病变，医生可能会建议切除部分指甲及病变的部分甲床，具体的治疗方法要根据个人情况来定。

246. 胃老是泛酸是怎么回事？

胃泛酸是一种常见的消化道症状，并非都是胃有毛病。当胃酸过多时，酸性分泌物会刺激胃黏膜，引起泛酸，让人有烧心的感觉。

造成胃酸过多和泛酸的原因很多，主要是生理性泛酸和病理性泛酸两种。前者是当精神紧张、过度疲劳、情绪不佳时，大脑皮质功能紊乱，不能很好地管辖胃酸分泌的神经，促使胃酸分泌增多；饮食不当也会刺激胃酸分泌增加。此外，阿司匹林、利血平、保泰松等药物也可刺激胃酸分泌增多。后者是指慢性胃炎、胃或十二指肠溃疡病导致胃酸增多出现泛酸。生理性泛酸不需要特殊治疗，只要消除诱发的因素即可解决。病理性泛酸除了要寻找病因外，可服用制酸的药物。

胃泛酸的人在生活上要少食多餐，定时定量，避免暴饮暴食。食物选择以清淡、少油腻、少刺激性、易消化为主。同时避免吃过硬、过酸、过辣、过咸、过冷、过热及过分粗糙的食物。主食忌吃不发酵的面食，如家常烙饼、水饺等。也要少吃玉米饼、糯米饭、年糕等难消化的食品，这些食品在胃内停留时间长，会加重胃肠负担。食物的制作要细、碎、软、烂。烹调方法中多采用蒸、煮炖、烩、煨等，以保护胃黏膜。多食不含粗纤维的蔬菜和水果，如嫩黄瓜、西红柿（去皮籽）、去皮嫩茄子、冬瓜、嫩白菜、菠菜叶、土豆、胡萝卜等，烹制时应切碎煮熟或制成泥，如土豆泥等，以易于消化。水果要成熟的，吃时要去皮去籽，如香蕉、苹果、梨等，并应养成细嚼慢咽的习惯。

247. 身上发痒怎么办？

皮肤瘙痒是皮肤疾病常见的一种症状，大约90%的皮肤病伴有瘙痒。比较常见的皮肤病，如皮肤瘙痒症、湿疹、过敏性皮炎、皮肤淀粉样变，都会出现瘙痒的症状。特别明显的、持续性或复发性瘙痒，却无任何先行或同时并发的皮疹，则大都是多种疾患的信号，应及时前往医院就诊，早作治疗，以免酿成大病。

目前治疗瘙痒的药物有口服和外用两种。口服药一般是些抗过敏的药物，如开瑞坦等。外用药有一些含激素的药膏，如派瑞松、艾洛松等。另外，医院一般还有一些自制的中药外用擦剂，如苦蛇酊和止痒擦剂等。与激素制剂相比，中药制剂副作用小，复发几率低。

除了用药之外，患者在生活上也要多加注意。因为在比较劳累、精神情绪不好的情况下，皮肤的敏感性比较高，容易过敏。这时如果吃海鲜、辛辣刺激性的食物，以及穿毛织、化纤衣物就容易过敏，出现瘙痒。所以平时要保持心情舒畅，饮食最好清淡、平和，穿的衣服也以纯棉为宜。

当瘙痒出现的时候，切记不可去抓挠患处，以免越抓越痒，更会导致范围扩大。而且搔抓很可能会损伤皮肤，加强皮肤的反应性，如果你挠得太用力了，可能会引起皮炎或是留下色素沉着和皮肤苔藓样硬化，这样治疗起来就会更加困难了。最好不要用热水烫皮肤。用热水烫后，瘙痒虽然可以暂时缓解，但持续不了太长时间瘙痒又会出现，而且有可能更痒。

248. 胃痛怎么办？

胃痛又称胃脘痛，是以胃脘近心窝处常发生疼痛为主的疾病。胃痛是胃病病人最常见的症状。大多由于病变部位受局部炎症或胃酸的刺激，引起胃壁平滑肌痉挛、胃内压增高和肌纤维紧张度增强，使病变部位的神经感受器受到刺激，因而发生痛感。诱发胃痛的原因多种多样，常见的有受风寒、饮酒、吸烟、饮食生冷、饥饱失时、暴饮暴食、服食对胃有刺激性的食物和药品或是情绪激动、过度疲劳等。

　　但要注意的是，除了慢性胃炎、胃溃疡、胃黏膜脱垂、胃下垂等胃部疾病外，十二指肠溃疡病胰腺炎、胆囊炎及胆石症等病都可能导致胃痛症状的出现。因此在出现长时间严重胃痛时，不要简单地服用胃药来解决，而是应该前往医院做检查，防止以上病情延误。

　　胃病是一种慢性病，单纯使用药物并不能够从根本上解决问题，保持有节制的饮食是治疗胃病的关键。另外，高度精神紧张也是胃病发生的重要原因，因此保持良好的生活习惯及精神的愉悦对于治疗胃病都是十分重要的。在日常生活中应当做到饮食定时定量，少食多餐，细嚼慢咽，多食清淡，少食肥甘及各种刺激性食物，如含酒精及香料的食物。有吸烟嗜好的病人，应戒烟。

　　在药物方面，应当避免使用单纯止痛的药物，防止损害身体，患者可以对症选用香砂养胃丸、香砂六君丸、补中益气丸、三九胃泰、猴菇菌片等临床常用且效果肯定的中成药。

249. 高血压患者日常生活需要注意什么？

　　高血压病是一种常见病、多发病，我国高血压患病者已达9000万人。由于高血压是引起冠心病、心肌梗死、脑卒中和肾功能衰竭的主要原因，因此，对高血压的保健、预防与治疗应引起足够的重视。

　　高血压病患者，家中必备血压表及听诊器，以随时观察并记录血压的变化，至少在晨起、睡前各一次。一定要按时服药，在医生指导下方可换药，不要自行换药或停药。

　　患者应坚持长期的饮食、运动、药物治疗，将血压控制在接近正常水平，以减少对器官的进一步损害。坚持低盐、低脂、低胆固醇饮食，限制动物脂肪、内脏、鱼子、软体动物、甲壳类食物，补充适量蛋白质，多吃新鲜蔬菜、水果，防止便秘。较胖的患者要控制体重，每天限制总热量的摄入，避免过饱，少吃零食。此外，要限制烟酒，劳逸结合，保证充分的睡眠。

　　患者要养成良好生活习惯，注意劳逸结合，可选择对体力消耗不大的运动，如慢跑、打拳、气功等，亦可按摩头面部穴位，如太阳穴、风池穴、翳风穴等。培养稳定而乐观的情绪，避免激动，做到心平气和。

　　患者从卧位到立位时不宜太快，防止引起血管破裂。突然头痛、恶心、呕吐时，家人要协助病人平卧，把头垫高，用湿毛巾敷在头部，立即测量血压，口服降压药，以快速降压为宜，尽快送往医院就医。外出时感觉不适，应立即停止行动，就地坐下，防止跌倒或发生其他意外。

250. 抗高血压药物使用的基本原则是什么？

（1）应首先使用尽可能小的有效剂量获得满意的疗效，这样可以尽可能减少不良反应，如果疗效不满意，可逐步增加剂量或换用低剂量的另一种药物以获得最佳疗效，起始用低剂量单药的优点是可以了解患者对各种药物的疗效和耐受性的反应。

（2）强调长期有规律的抗高血压治疗，达到有效、平稳、长期控制的要求。为了有效地防止靶器官损害，要求每天 24 小时内血压稳定于目标范围内，如此可以防止从夜间较低血压到清晨血压突然升高而致猝死、脑卒中或心脏病发作。要达到此目的，推荐应用长效制剂，其作用可长达 24 小时，每天服用一次，这样可以减少血压的波动、降低主要心血管事件的发生危险和防治靶器官损害。其标志之一是降压谷峰比值 > 50%，此类药物还可增加治疗的依从性。

（3）为使降压效果增大而增加不良反应，用小剂量单药治疗疗效不满意的可以采用两种或多种抗高血压药物联合治疗。联合用药的目的是希望有药物协同治疗作用而相互抵消不良作用，事实上，2 级以上高血压为达到目标血压常需两种或多种抗高血压药联合治疗。固定的复方制剂虽不能调整个别药物的剂量，但使用方便，有利于提高治疗依从性。

251. 低血压日常生活需要注意些什么？

低血压的人可从日常生活、饮食及运动三方面保养，促进血液循环，就可以减少因低血压造成的头晕等症。要预防低血压的发生可采取以下几个措施：

充分休息。劳累、睡眠不足，会使血压更低，因而起居要有规律，避免过劳、熬夜。

运动可调节神经系统、增强心血管功能，进而改善低血压症状。因此应适当从事体育锻炼，体育锻炼无论对高血压或低血压都有好处。白天时，不妨多散散步，即使坐在椅子上时也多活动一下双脚，可帮助血液回流；有体位性低血压者，应避免做久站或体位变动的运动；

睡眠时头垫高 20～25 厘米，有助于起床时的血压调节。起床时，不要猛然站起身，应先确定身体已平衡，再慢慢起来，并先在床沿坐两三分钟，让脑部血供应充足后，再下床走动。久病卧床者要逐渐做起坐活动，然后下地活动。

避免久站或突然改变姿势。平时应注意动作不可过快过猛，拾取地上东西时，不宜直接低头，应先蹲下，防止晕倒。

反复发作的，平时可穿着弹力长袜或裤脚较紧的长裤，也可压迫血液回流，改善血压过低情形。

不宜处在闷热的环境，以免血管舒张，血压下降。尤其在炎炎夏日，血管会调节性地扩张以散热，此时如果水喝不够，整体血液量不足，就很容易产生体位性低血压。

洗澡时使用油性香皂及浴剂。水温不宜过热，以 43℃ 左右为佳。洗澡时间不宜过长，防止血管扩张，血压下降。

平时调畅情志，避免情绪过于激动，保持乐观情绪。长期受头晕等症状的困扰，易产生忧郁情绪，一些人情绪不易表露，家人应做到关心体贴，了解忧虑所在，帮助其积极配合治疗，消除忧郁心理，提高自我保健能力。

领带勿系太紧，少穿衣领太高、太紧的衣服，否则会压迫到颈动脉窦，引起血压骤降而昏倒。

每日三餐，早上要吃好，午餐要吃饱，晚餐要吃少。改掉不吃早餐的不良习惯，经常不吃早餐是许多女青年引发低血压的重要原因。

具有低血压倾向的人，若营养不足将使血压更低。若加强营养则可使血压接近正常值，伴随的不适症状也可减缓或消失。因此饮食上营养应充足均匀，应食用足够的蛋白质。平时多吃山药、薏仁、桂圆、荔枝、枸杞子、栗子、核桃、红枣、百合、蜂蜜、瘦猪肉、羊肉及鸡肉、鸽子肉等食品，有助于促使血压回升。同时还应多吃富含维生素、微量元素丰富的水果、蔬菜，以及黄豆、红豆、黑豆等豆类制品，使各种营养摄入充分。不要常吃芹菜、冬瓜、绿豆、山楂、苦瓜、洋葱、萝卜、海带等降压利尿的食物。

252. 日常生活中应如何养护肝脏？

肝脏很容易患上如 A 型或 B 型肝炎、中毒性肝炎、肝癌或是肝硬化等疾病，而肝病可怕之处，正是在于病人并没有特别显著的症状。患病者可能会腹胀、胸口闷、食欲降低、伤风感冒、发烧、作呕等，但平常人都不会把这些现象当做一回事，而自己到药房里买药吃，导致病情恶化，最后甚至丧命。

在日常生活中，应从以下几个方面入手来保养肝脏。首先是保持心情开朗。如果一个人长期处于抑郁状态，那么他的气机就得不到宣泄，气机运转就难以通畅，就会对肝造成很大的危害。其次是不要熬夜。成年人正常的睡眠时间应该为 8 小时，正常的应该是从 23 点左右开始上床睡觉了，到了凌晨 1~3 点钟是进入深睡眠状态，这个时辰是养肝血的最佳时间；反之，就会养不足血。

在饮食上应该注意少吃油腻食物，因为这些食物难以消化，会诱发肝炎的发生，也要防止因摄入过多脂肪诱发脂肪肝，这种病严重者会引发肝纤维化，继而发展成肝硬化、肝癌。此外，最好能戒掉酒，摄入的酒精量过多后，无形给肝脏增加了肝主疏泄毒素的工作负担，肝脏无法及时去解毒，使得肝出现了病变，造成酒精肝、肝硬化、肝癌等。

最后，因为肝脏是人体最大的解毒器官，而绝大多数的药物都得经过肝脏来代谢，由此会引起药物性肝损害的发生。所以，使用药物时应该注意其不良反应，最好在医嘱下服用药物。

253. 青少年如何科学护眼？

对于发育中的青少年来说，护眼的首要任务是预防近视眼，在繁重的学习任务下，做到这一点很不容易，总体来说，注意以下几点能够对眼睛提供一定的保护。

首先，注意眼睛的保健。预防近视眼提倡一个早字，即应在学龄儿童时开始。要养成儿童看书写字的正确姿势，眼与书本之间应保持30厘米左右的距离。看书与写字时，光线应适度，不宜过强或过暗，光线应从左前方射来，以免手的阴影防碍视线。还要教育儿童改正不合理的用眼习惯，如趴在桌上、歪头看书或写字，躺在床上看书，吃饭时看书，在强光下或暗淡的路灯、月光下看书，以及在开动的车上及走路时看书等，这些不良习惯都会使眼睛过度疲劳，降低视力的敏锐度，还应加强视力训练和坚持做眼睛保健操。

其次，防止用眼过度，即指不要使眼睛的内外肌肉过度疲劳或长期处于紧张状态。看书时间不宜过长，每40~50分钟，应休息10~15分钟，闭眼或向远处眺望数分钟或做眼保健操，防止眼睛过度疲劳。不要让孩子看字迹太小或模糊的书报，写字不要写得太小，尽量减少他们注视电视机或电脑屏幕的时间。

最后，加强体格锻炼，增强身体素质，可以减轻减慢近视眼的发生，尤其是室外体育运动。让孩子在空气新鲜、视野开阔的郊外进行远眺，极目欣赏祖国的山河大地，也是眼睛最好的保健方法之一。注意营养补充，尤其是维生素B、矿物质的补充，因为它们是眼睛发育和功能进展所必需的。

254. 怎样不让我们的身体里长石头？

结石主要发生在20~50岁的年龄段，对人体困扰最大的结石当属胆结石和尿路结石。

胆结石是由于胆汁分泌较多、停留时间过长，其中的水分被回收，固体成分形成结石。不吃早饭，喜欢吃甜食、高脂肪类食物，运动不足都是形成胆结石的因素。预防此病要做到三餐固定时间食用，使胆汁规律排泄。吃粗纤维食物，减少血液中的胆固醇，如糙米、胚芽米、蔬菜、海藻等；限制含丰富动物性脂肪的蛋、奶油、牛油、肝、鱼卵类等食物。此外控制体重也很关键，体重超过正常标准15%以上的人，胆结石发病率比正常人高5倍。40岁以上的体胖女性是胆结石最高发人群，因为女性雌激素会使得胆固醇更多地聚集在胆汁中。

尿路结石是在当尿液比较少、尿液浓缩，或两种情况同时发生时，尿中的盐类沉淀下来形成的。与尿路结石有关的食物包括富含草酸的食物如菠菜、葡萄、茶叶和富含蛋白质、脂肪的食物。平时应多喝水，增加排尿，可以减少盐类沉积，同时带走细小的、初步的沉积物。

医生诊断结石后，会根据不同部位、结石大小来决定化解方法。一般常用的方法有体外冲击波碎石和手术取石，即用腹腔镜技术，在腹部相关器官的部位打3~4个直径2厘米左右的小洞，然后利用腹腔镜取出结石。有些中药有解痉止痛、利胆的作用，可以促进胆囊收缩，增加胆汁分泌量及抗菌消炎，从而排出结石。这个方法对胆结石效果尤其好，但仅对小结石有效。

255. 怎样养好老寒腿？

反复发作、久治不愈的腿部（多为膝关节）酸麻疼痛，统称为老寒腿。很多患者都是因为在阴湿寒冷的环境下工作或生活而患上老寒腿的，经过治疗，病情好转，甚至症状完全消失。但老寒腿是一种"环境病"，一旦遇上诱发此病的气象环境，很容易复发。因此，在冬季，老寒腿患者尤其需要注意做好腿部（膝关节最重要）的保暖。值得注意的是，有些怕热的老寒腿患者，夏天也会犯病。因为他们喜欢长时间待在有空调的环境里，而空调房间的冷空气总在最低层，加之墙体温度很低，有老寒腿毛病的下肢自然就遭殃了。患者可采用药物、针灸、按摩等方法治疗膝关节疼痛。每年最热的三伏天是寒气相对最弱，也是最容易清除寒气的时候，此时中医采用特制的药物灸在膝部特定的穴位，通过刺激穴位及药物的渗透吸收，起到疏经活血、温经通络的作用。

老寒腿按中医说法是阳气不畅。可采用一种简单的家庭保健办法，即每天早晨用热水泡脚半小时以上，泡的过程中可以揉按穴位不断地补充热水，一定要泡到两脚发红发热，背脊梁骨有热传导上去微微出汗的感觉。然后用力搓揉双脚底心数百下。泡脚的木桶最好深一点，能把足三里穴泡到。早晨是人身体阳气上升的时候，此时泡脚可以推助阳气上升。长期坚持，可以有效减轻老寒腿的症状。

256. 手脚冰凉怎么办?

冬天一些人总感觉手脚冰凉，这主要是因为自然界的温度降低，阳气不足，而人体自身的阳气也会不足，身体出现阳虚的表现。另外，因为天气寒冷，人体血管收缩、血液回流能力就会减弱，使得手脚，特别是指尖部分血液循环不畅，也就是人们常说的"神经末梢循环不良"，而导致手脚总感觉冰凉。这样的情况一般多发生于女性，特别是中年以上的女性较为常见，脑力劳动者要比体力劳动者更易出现手脚冰凉，在身体健康的年轻男性身上则很少出现。女性在经期、孕期和产期等特殊生理时期，由于体虚，更容易引起手足冰冷。如果不及时加以预防，会导致精神不佳、身体畏寒的反应，严重的还可引起下肢的静脉曲张。

多吃促进血液循环的食物，如芝麻、菠菜、花生、豆腐、新鲜鱼类、大蒜、青葱、辣椒、咖喱。要有的放矢地食用一些滋阴潜阳、热量较高的膳食，同时也要多吃新鲜蔬菜以避免维生素的缺乏。北方冬季寒冷，可酌补温热的食品，如牛、羊、狗肉等；在煲汤或炖肉时可加入黄芪，既不影响味道，又可补气固表。

手脚冰凉只是一种症状，很多原因都会引起这种现象，只要针对原因进行调理，情况很快就会得到改善，人们不需要太过担心。但有一点要注意，发现手脚冰凉也不能全然置之不理，因为一些系统性疾病如血管功能障碍的前期，主要症状就是手脚冰凉，应引起警惕。

257. 失眠时怎么办?

很多人被失眠问题困扰，可采用下列方法缓解失眠痛苦。

睡前用热水洗脚，能在热水中多泡一会儿则更好。擦干后，坐在床上，两脚盘起，用手掌快速连续搓脚底涌泉穴。用右手搓左脚心，再用左手搓右脚心，各 300~600 次。搓法可上下、左右和转圈，搓到手发酸、脚发热、两太阳穴发胀并产生沉重感，即可放松就寝。

半夜醒后不再入睡时，可做全身按摩。做眼保健操、搓双耳、抓挠头皮、叩齿，然后胸、腹部分别按顺时针、逆时针方向双手交替按摩各64~128 次。最后做卧位蹬腿动作，上身至腰部不动，两腿平直用力蹬，膝不变曲，双腿各蹬 200 次，可同时做提肛运动。

另外，可以进行晨练。晨起空腹饮 1 杯温开水，然后出外徒步行走。同时两手练健身球，左右方向各转 128 次。到空地上，从头到脚拍打全身主要穴位，先做缠手八卦，再做大雁功前 64 式保健。保持每天 1 次定时大便，对睡眠有益处。

258. 如何摆脱浮肿困扰?

体内增加太多水分排不出去时，就是浮肿，通常表现为眼皮浮肿、脚踝或小腿水肿。长时间站立所造成的浮肿，不是异常现象。若从脸部开始浮肿，继而扩大到全身时，罹患肾脏病的可能性很高，不过也有可能是急性肾炎或肾病变。若从脚开始浮肿，则可能是心脏病、低蛋白血症、肝硬化等。怀孕后期，全身及脚都很容易出现浮肿；浮肿严重，就有可能是妊娠毒血症。以上的浮肿，用手指压，会有水分移动，形成凹陷。若以手压也不会凹陷，仍然浮肿，可能是甲状腺机能低下或药的副作用所引起的。

出现浮肿时，要限制水分和盐分的摄取；为了能排出身体多余的水分，最好多吃有利尿作用的食物。情况严重，而无法痊愈时，必须接受医师的诊断。若要服用利尿的药，必须经过医生诊断。利尿成药，要避免使用为佳。

正常来说，由食物和饮料中吸收的水分经血液和淋巴循环后会由汗腺和尿道排出体外，容易浮肿的人可能是这两个系统出了毛病。摄取过量的盐会令水分滞留体内，也会出现浮肿现象。所以要维持水分平衡，就必须将多余的水排出体外，多吃加强水分循环的食物可帮助消肿。还有平日要减少摄取使身体易受寒冷的食物、冷饮或增加肠胃负担的食物，因此易使肠胃疲惫，使体内的水分滞留下来。此外，要对付浮肿，温和或有利尿作用的食物要均衡摄取，而要使胃部得到休息，晚上也应减少饮食，不应大量摄入水分。平日多吸收钙质也能帮助排出体内由盐分产生的多余水分。

259. 怎样缓解醉酒症状?

喝醉酒之后，往往会有头痛、头晕、反胃、呕吐、发热等令人不适的症状，以下食品对此具有良好的缓解效果。

（1）蜂蜜水治酒后头痛。蜂蜜中含有一种特殊的果糖，可以促进酒精的分解吸收，减轻头痛症状，尤其是红酒引起的头痛。

（2）西红柿汁治酒后头晕。西红柿汁也富含特殊果糖，能帮助促进酒精分解，一次饮用 300 毫升以上，能使酒后头晕感逐渐消失。喝西红柿汁比生吃西红柿的解酒效果更好，饮用前若加入少量食盐，还有助于稳定情绪。

（3）新鲜葡萄治酒后反胃、恶心。葡萄中含有丰富的酒石酸，能与酒中乙醇相互作用形成酯类物质，达到解酒目的。如果在饮酒前吃，还能有效预防醉酒。

（4）西瓜汁治酒后全身发热。西瓜可以清热去火，能加速酒精从尿液中排出。

（5）柚子消除口中酒气。柚子肉蘸白糖吃，对消除酒后口腔中的酒气有很大帮助。

（6）芹菜治酒后胃肠不适、颜面发红。这是因为芹菜中含有丰富的 B 族维生素，能分解酒精。

（7）酸奶治酒后烦躁。酸奶能保护胃黏膜、延缓酒精吸收，其中钙含量丰富，对缓解酒后烦躁尤其有效。

（8）香蕉治酒后心悸、胸闷。酒后吃 1～3 根香蕉，能增加血糖浓度，降低酒精在血液中的比例，达到解酒目的。同时，它还能减轻心悸症状、消除胸口郁闷。

此外，服用食醋、绿豆汤、浓茶也都有不同程度的解酒作用。

260. 盛夏怎样防治热伤风？

夏季感冒俗称为"热伤风"。热伤风与秋冬季和春秋季的风寒感冒和风热感冒有所区别。风寒感冒主要表现为发热轻、恶寒重；风热感冒则表现为发热重、恶寒轻；热伤风主要表现为发热重，恶寒轻或不恶寒，身重头痛等，且发汗多而不解热。它可导致某些慢性疾病急性发作，如慢性气管炎、哮喘等。大多数患者病情的急性发作都有一定的诱因，比如受凉、劳累、情绪因素等。

中医治疗热伤风，主张宣肺清热、辛凉解表、清热祛暑、清气分热，中成药可选用羚翘解毒丸、藿香正气丸、参苓白术丸、消肺丸等。一般来说，热伤风的伴随症状如咽痛、咳嗽等不明显，应尽量不服用药物；若伴随症状明显，发热较重、咽喉肿痛，可以配服双黄连口服液、清热解毒口服液，尽量避免使用解热镇痛药。

预防热伤风应注意调养精神，保持神清气和、心情舒畅，切忌发怒、烦躁。加强身体锻炼，养成经常性户外活动的习惯。起居有度，保证睡眠时间，尽量早起，保养阳气。合理饮食，宜清淡、少油腻、温食为主，忌辛辣燥热之物，不暴饮暴食，不食高脂以及不洁食物，适度食用冷饮。避免受凉，尽量避免室内外气温悬殊，骤冷骤热易导致汗孔闭塞诱发发热。夏季尽量温水沐浴，可自行按摩肩、膝关节等，帮助血液通畅。夏季小儿热伤风，发热温度高，不易散热，治疗期间应注意及时补充水分和盐分，尽量避免服用减少黏膜分泌的药物和解热镇痛药。平时注意避免足部受凉，避免用凉水给孩子洗澡或擦澡。

261. 冬天，如何防止被冻伤？

（1）严冬季节皮肤暴露处应当保护，如出门时使用口罩、手套、防风耳罩。涂少量凡士林可减少皮肤散热，也有保温作用。鞋袜大小、松紧要合适，不要过紧或过小。

（2）潮湿可加速体内热量的散发，容易发生冻伤，因此要保持服装鞋袜的干燥，受潮后要及时更换。

（3）要避免肢体长期静止不动，坐久了，立久了要适当活动，以促进血液循环、减少冻疮发生。

（4）冬季易患冻疮的人，除皮肤起水泡或溃烂者外，可用生姜片或辣椒涂擦易患冻疮的部位，每日 2 次，可减轻或避免冻疮的发生。对已患冻疮的部位，应加强保暖。

（5）也可用 100 瓦灯泡代替红外线仪进行照射治疗，并经常按摩，促进血液循环。

（6）如果局部除上述症状外，还有水泡出现，较大的可用不含酒精的消毒剂（如 1% 新洁尔灭溶液）等清洁患处和周围皮肤后，用注射器吸出其中渗液，并涂些抗菌药膏加以包扎。小的水泡不需要刺破，经过 2~3 周后，水泡逐渐干枯，形成黑色干痂，脱落后创面已经愈合。

（7）对已经溃破的创面，可先消毒周围正常皮肤，再用无菌温盐水清洗创面后，涂以抗菌药物加以包扎并经常检查创面愈合情况和更换药物及包扎纱布等。

（8）冬季农民在户外工作时应注意休息和营养，以增加抗寒能力。有人外出时喜欢饮酒挡寒，但酒后血管扩张，增加人体热量向外发散，反而不利于抗寒，且容易引起感冒。

262. 如何防止猝死？

猝死是指突然发生、出乎意料的死亡，许多疾病如心、脑、血管、胰腺炎、剧烈运动、某些药物等都可以造成猝死，其中 90% 以上的是心因性死亡。猝死有三个特点：一是从发病到死亡非常快；二是猝死常发生在看似健康的人身上；三是猝死通常不可预测。

多数病人猝死前是有先兆的，发病数天至数月前，患者可出现一过性胸痛、憋气、胸闷、气急、心悸、易于疲劳等症状，导致猝死最主要的疾病就是冠心病，所以预防冠心病也是一个重点。遗传因素、高血压、吸烟、高胆固醇和高脂肪饮食、超重、缺乏锻炼、紧张和心理压力、糖尿病等都可以增加得冠心病的风险。而除遗传外，其他的危险因素都是可以控制和改善的。要保持正常、良好的生活习惯，戒烟酒。保持血压、血脂在理想水平。要做到有病早发现，早治疗，定期到医院体检，发现不适及时去医院寻求治疗。夏季要特别注意及时饮水，不做剧烈运动，注意防暑降温和饮食调节，睡好觉，备好急救用药。

发现猝死的病人，应立即对病人进行急救，按压和人工呼吸同时进行，其比例为15:2，即15次心脏按压，2次吹气，交替进行。一旦心跳开始，在立即停止心脏按摩的同时，尽快把患者送到医院继续诊治。在心脑血管病人家中，硝酸甘油、救心丸等应成为家庭必备药。一旦出现上述情况，立即往舌下喂服一颗这类药物，往往能为有效的急救创造条件。

263. 如何预防尿毒症？

尿毒症是肾功能衰竭晚期所发生的一系列症状的总称。慢性肾功能衰竭症状主要体现为有害物质积累引起的中毒和肾脏激素减少发生的贫血合骨病。早期最常见的是恶心、呕吐、食欲减退等消化道症状。进入晚期尿毒症阶段后，全身系统都会受累，出现心力衰竭、精神异常、昏迷等严重情况，危及生命。

预防尿毒症，要做到以下几点：不可忽视任何肾脏疾病而延迟就医，因为任何肾脏病的持续恶化都可能会变成尿毒症。小便有出血或起泡沫经久不消存在的现象，须马上就医检查，甚至作肾脏切片检查。高血压患者常须终生服药，要严格的控制血压而不可中断。糖尿病患者约 1/4 会并发尿毒症，血糖的控制最重要，而且需定期检测肾功能及尿中微量蛋白，以早期发现及治疗糖尿病肾病变。先天性多囊肾的病人，一旦发现即应请自己的父母、子女及兄弟姊妹至肾脏科作超声波检查，以便早期发现和治疗。因一半的后代会有相同的疾病，生育前最好做遗传咨询，并注意高血压和尿路感染。肾脏炎患者若经常感冒不容易好者，须留心肾功能是否变坏。肾脏病往往到末期才会有症状，勿以为乏尿和水肿才会有肾脏病，很多肾脏病早期是没有任何症状的。若不是运动所导致（或关连）的下背部疼痛或不舒服，须怀疑有肾脏或泌尿道疾病，应接受尿液、腹部 X 光或肾脏超声波检查。避免随便服用止痛药物。从事污染行业及居住在污染的环境中，许多有机溶剂和金属如铅、铬、镉，都可能引起慢性肾脏病变，须注意肾脏保健。

264. 如何护理血液透析病人？

血液透析疗法是指用人工方法通过透析器透析液使血液得到净化，以帮助可逆性尿毒症者度过危险期，维持终末期尿毒症者的生命，或为肾移植作准备。

家庭中的血透病人主要为慢性肾功能不全尿毒症者。此类病人要长期进行血透治疗，靠血透维持生命，所以对其的家庭护理尤为重要。

（1）保持四肢皮下动、静脉吻合，（内瘘）免受污染，保证内瘘状况良好，随时为血透作准备。临床上内瘘感染影响血透时有发生，值得重视。

①用无菌纱布覆盖内瘘，覆盖前先用碘伏消毒内瘘。

②注意伤口免受生水浸泡，一旦纱布潮湿，必须及时更换。

③注意保护动、静脉免受损伤，一旦流血，必须到医院处理，千万不能自己处理。

（2）注意观察食欲、体温、皮肤黄染等情况，防止在血透中感染上疟疾、病毒性肝炎、艾滋病等。若有可疑症状体征出现，及时到医院检查疟原虫、肝功能、HBgAg及HIV测定，以便及时发现，及时治疗。

（3）观察血透疗效，定期复查肾功能、血常规。

（4）避免使用肾毒性药物，如卡那霉素、紫苏霉素、庆大霉素、粘菌素、利福平、新霉素、头孢毒素Ⅱ、喹诺酮类抗生素等。

（5）避免受凉，预防感冒，避免引起严重感染，积极处理感染性休克。

（6）必要时给予乙肝疫苗预防注射。

265. 如何在家护理帕金森氏病人？

帕金森氏病又称震颤麻痹，是中老年人的一种常见疾病。它的主要表现是震颤、强直、运动缓慢及姿势障碍等。

帕金森氏病家庭护理要点如下：

（1）帕金森氏病是一种慢性疾病，但却是进行性加重，有的病人病毒性也可以发展得很快。因此，要早治疗，并且需长期服药。常用的药物有金刚烷胺、左旋多巴、美多巴等。这些药物长期服用会出现疗效减退或副作用。所以，家人除要督促病人按时服药外，还要注意观察病人的服药效果及药物的副作用，以利于医生及时调整药物剂量与种类。

（2）鼓励早期病人多进行主动运动，尽量继续工作，培养业余爱好。

（3）积极进行功能锻炼，尤其是姿势与步态的训练。日常生活尽量让病人自己完成，但要注意保护病人，防止病人跌跤。

（4）多吃蔬菜、水果或蜂蜜，防止便秘；避免刺激性食物、烟、酒等。

（5）对晚期卧床不起的病人，应帮助其勤翻身，在床上多进行被动运动，以防止关节固定、褥疮和坠积性肺炎的发生。

266. 心梗患者如何进行康复锻炼？

心肌梗塞是指在冠状动脉病变的基础上，冠状动脉的血流急剧减少或中断，使相应的心肌出现严重而持久的急性缺血，最终导致心肌的缺血性坏死。适度锻炼身体可以改善冠状动脉的功能，调节血液供应，减少心绞痛和再次梗塞的发生。心梗后如能积极锻炼，将减少心梗再发的风险，并延缓存活率。因此，心肌梗塞患者在积极治疗的同时，进行有条不紊的康复锻炼，有助于促使病情的好转，降低死亡率。那么，应该如何进行康复锻炼呢？

心肌梗塞后第 1～2 天内应绝对卧床，第 3 天开始在床上作四肢屈伸动作，每天 5～10 次。

第 3 周开始，可在家人帮助下从坐立床边过渡到椅子上，并进行漱口、洗脸和吃饭等轻微活动。

第 5～10 周内可在室内与走廊散步。可读书写字，在别人搀扶下洗餐具、抹桌子，可到走廊上散步，修剪花木。

第 11～15 周可先在平坦的路上行走，逐渐在低坡度的路上行走，可练气功或参加一些轻松的文娱活动。

第 16～24 周可在家人陪同下作上下楼梯锻炼，可做广播操、打太极拳，步行锻炼时间可适当延长。

每次锻炼前，应先做一些准备活动。锻炼要循序渐进、量力而行，避免进行激烈的活动。可在医生的指导下，制定适合自己的锻炼方案。锻炼结束前要逐渐减小活动量，切忌突然停止运动。如在锻炼时出现胸痛或呼吸困难等不适，则表明运动量过大，应适当减轻运动强度，缩短运动时间。

267. 如何预防老年人骨质疏松？

骨质疏松症是老年人的常见病、多发病。它虽然不致命，但是可以引起全身骨痛或某一部位骨痛，可以引起身体缩短、驼背畸形。骨质疏松达到一定程度后，在轻度外力作用下即可发生骨折。

防止骨质疏松，要在青年时就树立预防意识，增加钙的摄入。老年人如果尽早发现，亦可以阻止其发展，主要防治方法是：注意饮食，适当负重运动，多晒太阳，治疗原发疾病，如甲状旁腺疾患、过早闭经等。尤其重要的是科学饮食，每日进食足够量的牛奶或奶制品，吃含钙多的食品，多食经发酵面粉制成的面包，避免不合理配餐，如菠菜和豆腐同食，菠菜与高脂饮食同餐等。

268. 如何治疗肩周炎？

肩关节周围炎又称漏肩风、五十肩、冻结肩，简称肩周炎，是以肩关节疼痛和活动不便为主要症状的常见病症。本病的好发年龄在 50 岁左右，女性发病率略高于男性，多见于体力劳动者。如得不到有效的治疗，有可能严重影响肩关节的功能活动，妨碍日常生活。本病早期肩关节呈阵发性疼痛，常因天气变化及劳累而诱发，以后逐渐发展为持续性疼痛，并逐渐加重，昼轻夜重，夜不能寐，不能向患侧侧卧，肩关节向各个方向的主动和被动活动均受限。肩部受到牵拉时，可引起剧烈疼痛。肩关节可有广泛压痛，并向颈部及肘部放射，还可出现不同程度的三角肌的萎缩。

肩周炎有其自然病程，一般在 1 年左右能自愈。但若不配合治疗和功能锻炼，即使自愈也将遗留不同程度的功能障碍。早期给予理疗、针灸、适度的推拿按摩，可改善症状。患者应每日进行肩关节的主动活动，如手指爬墙、体后拉手、头枕双手、梳头、旋肩等，活动时以不引起剧痛为限。

此外，日常生活中要注意肩关节局部保暖，随气候变化随时增减衣服，避免受寒受风及久居潮湿之地。避免过度劳累，避免提重物，注意局部保暖。要加强身体各关节的活动和户外锻炼，注意安全，防止意外损伤。老年人要加强营养，补充钙质，如喝牛奶、骨头汤、吃鸡蛋、豆制品、黑木耳等，或口服钙剂。

269. 脱发能治疗吗？

脱发可以分成由于毛囊受损造成的永久性脱发和由于毛囊短时间受损造成的暂时性脱发两种基本类型。永久性脱发即常见的男性秃顶。其掉发过程是逐渐产生的。开始时，头前额部的头发边缘明显后缩，头顶部头发稀少；然后逐步发展，最后会发展到只剩下头后部，头两侧一圈只有稀疏的头发，其主要原因有三：遗传因素；血液循环中男性激素的缺乏或失调；过于肥胖。另外，多种皮肤病或皮肤受伤留下的疤痕、天生头发发育不良，以及化学物品或物理原因对毛囊造成的严重伤害均可引起永久性脱发。

暂时性脱发往往是由得了发高烧的疾病引起的。不过，照 X 光、摄入金属（如铊、锡和砷）或摄入毒品、营养不良、某些带炎症的皮肤病、慢性消耗性疾病，以及内分泌失调等也可造成暂时性脱发。

脱发的治疗方案有两种。第一种方法是毛发移植，就是把还长头发的地方的头皮的毛囊移植到不长头发的地方，即，从头后部移到前部。第二种方法是局部敷药。常用米诺西地外敷，能有效阻止多种原因引起的继续脱发，促进已秃或头发稀少部位的头发再生。

脱发的主要预防方法是保持清洁，预防头皮炎症。通过按摩，促进血液循环，但不要用力叩击头部。洗发液过量或冲洗不够对头皮不利。使用护发用品要适当，坚持使用，效果因人而异。注意改善营养状态，食用有利于头发生长的食品如胡萝卜、鱼类、海带等。

270. 如何缓解腰背痛？

（1）去除引起腰背痛的原因：如纠正或避免因工作时姿势不良、弯腰过久、身体肥胖、病后肌力不足等引起腰背痛。

（2）卧位休息：必要时卧床休息，睡硬板床，需要时可在腰部两侧置砂袋，以制动。

（3）理疗：选择透热、蜡疗、水疗、离子透入以及热敷等，能促进局部的血液循环和纤维组织炎的消散吸收，使局部肌肉松弛。

（4）推拿与按摩：可改善局部血液循环，促进新陈代谢，起到松弛肌肉、解除肌肉痉挛的作用；使粘连组织得到松解；使筋膜、关节囊与韧带松弛，使关节易于复位。

（5）局部封闭：封闭点必须准确，否则效果不好。常用醋酸强的松龙或醋酸氢化可的松 0.5~1 毫克加 2% 普鲁卡因 2 毫升作痛点局部注射。

（6）针灸：可舒经解痉、缓解疼痛。

（7）可进行骨盆牵引和腰背肌锻炼。

271. 类风湿的治疗要注意什么？

类风湿性关节炎（简称类风湿）主要是关节病变，关节滑膜发生炎症，滑膜边缘长出肉牙组织，产生的血管翳破坏关节的软骨，血管慢慢扩大，严重的话最后能将关节全部软骨"吃掉"。这种病，药物目前还不能治愈，只能控制它的发展。类风湿是一个很复杂的疾病，给患者带来很大的痛苦。治病心切，容易走入误区，患者一定要注意以下几个方面。

（1）一定要在医生指导下科学用药，不要滥用激素。西医治疗类风湿可用以下药：非甾体消炎止痛药，如芬必得、扶他林等，起减轻症状的作用，不能治根；缓解病情的药，如免疫抑制剂等，能缓解病情；激素，可以非常快地消除症状，但激素的副作用很大，使用一定要慎重，服用的量、时间一定要在严格的控制下使用。要警惕那些邮购的，没有正规标签，成分不明，在服用初期效果"奇好"的药丸。这些药丸中十有八九含着激素。

（2）类风湿病人应该早点检查治疗。在内科吃药不能很好控制病情的情况下，就应尽早切除滑膜，这样不但费用低、痛苦小，而且可以避免错过滑膜切除手术期后，关节畸形后做成型或融合手术可能失败的风险。利远远大于以后出现的弊。

（3）长期吃中药的病人，定期检查肾、肝功能。有些中药含有重金属，所以，长期服用中药的类风湿病人，要定期去医院检查肝、肾功能。

272. 肛门瘙痒怎么办？

肛门周围皮肤及会阴部发痒的症状叫肛门瘙痒症，这是一种常见的肛门疾病，它不同于身体其他部位的瘙痒，其特点是瘙痒剧烈，病程持续时间长。多见于 20～40 岁的青中年。起初一般限于肛门周围皮肤轻度发痒，如长期不愈，瘙痒有的会蔓延至阴囊或阴唇，尤其是在会阴部前后发痒最厉害。瘙痒在夜间更甚，潮湿环境加剧，有时如虫爬蚁走，有时如蚊咬火烤，令人不能入睡，坐卧不安，无法忍受。于是就狠抓皮肤，暂时止痒，皮肤抓破可出血、糜烂、刺痛，使痒痛加重，更为难受。病人苦恼万分，久之会引起神经衰弱，精神委靡，食不知味，夜不成眠。

治疗肛门瘙痒，首先要及时治疗可引起肛门瘙痒的原发疾病如痔疮、肛瘘、蛲虫、腹泻、湿疹等。其次要避免进食和接触自己过敏的饮食、化学药品、生漆、刺激性食物，以及某些药品等。此外衬裤不要过紧、过硬，避免过度摩擦肛门皮肤，便纸要用清洁柔软吸水的卫生纸，不要用带油墨字迹的纸张，或用植物叶、土块擦肛门，便后或临睡前要用温水洗肛门，保持清爽干净。不用刺激性洗剂，切勿用较烫的水坐浴。还应避免焦急、忧虑、过度精神紧张，不可用手狠抓肛门皮肤。

许多人都曾有肛门瘙痒的不舒服症状，但碍于面子问题，不好意思去医院门诊，其实肛门瘙痒症虽然不是很严重疾病，但却是许多疾病的征兆，例如：痔疮、病毒感染、性传染病等，如果有肛门瘙痒的状况，还是应该就医，以免延迟严重疾病治疗。

273. 如何让更年期不再痛苦？

潮热、盗汗、体重增加、性欲减退、失眠及更年期带来的心理影响总是让女性痛苦不堪。但以下措施或许可以减轻这些痛苦。

（1）均衡饮食：每天摄取五大类食物并多摄取高纤维食物及少吃含油、盐、糖量高的食物。除了摄取富含钙质的食物如绿色蔬菜、小鱼干等外，平均每天喝相当两杯奶类的乳制品，并摄取适量的维生素 D，有助于钙质的吸收利用。除了可以减少和改善更年期的症状外，雌性激素也能够抑制噬骨细胞对于骨质的破坏作用，及有效防止骨质流失，因此补充雌激素是更年期妇女防止骨质疏松的重要方法之一。

（2）定期进行子宫颈涂片检查。在更年期前后，女性患糖尿病、心脏病和高血压的危险增大，90%的宫颈癌都是在45岁时发生。因此，更年期女性每3年要进行一次子宫颈涂片检查，每年进行骨盆检查，并经常检查血压和胆固醇水平。

（3）关爱乳房。80%的乳腺癌发生在更年期之后，因此如果你注意到乳房有任何变化，要立即去看医生。女性在50岁之后每3年要进行一次乳房检查。

（4）保持良好心态。更年期症状所引起的情绪障碍，经过一段时间的荷尔蒙疗法和其他药物配合，大多能得到理想的治疗效果，积极走入社会或是扮演多重角色，培养自己的兴趣及参与各项活动，正是避免情绪障碍的最佳方法。针灸和催眠疗法也能有效缓解女性在更年期的失眠和抑郁症状

（5）适当地配合一些营养保健品进行调理，如补充钙片，卵巢保养，调节内分泌等。

274. 月经失调怎么办？

月经失调为妇科常见病，主要表现为月经周期与经期长短、流血量、经色、经质异常及行经前后伴有一些异常症状，如月经先后不定期（月经提前7天以上或延后7天以上及经血过多或过少。）

（1）注意精神调护，避免各种不良刺激，保持心情舒畅，学会自我调节情绪。

（2）月经先期属热者，如经色鲜红、质稠，须禁食辛辣、煎炸等助火食品；经色淡而质稀属虚者，宜加强营养，多食肉禽、奶类食物；月经量很多，则宜卧床休息。

（3）月经后期，经色淡而质稀，伴心慌、面色苍白、花生衣及小腹冷痛、经色紫暗伴血声属寒者，注意经期保暖，忌用冷水洗涤，忌食生冷，腹痛明显者可用热水袋局部热敷。

（4）月经先后不定期，经色淡、量少、质稀，伴带下清稀、腰部酸痛、头晕耳鸣者属肾亏，宜多休息，多食猪腰、禽蛋类食物。节制房事。

275. 慢性盆腔炎怎么治疗？

盆腔炎大多是由于病原体经生殖道或经期子宫内膜剥脱面以及生殖器手术的创面侵入生殖器所致。引起盆腔炎的病原体的种类繁多，有溶血性链球菌、厌氧链球菌、金黄色葡萄球菌及大肠杆菌等。盆腔炎有急性与慢

性之分。急性盆腔炎者发病急，病情较重，患者皆有不同程度的发冷、发烧和小腹痛。有时泌尿道也可出现受激惹或压迫症状，如尿痛、尿频、排尿困难等症。慢性盆腔炎常为急性盆腔炎未能彻底治疗，慢性盆腔炎病情常较顽固，多形成输卵管、卵巢粘连包块且与周围粘连，抗炎药物不易进入，因而，不容易彻底治愈。

慢性盆腔炎病人主要表现为下腹部的隐隐疼痛或者有下坠感，总觉得不舒服，同时腰骶部觉得酸疼，这些症状往往在劳累以后、活动多了、月经前后、性生活后症状加重，有时也可以伴有月经不调或不孕症。

妇女的自我保健意识薄弱，不讲究个人卫生会导致感染的几率增大，应养成每天清洗外阴、更换内裤的习惯，在性生活前夫妻双方都应养成清洗外阴的习惯，经期同房也容易造成盆腔感染，经期的卫生用品也很关键。

慢性盆腔炎多采用中药配合理疗、TDP 治疗机外照射或针灸等方法。手术只限于慢性盆腔炎有明显包块，如输卵管积水或输卵管卵巢肿块不能排除肿瘤者，或伴有严重痛经、腹痛、月经紊乱等症状者可行手术治疗。

276. 女人眼圈发黑咋回事？

女人如果眼圈发黑，可能预示有妇科病。通常有三种情况：

第一种是上下眼睑近睫毛部位皮肤呈棕褐色或浅灰黑色，有时伴有该皮肤的轻度粗糙增厚或有皱褶。此型较少见，多在中年后才出现。这一类眼圈发黑引起的原因较复杂，有的因外伤后，局部容易遗留较显著的色素沉着斑；有的因在眼睑部的皮肤有脂溢性皮炎、黑病变、上眼睑部神经性皮炎、皮肌炎或重症睑缘炎之后，即可形成不同程度的皮肤粗糙、增厚及色素沉着。

第二种是从内眼角向下方约呈 45 度角的棕褐色或浅灰黑色月弯形条状，年轻时不明显，到中老年时期开始走向外上方一直达到外眼角，呈完整半圆形，约数毫米。此型多见，青年至老年几乎均可见到，只有色泽深浅不同之分。这一类的眼圈发黑，一般是随着年龄及身体健康状态的变化而形成，多因患严重失眠、贫血或某些妇女病，如月经不调、功能性子宫出血及性生活不节制等，色泽会加重而明显。

第三种是某些病理变化在眼周毛细血管上的反映。如动脉硬化、更年期、大病之后体质较差时，都会造成眼周充血，进而淤血，也会使眼周变黑。

绝大部分人都有不同程度的眼圈发黑，并不算病态，平时要注意充足的睡眠及适当的营养，多吃些水果、蔬菜及维生素 C 含量丰富的食物，必要时做些眼部的保健按摩、温敷等。如果黑眼圈较明显，持续时间较长者，应及时请医生检查。

277. 给病人吃什么样的水果好？

（1）一般来说，拉肚子的病人宜食苹果、杨梅、柑、橙、石榴类水果，它们有助于消化、健胃、收涩止泻的作用，但不宜食香蕉、梨等润肠通便、能加重腹泻的水果。

（2）高烧病人宜食西瓜、梨、橘子类富食津汁的水果。

（3）高血压病人宜食苹果、山楂、西瓜、橘子。

（4）便秘、痔疮的病人宜食香蕉、蜂蜜、鲜桃、橘子等，不宜食柿子、杨梅、石榴等水果。

（5）慢性咳嗽等肺部疾患病人宜食梨、杏、橘子等有润肺化痰作用的水果。

（6）肝炎、肝硬化的病人宜食红枣、香蕉、西瓜、梨等。

（7）肾炎病人可食橘子、红枣、桂圆等。

（8）糖尿病患者不宜食用苹果、柠檬、香蕉、梨等含糖分较高的水果，以免引起血糖升高。

总之，合理适当地食用水果，对大多数病症均具有辅助治疗作用，但若选用不当，往往会加重病情或使平稳的病势恶化。

278. 酒糟鼻要注意什么？

酒糟鼻俗称"酒渣鼻"，因鼻尖色红形如酒渣而得名。

本病的发生，多由于饮食失节，肠胃积热，上熏于肺；或因嗜酒之人，酒气熏蒸，风寒外束，气滞血瘀凝结所致。临床上常分为肺热型、血瘀型。应分别以泻肺清热、活血化瘀等方法论治。西医认为本病常在皮脂溢出症和寻常痤疮的基础上，由于某些内因和外因，致使皮肤血管运动神经机能失调，毛细血管扩张而致病。主要特征表现为既有血管扩张又有痤疮样损害。此病可以发生于任何年龄的男女身上，男性发病较早，妇女始于 30～50 岁，此病具有家族遗传性因素。

胃肠功能障碍、内分泌失调、神经因素、病灶感染、嗜酒，辛辣刺激性食物如茶、咖啡、饮料和巧克力等，冷热刺激及毛孔内寄生的毛囊虫等均可诱发或加重本病。

因此，酒糟鼻患者在饮食上要注意以下原则：

（1）宜清淡膳食，少吃或不食肥甘厚味、辛辣、煎炸炙烤之品，以免助热生火、增加刺激而加重病情。

（2）宜食泻肺热、清胃热、凉血之食物。

（3）对血瘀型患者，多选用活血祛瘀之食物。

（4）忌烟、酒及辛辣之物。

279. 应该如何对待鼻出血？

鼻出血是多种疾病的常见症状，从老到幼都可能发生，一般来说，流鼻血可能有以下几种情况。

（1）儿童因干燥过敏流鼻血，这是由于身体缺水，导致鼻腔黏膜干燥。小儿鼻腔黏膜娇嫩，血管丰富且脆弱，黏膜干燥致鼻腔小血管破裂。秋冬干燥，是这种情况的高发期，因此饮食一定要注意。孩子切勿多吃煎炸及肥腻的物品，多吃新鲜蔬菜和水果，并注意多喝水，补充水分，预防感冒和其他呼吸道疾病。

（2）高血压者流鼻血，这预示血压不稳定，往往是中风的一种征兆。特别是老年人，机体各组织器官处在进行性衰退中，血管壁也逐渐老化，容易产生破裂出血。秋季的老年鼻出血，不仅是局部症状，多数是动脉硬化、高血压等全身疾病的征兆之一。这种鼻出血，复发率高，危险性大，应积极防治。

（3）反复流鼻血，可能是鼻内肿瘤导致的，最好去医院进行鼻内窥镜、鼻内窥镜下活检等检查，以排除鳞状细胞癌等鼻腔常见肿瘤。

一旦发生鼻出血，不要惊慌，让出血者安静下来，头部保持竖直，将消毒棉或清洁的纸巾卷好塞进出血的鼻孔，注意不要插入过深。同时用冷水轻拍对方的后脖颈，也可使用小冰袋冷敷。如果无效，应尽快就医。

280. 眼睛干涩怎么办？

眼睛干涩是两眼干燥少津，滞涩不爽，易感疲劳的一种病症。在秋燥季节特别是用眼较多的学生、知识分子和老年人常为该病所累，它不仅使人感到难受，时间长了还会影响人的视力。该病大体分为阴亏血虚型和燥热伤津型两种。眼睛有烧灼感，或者发生红肿以及感觉眼内有异物等，都是眼睛干涩症的症状。有意识的流泪可以缓解这一症状，但并非治疗良方。

引发这一病症的原因是多方面的，如长期使用电脑、吸烟、空气污浊等，尤其在冬季，长期处于暖气环境下更容易引发该症。由于通常情况下这种疾病的症状并不严重，人们往往并不在意。但研究表明，眼睛长期干涩会带来不可恢复的伤害，极端情况下甚至可能造成失明，因此应当对这种疾病引起足够的重视。

治疗这一疾病，首先是要合理用眼、注意休息，有意识地眨眼来增加泪液的分泌。其次可以用适当热敷来消除眼睛干涩疲劳。再次是在饮食中加入一些营养眼睛的食物，这是最方便、最有效的方法。将麦冬、决明子用开水泡当茶喝也是一个有效的方法，可以起到滋阴润肺清肝明目的作用。还可以到药店或茶叶店买来菊花煮沸 3～5 分钟后，以水洗眼，因为菊花有清热明目的作用。

281. 发热病人饮食上要注意什么？

发热的病人由于物质分解代谢增加，使糖、脂肪、蛋白质和维生素大量消耗，因此，应给予高热量、高蛋白、高维生素、易消化的流质或半流质。同时，由于病人胃肠蠕动减弱，消化液分泌减少，影响消化吸收，因此，应该依病人的饮食爱好，注意食物的色、香、味，宜少量多餐，以利增进食欲。在热天时避免摄取含酒精或咖啡的食物。

高热病人因呼吸加快、皮肤出汗增多致水分大量丧失，因此应鼓励病人多饮水。除非有肾脏病或心脏病的限制，否则至少一天摄取 2000 毫升的水或饮料，以预防脱水。让病人了解不可等到口渴才喝水。若病人有明显脱水的表现，应注意记录病人液体的摄取量与排出量，注意维持摄入与排出量的平衡。

282. 老年人痰多怎么办？

老年人尤其是久病卧床老人，绝大多数都伴有呼吸系统疾病。痰液增多，通气阻力增加，严重时可导致呼吸功能不全，或呼吸衰竭，处理不当会因此而死亡。那么怎么样才能保持呼吸道的通畅，使痰液顺利的排出呢？

首先，要减少痰液的来源。控制感染，预防感冒是其中的重要手段。在保持房间空气流畅，室内空气新鲜的同时，要防止卧床病人受风着凉。应根据季节的变化，早晚寒暖的更替，随时调整病人的衣被。减少烟雾、粉尘等对呼吸道的刺激，既可减少痰液的来源，又可避免呼吸道平滑肌的痉挛，改善通气功能。因此，在病人房内禁止吸烟。打扫卫生时，必须用湿抹布，湿扫把，以减少灰尘对空气的染色。

其次，要提高排痰能力，改变痰液质量。为促进痰液的排出，需增加室内湿度，使之维持在 80%～90% 的湿度范围。最简单的方法是在地上经常洒水，冬天在火炉上放水壶或在暖气上放水槽，均可使水蒸气散发，以保持病人呼吸道湿润，利于痰软化，便于排出。

283. 脚疼需要看医生吗？

脚部疼痛可以分为生理性的和病理性的两种。其中前者又可分为单纯的肌肉疲劳疼痛，如穿高跟鞋长时间导致的疼痛，以及足部受伤引发的疼痛，如骨折、扭伤、骨刺、关节脱位、韧带发炎等。肌肉疲劳可以通过热敷、按摩和休息得到缓解和治愈。伤害带来的疼痛则需要根据情况对症治疗才能解决，可能还需要配合理疗、口服镇痛药物、局部封闭治疗和特制鞋子来减轻刺激，缓解疼痛。

如果排除了上述的问题疼痛依然存在，就要考虑病理性疼痛的因素了。一些脚部疼痛，特别是那种持续几天甚至几周的，很可能是某些疾病的征兆，如血管疾病、糖尿病，甚至是癌症。如胀痛可能是高血压、骨质疏松的症状。如在晚上腿部或脚部出现绞痛，意味着血管系统可能出现了问题。这是因为血管内的阻塞物妨碍了血液到达肌肉组织。如果脚部出现烧灼感或疼痛感，那么这可能是 2 型糖尿病的表现。糖尿病使皮肤组织变薄，因此皮肤很容易发生擦伤，要花很长一段时间才可以愈合。跟腱部的肿瘤也会导致疼痛，而这往往意味着癌症。一般来说，病理性疼痛很难自己判断，必须前往医院就诊，由医生给出权威的结论和治疗方案。

284. 脑动脉硬化能治好吗？

脑动脉硬化是全身动脉硬化的一部分，尤其在 50 岁以上的中老年人，发病率男的比女的多。由于胆固醇和脂肪沉着于动脉内膜深处，大量增生胶原纤维使动脉壁的内膜增厚，造成动脉管腔狭窄。人的衰老、脑的生理性功能减退，脑组织的老化、萎缩以及遗传因素和社会环境因素都可能促成脑动脉硬化。

脑动脉硬化时所产生的一系列症状主要是于脑循环量减少、大脑功能减退所致，如头痛、头晕、眩晕、耳鸣、手颤、手肢麻木、睡眠不佳、容易疲劳、记忆力减退等。头痛多为钝痛，在枕后部或前额部。记忆力减退常表现为对名称及数字易忘记以及近事遗忘。睡眠障碍主要表现为失眠为主，梦多，不易入睡或睡眠浅、时间短。脑动脉硬化的后期会出现行为或性格的改变，如表情淡漠、漫不经心、孩子气、语言重复、情绪不稳、易激动等。

患者在生活中要注意以下几点。

（1）避免精神紧张，情绪波动，以减少脑血管痉挛的发生。

（2）要注意劳逸结合，参加一些力所能及的活动，如散步、体操、打太极拳、下棋、旅游等。这些活动可以使血流畅通，增强体质。

（3）吸烟可引起血管硬化，长期大量饮酒可促使动脉硬化，所以应戒烟和少饮酒。

（4）合理的饮食对动脉硬化的预防是有效果的，避免食用高脂肪或胆固醇的食物。瓜果蔬菜、含维生素丰富的食物则应注意补充。

（5）要认真坚持治疗高血压、糖尿病等，因为这些慢性病的发展可促进脑动脉硬化。

（6）根据病情在医生指导下可用一些扩血管降血脂和活血化淤的药物，可以改善症状。

285. 老人尿失禁能治好吗?

膀胱不能维持其控制排尿的功能、尿液不自主地流出，称为尿失禁。老年人发生尿失禁最常见的原因是盆腔隔膜的障碍，膀胱位于盆腔隔膜之上，老年人，特别是老年妇女，盆腔隔膜和尿道周围的组织松弛无力，当腹内压增高时（如咳嗽、体位改变等）可引起遗尿。尿失禁还见于尿道及膀胱出口障碍，这类疾病在女性中多见于老年性阴道炎，而男性患者主要是前列腺增生。第三类为膀胱本身障碍，如膀胱肿瘤、结石、炎症等均可引起尿失禁。另外，控制排尿的神经障碍也是老年人尿失禁的重要原因。

尿失禁的发生女性多于男性，且随年龄的增加而发病率增高，症状加重。尿失禁的诊断明确后采取对症治疗，大部分可以得到控制。如炎症可采取抗炎治疗；经膀胱尿道造影检查，膀胱尿道异常者可行手术治疗。但有少部分患者，特别是老年妇女，针对病因的治疗常无效，成为难治性尿失禁。

老年人可以通过锻炼耻骨尾骨肌来预防和治疗尿失禁，方法有以下三种：

缩肛（提肛）法。屏气时提收会阴（要持续数秒钟），呼气时放松肛门，一收一放为一次，反复做10分钟，每日2~3遍。可利用晨练、等车、午休、睡前等时间，不拘场所，见缝插针，只要持之以恒，必可见效。

下蹲法。每日2~3次，每次10分钟。下蹲速度、频率以自己能耐受为宜。年龄较大者可手扶椅背、墙壁以助力。

中断小便法。排小便时有意识地中断，然后再重新排出。这种锻炼起初较为困难，经反复训练后能随意做到时，则效果就明显了。

286. 怎么防治痔疮?

肛肠痔瘘病俗称痔疮，是人类特有的常见病、多发病。痔疮的症状是患处作痛、便血，严重时痔块会凸出肛门外（脱垂），排便后有的可以自行缩回，有的则需人工还纳。人在站立或坐着时，肛门直肠位于下部，由于重力和脏器的压迫，影响血液回流，静脉容易扩张屈曲，所以经常站立或坐位的人容易患痔疮。运动不足，肠蠕动减少，粪便下行迟缓，也会形成习惯性便秘。肛门部受冷、受热、便秘、腹泻、过量饮酒和多吃辛辣食物，都可刺激肛门和直肠。因肝硬变、肝充血和心脏功能代偿不全等和腹腔内肿瘤、前列腺肥大等疾病都可使腹内压增加而形成痔疮，当然也包括妊娠。一些生活习惯问题，比如饮食过饱、常吃精细食品或憋便、蹲厕过久等，都是形成痔疮的原因。

痔疮的治疗首先要保持大便通畅，进食易消化、少含渣滓的食物。饮食应粗细搭配，少饮浓茶、咖啡、酒类及少进辛辣食物，以减少对肛管的刺激。便后要温水坐浴，局部应用痔疮栓或痔疮膏。根据病情的不同，可以采取注射治疗、冷冻治疗及物理治疗。严重者可手术治疗，包括结扎法、胶圈套扎法、痔切除等。

预防痔疮的发生，主要有以下几个方面。

（1）经常参加多种体育活动如广播体操、太极拳、气功等，能够增强机体的抗病能力，减少疾病发生的可能。

（2）合理调配饮食，养成定时排便的习惯，防止便秘。

（3）注意孕期保健，纠正胎位不正，防止诱发痔疮。

287. 得了肺结核怎么办?

结核病是由结核杆菌引起的慢性传染病，可累及全身多个器官，但以肺结核最为常见。常有低热、乏力等全身症状和咳嗽、咯血等呼吸系统表现。肺结核在 20 世纪 50 年代以前，曾经是人类健康的一大死敌，在抗生素普及之后以才得以控制，但仍没有绝迹，近年来，又有逐渐猖狂起来的趋势，不仅在老年人中而且在青年人中发病率仍然很高。主要经呼吸道传播，传染源是接触排菌的肺结核患者。

治疗肺结核的药物主要有雷米封（又称异烟肼）、链霉素、云南白药、利福平和乙胺丁醇等，应根据病情，由医生指导用药。已被确诊为肺结核的患者，除了坚持治疗外，还要注意休息，增加营养，保持乐观情绪，适当加强体育锻炼，以增强抵抗能力。

肺结核病人是散布结核病的根源，因此病人最好是去肺结核专科医院住院隔离，减少对家中人员及其他人的传染机会，有益于家庭，也有益于社会。隔离时应给病人一间空气流通，阳光充足的房间。如无条件者，病人可单独睡一床，经常注意开窗通风。病人被服要经常用日光暴晒消毒，病人痊愈后，房间要进行彻底消毒。可将艾条卷点燃或将米醋按每立方米空间用 1~2 调羹放在炉上蒸熏，再用 3% 漂白粉上清液或 3% 的来苏水向空间、地面喷雾，关闭门窗 1~2 小时。病人应减少与他人接触，不要到公共场所去。病人的用品食具、痰液、呕吐物都要消毒，特别注意病人痰液要吐在纸上或痰盂里，进行焚烧或消毒后倒去。

288. 怎样防止胆固醇过高？

胆固醇是人体内类脂的一种，是生物膜的基本成分。它在人体内有着广泛的生理作用，如形成胆酸、构成细胞膜、合成激素等，但当其过量时便会导致高胆固醇血症，对机体产生不利的影响。现代研究已发现，动脉粥样硬化、静脉血栓形成与胆石症与高胆固醇血症有密切的相关性。

胆固醇主要存在于动物性食物之中，一般而言，兽肉的胆固醇含量高于禽肉，肥肉高于瘦肉，贝壳类和软体类高于一般鱼类，而蛋黄、鱼子、动物内脏的胆固醇含量则最高。通常将每 100 克食物中胆固醇含量低于 100 毫克的食物称为低胆固醇食物，如鳗鱼、鲳鱼、鲤鱼、猪瘦肉、牛瘦肉、羊瘦肉、鸭肉等；胆固醇含量为 100~200 毫克的食物称为中度胆固醇食物，如草鱼、鲫鱼、鲢鱼、黄鳝、河鳗、甲鱼、蟹肉、猪排、鸡肉等；而胆固醇含量为 200~300 毫克的食物称为高胆固醇食物，如猪肾、猪肝、猪肚、蚌肉、蛙肉、蛋黄、蟹黄等。

一般认为健康成人和不伴有冠心病或其他动脉粥样硬化病的高胆固醇血症患者，每天胆固醇的摄入量应低于 300 毫克，而伴有冠心病或其他动脉粥样硬化病的高胆固醇血症患者，每天胆固醇的摄入量应低于 200 毫克，也就是说高胆固醇血症的患者应尽量少吃或不吃高胆固醇的食物，食用含膳食纤维丰富的食物，如芹菜、玉米、燕麦等；茶叶中的茶色素可降低血总胆固醇，防止动脉粥样硬化和血栓形成，绿茶比红茶更好；维生素 C 与维生素 E 可降低血脂，调整血脂代谢，它们在深色或绿色植物（蔬菜、水果）及豆类中含量颇高。

289. 如何治疗前列腺炎？

前列腺炎是指前列腺特异性和非特异感染所致的急慢性炎症，从而引起的全身或局部症状。前列腺炎的感染途径大致有经尿道直接蔓延、经血液循环感染、淋巴感染三个方面。

前列腺按照病程分，可分为急性前列腺炎和慢性前列腺炎。其中急性前列腺炎是由细菌感染而引起的急性前列腺炎症，有恶寒、发热、乏力等全身症状；局部症状是会阴或耻骨上区域有重压感，久坐或排便时加重，且向腰部、下腹、背部及大腿等处放射，或有小脓肿形成，疼痛加剧而不能排便；尿道症状为排尿时有烧灼感、尿急、尿频，可伴有排尿终末血尿或尿道脓性分泌物；直肠症状为直肠胀满、便急和排便感，大便时尿道口可流出白色分泌物。

慢性前列腺炎分为细菌性前列腺炎和前列腺病。慢性细菌性前列腺炎常由急性前列腺炎转变而来；前列腺病常由病毒感染、泌尿系结石、前列腺慢性充血等引起。性交中断、性生活频繁、慢性便秘均是前列腺充血的原因。

前列腺炎这种男性常见病与多发病，由于目前对它发病的原因还不是十分清楚，再加上比较特殊的解剖结构以及多发生于性活动频繁的人群等多方面的原因，使得对它的治疗不是很容易。生活中常常可以见到前列腺炎的患者多次医治，都不能根治的局面。目前通常采用的方法有抗生素治疗、中药辅助治疗、物理 vcd 疗法以及手术的治疗方法，不过由于外科手术治疗对人体具有较大的创伤，因此不能成为前列腺炎治疗的常规方法。只有在万不得已的情况下才考虑进行外科手术治疗。

290. 怎样防治胰腺炎？

胰腺炎是指胰腺组织受胰蛋白酶的自身消化作用所发生的急性化学性炎性病变。胰腺有水肿、充血，或出血、坏死。临床上出现腹痛、腹胀、恶心、呕吐、发热等症状。化验血和尿中淀粉酶含量升高等。可分为单纯水肿型胰腺炎及出血坏死型胰腺炎两种类型。后者病情凶险，合并症多。

急性胰腺炎的病因有胆道疾病（胆囊炎、胆结石等）、酗酒和暴饮暴食、十二指肠溃疡或炎症及其他因素（如流行性腮腺炎、病毒性肝炎、腹腔手术、腹部外伤等，某些药物也可引起胰腺炎发作）。

发病后要立即禁食禁水，否则会加重病情。待腹痛消失、体温正常后逐渐恢复饮食，以少量流食开始，禁肉类和蛋白类饮食。如进食引起病情复发，说明还得继续禁食禁水。有效止痛并抑制胰腺分泌消化酶也很重要。腹胀明显的需要给予下胃管胃肠减压。当病人出现四肢湿冷，脉搏细弱，血压下降等休克征象时，要设法保暖，抬高下肢，尽快送医院抢救。出血坏死型胰腺炎可经手术清除坏死胰腺组织或进行腹腔灌洗，以减轻对组织的损伤。

引起急性胰腺炎的原因还未完全清楚，但已知其发病主要由于胰液逆流和胰酶损害胰腺，可以针对某些因素与发病有关的因素进行预防。预防首先在于避免或消除胆道疾病。预防肠道蛔虫，及时治疗胆道结石以及避免引起胆道疾病急性发作，都是避免引起急性胰腺炎的重要措施。戒酒和防止暴食暴饮都能够减轻消化系统负担，从侧面防止胰腺炎的发生。

291. 偏头疼能治好吗？

偏头疼是反复发作的一种搏动性头疼，它发作前常有闪光、视物模糊、肢体麻木等先兆，约数分钟至 1 小时出现一侧头部一跳一跳的疼痛，并逐渐加剧，直到出现恶心、呕吐后，感觉才会有所好转。在安静、黑暗环境内或睡眠后头疼缓解。在头痛发生前或发作时可伴有神经、精神功能障碍。同时，它是一种可逐步恶化的疾病，发病频率通常越来越高。据研究显示，偏头疼患者比平常人更容易发生大脑局部损伤，进而引发中风。偏头疼的次数越多，大脑受损伤的区域会越大。

偏头疼的病因目前尚不清楚，但可能与遗传、内分泌、饮食及其他因素有关，情绪紧张、精神创伤、忧虑、焦虑、饥饿、失眠、外界环境差以及气候变化也可诱发偏头疼。

偏头痛患者应经常吃些含镁丰富的食物，如核桃、花生、大豆、海带、橘子、杏仁、杂粮和各种绿叶蔬菜，对治疗偏头痛有一定作用。每天早晨和临睡前，用双手中指按太阳穴转圈揉动，先顺揉七至八圈，再倒揉七至八圈，反复几次，连续数日，偏头痛可以大为减轻。将双手的十个指尖，放在头部最痛的地方，像梳头那样进行轻度的快速梳摩，每次梳摩一百个来回，每天早、中、晚饭前各做一次，也可达到止痛目的。偏头痛发作时，可将双手浸没于一壶热水中，水温以手入水后能忍受的极限为宜，坚持浸泡半个小时左右，便可使手部血管扩张，脑部血液相应减少，从而使偏头痛逐渐减轻。

292. 如何判断自己是否患尖锐湿疣？

尖锐湿疣又称尖锐疣、性病疣、尖锐疣，是由人类乳头瘤病毒感染人体所引起的表皮肿瘤样增生，是与性接触传染密切相关的疾病。

典型尖锐湿疣诊断不困难，发现阴部外生殖器、肛周、会阴及阴道等部位的赘生物或小疣体就应当怀疑为尖锐湿疣，如果疣体是单发或多发小丘疹状，乳头状、菜花状或鸡冠花状，表面粗糙，根部有蒂或融合成片，基本就可以认定为尖锐湿疣。

尖锐湿疣的治疗方法较多。一旦发现可疑的临床症状，就要及时到正规医院检查、治疗。越早就诊，治疗效果越佳。由于尖锐湿疣是由病毒感染所致，在临床上好复发，目前国际上治疗尖锐湿疣的方案大都采用三联疗法：化学疗法、物理疗法、免疫疗法，要求在具备有一定条件的医疗机构，在专业医生的指导下才能进行治疗。

尖锐湿疣的治疗原则包括：去除临床可见的疣体，追踪性伴、发病者给予诊疗，检查并治疗其他生殖道感染。治疗中，患者应该积极配合，按照医生的要求，坚持治疗，以防复发。尖锐湿疣复发最常出现于治疗后 3 个月内，随着时间的延长，病人传染性降低，复发的可能性亦降低。患者经治疗后 6 个月不复发，就算临床治愈了。如果治疗后一年不复发，那么以后复发的可能性极小，传染的可能性也极小。因此，治疗后的第 3 个月是道"坎"，在这期间患者要随时去医院检测病情，合理用药，不要盲目地换药。

293. 患有口吃怎么办？

口吃是指说话时字音重复或词句中断的现象，是一种牵涉到了遗传基因、神经生理发育、心理压力和语言行为等诸多方面的、非常复杂的语言失调征，通称结巴。

口吃是一种由"口吃核心行为"、"口吃附加行为"和"口吃心理"这三大层面所构成的、非常复杂的语言失调症。这三大层面紧紧纠缠，成为了一个整体，不可分割。口吃的核心行为、口吃的附加行为和口吃心理，这三者构成了动态的恶性循环。口吃语言行为，导致了口吃心理的产生；口吃心理，其所带来的焦虑、紧张和压力，不但会让你结巴得更厉害，还会导致附加行为的产生；口吃的附加行为，原本是口吃者因恐惧和羞耻，为逃避和摆脱口吃而发生的行为。但它却让口吃者的语言行为更加"偏离常态"，最终成为了这种"不正常语言行为"的一部分，并与口吃核心行为一起，反过来进一步加重口吃心理的恶化。

遗传，精神紧张、焦虑、应激，与发音、对语言理解甚至读书写字有密切关系的神经系统发生障碍，模仿和暗示都可能引起口吃，其中精神因素是引起口吃的主要原因。儿童脑部感染、头部受伤以及患百日咳、麻疹、流感、猩红热等传染病后也易引起口吃。

口吃的矫治和预防要做到：解除说话时的紧张情绪，并注意消除不良刺激；加强说话训练，说话前不要乱想，不要给自己心理暗示，语速适当放缓，使表达自然。

294. 生吃蝌蚪真的可以清热解毒吗？

南方有些农村，有生吃蝌蚪的习惯，认为可以去除体内的毒气，清火排毒，美容养颜；甚至还有生吃蝌蚪可以避孕的说法。一些村民还在家养起了蝌蚪，当身体上火或者起了疹子，便把蝌蚪捞起来，放在盆里让它们吐吐泥，简单地淘洗一下，然后直接喝下去，说是既省钱又方便而且还很清热败火。

蝌蚪进入人体内虽然会死亡，但它们体内的一些寄生虫会通过消化道进入人体。一般来说，寄生虫进入人体，部分的产下虫卵，虫卵先是吸附在人的肠壁上，然后孵化成幼虫，有些寄生虫会通过血液循环进入内脏器官，并在人脑中游走，吸取脑细胞营养发育长大。蛙类体内有种寄生虫叫裂头蚴，人吃了这些蝌蚪就会得裂头蚴病，严重者还会对生命构成威胁。所以千万不要尝试生吃蝌蚪，得不偿失啊！

据有关专家说，蝌蚪确实有清热解毒的功效，但一般是将蝌蚪捣成泥状外用或者和其他药材混在一起用来发挥疗效，绝对不能口服的。在现代的中医药学中，也极少用活体动物做药材，即使是外敷，也是在严格消毒之后才能使用，避免感染疾病。村民们生喝蝌蚪的习惯，显然就是对蝌蚪药用认识不充分，而且卫生知识较为缺乏。

295. 成人有必要吃驱虫药吗？

成年人需要吃驱虫药吗？答案是肯定的。人的一生都有患肠道寄生虫的可能性。

肠道寄生虫可能表现出来的症状有：脐周隐痛、荨麻疹、腹部阵发性绞痛，严重者可表现为持续性腹痛、呕吐等；食欲不振、便秘、腹泻或便秘与腹泻相交替或出现黏液血便等，全身虚弱、消瘦等；食欲不振、失眠、烦躁不安及肛门奇痒等症状；腹痛、腹泻、消化不良、食欲亢进等。如果出现这些症状，有可能是因为肠道内存在寄生虫，这时就需要到医院就医了。

成人吃的驱虫药一般为肠虫清，这是是一种较为常见的驱虫药，主要用于治疗蛔虫、蛲虫、钩虫、鞭虫及粪类圆线虫所引起的单种或混合肠道寄生虫感染。

此外，应用驱虫药还是有许多需要注意的地方。首先要选择驱虫最佳时机，秋季是驱蛔的最佳季节。因为夏季人们会进食大量的生鲜蔬菜和瓜果，其上难免带有蛔虫卵，感染蛔虫的机会较多。到了秋季，幼虫长为成虫，都集中在小肠内，此时服用驱虫药效果会很明显。其次，驱虫药最好在空腹或晚上睡觉前服用，因为驱虫药毒性较小，空腹时服用，药物在肠道内的浓度会高些，可以提高杀虫效果。还有，服用驱虫药后，应多吃一些富含粗纤维的食物，如粗粮、芹菜、韭菜、白菜、香蕉、苹果等，以利于虫体排出。

专家提醒人们，不要吃生的或未熟透的肉类食品，切忌吃生的未煮的淡水鱼、虾、螺等食物。只有把住病从口入关，才能杜绝寄生虫病的侵袭。当然还应该关注生活细节，注意个人卫生，饭前便后要洗手；生吃蔬菜瓜果要洗净；勤换洗内衣，勤晾晒被褥等。出现异常症状，疑患了寄生虫病时，要及时到医院就诊。

296. 得了蛀牙怎么办？

龋齿就是我们所说的蛀牙、虫牙。是由于牙面被口腔内细菌分解产物侵蚀所致，现为颜色发黑、牙上有洞，伴或不伴有疼痛。早期没有任何感觉，仅有牙面上颜色发黄或者发黑。时间久了，特别是不注意口腔卫生使食物残渣存留在牙面上，细菌可以分解食物中的糖产酸，然后逐渐腐蚀牙齿形成黑洞，如果继续往下累及牙神经的话就会引起剧烈的疼痛。龋齿经常造成牙根尖等部位的炎症，严重时局部肿胀；如脓液和细菌被吸收，可引起败血症或菌血症。坏牙根不能咀嚼食物；加重胃肠道负担。对于老年人来说，严重龋坏可造成大部分牙齿缺失或全部缺失，加重了老年人的胃肠负担，不利于老年人的身体健康。

预防龋齿的方法应做到饭后漱口，一天最少早晚各一次刷牙。睡前刷牙更重要，因为夜间间隔时间长，细菌容易大量繁殖。要顺刷，即"上牙由上往下刷，下牙由下往上刷"，"里里外外都刷到"，还要注意刷后牙的咬面。这样就可把牙缝和各个牙面上的食物残渣刷洗干净，刷牙后要漱口。不要横刷，横刷容易损伤牙龈，也刷不净牙缝里的残渣。少吃甜食，控制糖分摄入，如果发现牙面颜色发黑或有小洞及时到医院就诊以免龋齿继续往下发展。

297. 得了胆囊炎怎么办？

胆囊炎分急性和慢性两种，尤以肥胖、多产、40岁左右的女性发病率较高。急性胆囊炎可以为初次发作，也可以为慢性胆囊炎急性发作。常突然发病，表现为右上腹持续性疼痛，伴阵发性加剧，有时疼痛可放射到右侧背部和肩部。常有恶心、呕吐和发热。感染严重时可伴有轻度黄疸。症状轻微的急性胆囊炎利用抗菌药物以及疏肝、清热、利湿的中草药治疗。重型胆囊炎需要手术治疗，切除发炎的胆囊。慢性胆囊炎常常由胆结石引起，也可能是急性胆囊炎转变而来。由于炎症的反复刺激，肌纤维和黏膜发生萎缩，影响胆囊收缩和胆汁浓缩功能。病人往往有上腹部饱胀、嗳气及厌油腻食物等消化不良症状，类似"胃病"。有的则常感右肩背部和右季肋部隐痛。诊断慢性胆囊炎需要做B型超声波和胆囊造影检查。反复发作的慢性胆囊炎，尤其是伴有结石者，宜行胆囊切除术。

平时饮食一定要注意清淡，严格限制脂肪摄入量，禁止食用含胆固醇高的食物，如肥肉，动物肝、肾、脑等内脏，鱼子、蟹黄、蛋黄等食物。适量摄入蛋白质，如鱼类、瘦肉、蛋清等食物。供给丰富维生素，增加食物纤维，可选含食物纤维高的食物，如绿叶蔬菜、豆类、水果、粗粮及香菇、木耳等有降低胆固醇作用的食物，多喝水。少量多餐，不吃刺激性食物和强烈调味品，如辣椒、咖喱、芥末、酒、咖啡等。不吃油煎油炸及产气食物，如牛奶、洋葱、蒜苗、黄豆等。注意卫生，防止肠道寄生虫和细菌感染。

298. 吃了饭不消化怎么办？

消化不良实际是所有胃部不适的总称，消化不良症状说明消化过程受到了某种原因的干扰。消化不良可以是偶然的，也可以是慢性持续的。偶然的消化不良可以由进食过饱、饮酒过量、经常服用止痛药如阿司匹林等引起。在精神紧张时进食，或进食不习惯的饮食也可引起。

慢性持续性的消化不良可以是神经性的，即精神因素引起的，也可以是某些器质性疾病如慢性胃炎、胃及十二指肠溃疡、慢性肝炎等消耗性疾病引起，胆囊摘除后的患者也可经常发生消化不良。不管哪种原因，都因为胃缺乏动力，不能正常进行工作，食物在胃内停留时间过长。

消化不良的常见症状有食欲不振、进食后腹部饱胀，腹部有压迫感和（或）腹痛，可传送到胸部，呃气，烧心，轻度恶心、呕吐，舌苔厚腻等，治疗消化不良，应咨询医生，确诊引起消化不良的病因，改善消化功能，有助于病因的治疗及消除暂时的不适，在治疗病因的同时，可以应用非处方助消化治疗。常用的西药有多潘立酮（吗丁啉）、西沙必利、干酵母、胰酶、乳酶生（表飞鸣）、雷尼替丁，奥美拉唑（对腹痛症状较有效）等，中成药有柴胡舒肝丸、香砂枳术丸、大山楂丸、加味保和丸、木香顺气丸、香砂养胃丸、加味左金丸、温胃舒胶囊、养胃舒胶囊、气滞胃痛颗粒、胃苏冲剂、神曲茶（六曲茶）、六味安消散。

医疗保健法律篇

299. 医疗事故争议和医疗纠纷的解决途径是什么？

医疗纠纷发生后，当事人可以选择以下途径有效、合理、合法地解决医疗纠纷：

第一步：当事人（一般指医患双方）自行协商解决。即当事人就医疗纠纷进行交涉、谈判，并最终达成协议。协商是一种民事法律行为，协商达成的协议，具有合同法上的效力。合法的协商协议虽不具备强制执行的效力，但受到法律保护。《医疗事故处理条例》规定，医疗纠纷争议可以通过协商的办法进行解决。这种解决方式简单直接，效率高，但很多时候双方由于各自利益关系，不容易达成一致，甚至还会造成当事人双方的矛盾激化。由双方当事人自行协商解决的医疗纠纷，医疗机构必须自协商解决之日起7日内向所在地卫生行政部门作出书面报告，并附具协议书。

第二步：向卫生行政部门申请处理。发生医疗事故争议，当事人如需申请卫生行政部门处理的，应当提出书面申请。当事人在申请书上应该清楚地写明自身的基本情况、相关的事实、具体的请求以及申请处理的理由等。向卫生行政部门提出医疗事故争议处理的申请时间应当为当事人自知道或者应当知道其身体健康受到损害之日起1年内。

发生医疗纠纷，当事人向卫生行政部门申请处理的，由医疗机构所在地的县级人民政府卫生行政部门受理。如果医疗机构所在地是直辖市，则是由医疗机构所在地的区、县人民政府卫生行政部门受理。如果当事人在向卫生行政部门提出医疗事故争议处理申请的同时，又向人民法院提起诉讼的，卫生行政部门不予受理；卫生行政部门已经受理的，应当终止处理。

第三步，卫生行政部门主持达成调解协议。已确定为医疗事故的，卫生行政部门应医疗事故争议双方当事人请求，可以进行医疗事故赔偿调解。调解时，应当遵循当事人双方自愿原则，并应当依据《医疗事故处理条例》的规定计算赔偿数额。经调解，双方当事人就赔偿数额达成协议的，制作调解书，双方当事人应当履行；调解不成或者经调解达成协议后一方反悔的，卫生行政部门不再调解。

这种由当事人一方或双方向卫生行政机关提出申请处理，在卫生行政部门的主持下，双方达成协议的方法，由于有第三方的加入，一定程度上保证了协调的公正性与效率性，但假如出现行政机关有所偏袒或对是否医疗事故（事故等级）有所争议的情况，则可以申请医疗事故鉴定。

第四步：申请医疗事故鉴定。当事双方对医疗事故，如事故等级存在争议的时候，当事人可以申请医疗事故鉴定。一般由患者向当地医疗事故鉴定委员会提出申请，鉴定委员会受理后组织相关专家进行鉴定，确定是否为事故以及责任大小。

第五步：向人民法院提起诉讼。由人民法院委托医疗事故鉴定委员会鉴定，人民法院根据鉴定结果进行裁定。也可由人民法院主持医患双方调解达成协议。医疗纠纷诉讼就是打医疗纠纷官司。往往是在双方协商、行政部门调解不能达成协议的情况下，当事人选择的最后解决医疗纠纷的途径。与协商调解相比，它的好处是法律效力高、规范性强，是解决医疗纠纷的最有力的途径。另一方面，由于程序烦琐严格，打官司又是一个劳神费力而且还耗费钱财的活动。发生医疗纠纷后，当事人可以不向卫生行政部门申请处理，而直接向人民法院提起诉讼，以侵权为案由的，诉讼时效为 1 年，以违约为案由的，诉讼时效为 2 年，均自知道或应当知道自己的权益受到侵害之日起计算。

300. 如何申请医疗事故技术鉴定？

（1）医疗事故技术鉴定的申请：

①双方当事人协商解决争议，认为需要进行医疗事故技术鉴定的，应共同以书面形式委托医学会的医疗事故技术鉴定工作办公室组织进行医疗事故技术鉴定。如果一方当事人不同意共同委托医学会组织医疗事故技术鉴定，医患双方可以分别到医疗机构所在地卫生行政部门（区、县卫生局）医政科，申请进行医疗事故技术鉴定。卫生行政部门可以直接认定是否构成医疗事故，也可以由区（县）卫生局转交医学会医疗事故技术鉴定办公室组织医疗事故技术鉴定。如果区（县）卫生局经过审查，发现该医疗事故争议涉及死亡或者可能构成二级以上医疗事故的，由区（县）卫生局上报市卫生局，由市卫生局移交医学会组织医疗事故技术鉴定。任何一方当事人直接到医学会医疗事故技术鉴定办公室申请鉴定，医学会不予受理。

②卫生行政部门对需要进行医疗事故技术鉴定的，应当书面移交负责首次医疗事故技术鉴定工作的医学会组织鉴定。

③司法机关委托的医疗事故技术鉴定由司法机关直接移交。

（2）鉴定费的缴纳：

①双方当事人共同委托医疗事故技术鉴定的，由双方当事人协商预先缴纳鉴定费。

②卫生行政部门移交进行医疗事故技术鉴定的，由提出医疗事故争议处理的当事人预先缴纳鉴定费。

③县级以上地方卫生行政部门接到医疗机构关于重大医疗过失行为的报告后，对需要移交医学会进行医疗事故技术鉴定的，鉴定费由医疗机构支付。

④司法部门委托进行的医疗事故技术鉴定，鉴定费由提起诉讼的当事人支付。

⑤鉴定后根据鉴定结果，鉴定费分别由医患双方协商解决，或由卫生行政部门、司法部门裁决。

⑥由医学会财务部门按物价部门的定价规定收取鉴定费，并出具收据。

（3）哪些情况不予受理：

根据《医疗事故技术鉴定暂行办法》第十三条的规定，有下列情形之一的，医学会将不予受理医疗事故技术鉴定：

①当事人一方直接向医学会提出鉴定申请的；

②医疗事故争议涉及多个医疗机构，其中一所医疗机构所在地的医学会已经受理的；

③医疗事故争议已经人民法院调解达成协议或判决的；

④当事人已向人民法院提起民事诉讼的（司法机关委托的除外）；

⑤非法行医造成患者身体健康损害的；

⑥不交或不交齐鉴定费的；

⑦卫生部规定的其他情形。

总 策 划：张小平

策划编辑：涂 潇 刘 恋

图书在版编目（CIP）数据

身边的科学 300 问：医疗卫生编/刘尧晔 刘慧之 罗翠新 编著.
-北京：人民出版社，2009.11（2010.2.重印）
（新农村科普）
ISBN 978-7-01-008423-7

Ⅰ. 身…　Ⅱ.①刘…②刘…③罗…　Ⅲ.①科学知识-普及读物②医学-普
及读物　Ⅳ.Z228　R-49

中国版本图书馆 CIP 数据核字（2009）第 197606 号

身边的科学 300 问：医疗卫生编
SHENBIAN DE KEXUE 300 WEN：YILIAO WEISHENG BIAN

刘尧晔 刘慧之 罗翠新 编著

人民出版社
中国书店　出版发行
（100706　北京朝阳门内大街 166 号）

北京龙之冉印务有限公司印刷　新华书店经销
2009 年 11 月第 1 版　2010 年 2 月北京第 2 次印刷
开本：710 毫米×1000 毫米 1/16　印张：12.25
字数：180 千字
ISBN 978-7-01-008423-7　定价：23.00 元

邮购地址 100706　北京朝阳门内大街 166 号
人民东方图书销售中心　电话（010）65250042　65289539